LE TEMPS
DE LA CONSOLATION

MICHAËL FŒSSEL

LE TEMPS DE LA CONSOLATION

ÉDITIONS DU SEUIL
25, bd Romain-Rolland, Paris XIVe

ISBN 978-2-02-118338-2

www.seuil.com

Pour Jean-Pierre Fussler

Introduction

LA CONSOLATION
est une pratique qui se situe
à limite de l'ordinaire
et de l'exceptionnel

Dans certains cas, un geste suffit, dans d'autres il faut tout un cérémonial. La consolation est une pratique qui se situe à la limite de l'ordinaire et de l'exceptionnel. Pour les tristesses ordinaires, on s'en remet aux paroles apaisantes glanées au hasard dans le monde. Pour les deuils d'exception, il faudrait plutôt un Dieu que l'on a décrit une fois comme le « Père des miséricordes et le Dieu de toute consolation[1] » parce qu'il a pris l'initiative d'un échange : la participation à ses souffrances contre la promesse du salut. Entre ces deux extrêmes, on trouve toute la gamme des consolations imaginées par les hommes : discours, chants, rituels, magies, constitutions, guerres, armistices, monuments… Le besoin de consolation est la source d'institutions innombrables qui font exploser les frontières entre l'intime et le public. Là où, au cours d'un conflit armé, une mère pleure son fils, l'État regrette la mort d'un soldat et l'Église la disparition d'un fidèle. Tous ces chagrins ne se valent pas, mais les institutions officielles de la consolation les rassemblent au moins le temps d'une cérémonie. Le besoin d'être consolé semble tellement universel que l'on fait feu de tout bois pour y répondre.

Son caractère instable explique en partie la méfiance des

1. Paul, Deuxième épître aux Corinthiens 1,3.

philosophes à l'égard de l'idée de consolation. En unissant l'intime et le social, les consolations procèdent à un mélange des genres où l'expression de tristesses authentiques rencontre des intentions moins avouables. Le consolateur, surtout lorsqu'il est « officiel », est suspect de vouloir colmater les brèches ouvertes par le chagrin et dans lesquelles pourrait bien s'immiscer un désir de contestation. On console ce que l'on prétend ne pas pouvoir guérir : pour un esprit animé par le doute, il y a toujours quelque chose de prématuré dans les diagnostics qui concluent à un mal incurable. Le consolateur donne quelque chose en échange de ce qui est perdu, certes, mais il s'agit de simples paroles, jamais de la « chose même ». Or, le philosophe veut la chose même plutôt que les discours qui l'enrobent pour justifier l'impossibilité d'y avoir accès.

La philosophie interprète souvent comme des narcotiques les moyens dont use le consolateur pour atténuer la souffrance de l'autre. Elle incrimine parfois aussi le besoin d'être consolé. Hans Blumenberg, un des rares penseurs contemporains à prendre la consolation au sérieux, en parle comme d'un « évitement de conscience[1] » : le sujet espère ne plus voir ce dont il est séparé (le bonheur, la justice et, surtout, le vrai). Animée au contraire par l'impératif de conscience, la philosophie considère que la lucidité est le seul chemin vers la liberté. Demander des consolations, ce serait non seulement avaliser le fait que l'on n'a droit à rien de plus, mais se maintenir dans l'illusion beaucoup plus grave qu'il n'y a rien au-delà des paroles de réconfort. Or, la philosophie explore cet au-delà qu'elle baptise en général du nom de « vérité ».

Ce sont là quelques-unes des raisons qui expliquent pourquoi la philosophie moderne a abandonné la consolation, d'une part à la religion, de l'autre à la psychologie. Dans les deux cas, il s'agit pour elle de démarquer son discours de ceux

1. H. Blumenberg, *Description de l'homme*, trad. D. Trierweiler, Paris, Cerf, 2011, p. 585.

qui, dans des registres divers, sont jugés trop complaisants avec la finitude. Finitude universelle de l'espérance dans un au-delà où tout sera réparé pour la religion ; finitude intime du Moi soucieux de survivre à l'abandon pour la psychologie. Ici et là, le même désir de surmonter la douleur, mais en s'adressant à un autre et sans attaquer le mal à sa racine. Le faire impliquerait de regarder le malheur comme un résultat plutôt que de l'aborder comme un point de départ pour des discours édifiants. « Ni rire, ni pleurer, seulement connaître », disait Spinoza, résumant ainsi le procès que le rationalisme (moderne) intente aux vaines consolations.

Bien qu'il se réclame de la philosophie moderne, ce livre propose une révision de ce procès. Il insiste en particulier sur le fait qu'il n'y a aucune raison d'abandonner la finitude à la religion ou à la psychologie. La philosophie dispose de ses propres instruments pour aborder des phénomènes apparemment aussi « irrationnels » que la plainte, la douleur et la perte. Elle les comprend d'autant mieux qu'elle ne leur est pas étrangère : on peut perdre en philosophie, c'est-à-dire devoir renoncer à un savoir qui, jusque-là, garantissait une certaine quiétude. Les consolations les plus conventionnelles utilisent souvent une parole convenue : « Je sais bien… » La philosophie sait qu'elle ne sait pas, ou plutôt elle interroge les savoirs à l'aide desquels on prétend apporter un réconfort aux hommes. Elle entre en scène lorsque les discours institutionnels, les certitudes religieuses ou les disciplines comportementales ne consolent plus.

Si une philosophie de la consolation est nécessaire, c'est parce que l'on console moins la souffrance comme telle que la perte dont elle résulte. Cette perte prend des visages divers : un proche, un idéal politique, une réputation sociale, un amour… Dans tous les cas, il n'y a pas de consolation sans *désolation* : c'est sur cette désolation que la philosophie porte un regard spécifique. Elle ne l'assimile ni au modèle religieux de la « chute », ni au mécanisme psychologique du deuil. La question de savoir ce que nous avons perdu demeure pour la philosophie aussi ouverte que celle de savoir si nous avons réellement possédé autrefois ce qui nous manque aujourd'hui. Or, il est d'autant plus urgent de questionner les pertes qui constituent notre époque que celle-ci est tentée de les résorber dans de nouvelles certitudes. Le déni de la finitude encourage les fantasmes portant sur un individu réconcilié avec lui-même, peut-être déjà « post-humain », en tout cas aveugle à ses propres pertes et à celles subies par les autres.

Contre les réconciliations prématurées, le premier bénéfice d'une approche philosophique est d'aborder le besoin de consolation comme un instrument critique. Savons-nous ce que nous avons perdu et qui nous manque ? Pour autant que l'on puisse l'identifier, que faire de cette perte ? Existe-t-il une « politique de la consolation », autrement dit une manière d'aborder collectivement les privations dont nous sommes victimes, qui permette de résister à la mélancolie ?

Le savoir et la tristesse

Le rapport entre philosophie et consolation n'a pas toujours été conflictuel. Avant qu'ils n'abandonnent cette tâche aux prêtres ou aux psychologues, les philosophes ont considéré que la consolation était une prérogative de la raison. C'est vrai de Platon et plus encore des penseurs hellénistiques (en particulier, stoïciens) qui ont élevé la *Consolation* au rang de genre philosophique à part entière. Pour Boèce, la philosophie a si profondément vocation à apaiser ses disciples qu'elle prend la figure d'une déesse venue, en première personne, consoler les angoisses d'un homme condamné à mort à la suite d'un procès truqué[1]. Chrétien, Boèce ne fait pourtant

1. Boèce, *Consolation de la philosophie* (524 après J.-C.), trad. C. Lazam, Paris, Payot, 1989.

appel à aucune révélation religieuse pour fonder son discours de réconfort. Comme Platon, il est convaincu que le savoir rationnel désigne le plus sûr moyen d'affronter les naufrages.

La croyance selon laquelle la raison constitue une boussole infaillible, non seulement pour éviter le pire, mais pour l'affronter lorsqu'il est advenu, est inséparable de la philosophie ancienne. Les penseurs antiques délivrent des définitions diverses, et parfois antagonistes, du bonheur. Mais aucun d'entre eux ne doute que le savoir rationnel est en mesure d'armer le sujet contre les péripéties de l'existence. La raison *contredit* ce qu'un deuil, un exil ou une humiliation peuvent avoir de désespérant pour une âme soucieuse d'elle-même. Elle offre des arguments (*logoï*) à un être qui, parce qu'il ne comprend pas sa souffrance, souffre doublement. C'est une question de rapport de force : le malheur est un défi à la puissance de la raison. Dans la réussite de ses consolations, la philosophie démontre sa souveraineté sur les passions.

On constate aujourd'hui un engouement renouvelé pour ce que Foucault, pensant aux Grecs, appelle les « savoirs de spiritualité » et qu'il oppose aux « savoirs de connaissance » qui triomphent dans la modernité[1]. Là où les seconds ne délivrent que des informations objectives, les premiers transforment en profondeur le sujet qui en fait l'acquisition. La consolation *par* la philosophie relève de ce genre de spiritualité : elle postule que la manière dont un individu s'approprie le vrai agit directement sur ses malheurs intimes. La consolation appartient aux « techniques de soi » qui permettent à celui qui souffre de se constituer en sujet actif de sa propre expérience.

Comment expliquer ce renouveau contemporain de la philosophie envisagée comme instrument de consolation ? La connaissance scientifique moderne est infiniment plus ample

1. Voir M. Foucault, *L'Herméneutique du sujet*, Paris, Gallimard/Seuil, « Hautes études », 2001. Le chapitre 4 de ce livre revient en détail sur cette distinction.

que le savoir de spiritualité, mais elle n'est pas ajustée à l'expérience de l'individu. Son étendue a même quelque chose de désespérant : la précision technique des sciences est devenue telle que les connaissances qu'elles produisent ne sont plus le savoir de personne en particulier. L'écart entre les vérités scientifiques et les attentes en matière de bonheur ou d'émancipation déçoit : cette déconvenue explique le succès des ouvrages qui présentent à nouveau la philosophie comme une thérapie pour les souffrances ordinaires. Les essais contemporains qui promettent le réconfort par le soin ou la sagesse manifestent le même désir de sauvetage que le platonisme, mais sans la métaphysique qui le fonde.

Le désenchantement moderne suscite la recherche d'un savoir alternatif à ceux que produisent les sciences : une sagesse qui agisse comme un baume. Tel n'est pas le projet de ce livre qui soutient la thèse selon laquelle la consolation est un concept philosophique sans prétendre pour autant que la philosophie console de quoi que ce soit. Le divorce entre la philosophie et la consolation remonte au christianisme. Il sera avalisé par la philosophie moderne en dépit de son prisme antichrétien. Ce livre partage presque tous les attendus de ce divorce pour autant qu'on en retire la seule conclusion légitime : après la rupture moderne, la philosophie ne peut plus produire un savoir qui réplique en toute occasion aux tourments de l'existence. Entre la connaissance et la vie, entre la science et le bonheur ou, plus profondément, entre la raison et l'expérience, s'établit un écart qu'aucune métaphysique ne peut combler. Mais le point essentiel est qu'il s'agit là d'une perte et que celle-ci devrait intéresser au plus haut point les philosophes. L'impossibilité de s'en remettre au seul *logos* oblige la philosophie à *penser une consolation qu'elle ne peut plus garantir par ses propres moyens*. Ce qu'elle cesse de promettre (un argument rationnel contre chaque malheur), la pensée moderne en hérite comme d'une question qui se pose désormais à tous (philosophes comme profanes). La démocratisation du problème de la consolation résulte de son débordement par rapport à la relation hiérarchique entre le maître et le disciple. Elle constitue un aspect majeur des Temps modernes.

En ce sens, la déclaration apparemment intemporelle de Stig Dagerman selon laquelle « notre besoin de consolation est impossible à rassasier » est une affirmation historique[1]. Dans son texte, Dagerman expose le refus obstiné du moindre arrangement avec la réalité. Il rejette en particulier les compromis qui lui seraient dictés par la foi ou par la connaissance :

> Je n'ai reçu en héritage ni dieu, ni point fixe sur la terre d'où je puisse attirer l'attention d'un dieu : on ne m'a pas non plus légué la fureur bien déguisée du sceptique, les ruses de Sioux du rationaliste ou la candeur ardente de l'athée. Je n'ose donc jeter la pierre à celui qui ne croit en des choses qui ne m'inspirent que le doute, ni à celui qui cultive son doute comme si celui-ci n'était pas, lui aussi, entouré de ténèbres. Cette pierre m'atteindrait moi-même [...][2].

Deux impossibilités symétriques fondent l'inaptitude à la consolation : s'en remettre à la croyance religieuse et répliquer à la perte de cette dernière par les « ruses » d'une raison qui offrirait des certitudes apaisantes à la place d'un dieu absent. Le sujet moderne a dû abolir la foi pour laisser une place au savoir. Mais ce savoir scientifique en perpétuelle évolution n'offre aucun « point fixe » depuis lequel juger sereinement de toutes les situations de la vie. Dagerman est à la recherche d'une consolation qui soit « plus grande qu'une philosophie, c'est-à-dire une raison de vivre[3] ». Il écrit pour un temps qui est encore le nôtre et où, à force d'être objectivée, la vérité risque de devenir subjectivement superflue. Précisément parce

1. S. Dagerman, *Notre besoin de consolation est impossible à rassasier* (1952), trad. P. Bouquet, Paris, Actes Sud, 1993.
2. *Ibid.*, p. 11.
3. *Ibid.*, p. 21.

qu'il explique tout, le savoir rationnel moderne ne console de rien.

Deux raisons nous amèneront néanmoins à explorer les textes qui, issus pour l'essentiel de l'Antiquité, mettent en scène les pouvoirs consolateurs de la philosophie. D'une part, ces écrits permettent de répliquer à l'accusation selon laquelle la consolation ne répondrait à aucune logique. La « grammaire de la consolation » obéit à des règles strictes qui fondent un usage de la parole où la recherche de la vérité est subordonnée à l'intention de produire un effet sur l'interlocuteur. La consolation est inséparable d'une rhétorique où il s'agit de persuader l'autre qu'il peut survivre à son malheur. Si cette rhétorique a pu attirer sur elle les critiques de la philosophie (le consolateur n'entretient-il pas nos faiblesses ?), elle trace aussi les contours d'un acte social qui associe le fait de vivre ensemble à l'expression de la tristesse. La consolation désigne une manière d'« être avec » qui obéit à un certain nombre de contraintes. Celles-ci sont en particulier de nature temporelle : il y a un temps pour la consolation (ni trop tôt, ni trop tard) et un temps de la consolation puisqu'il s'agit pour celui qui vient en aide de modifier la perception que l'autre a du présent. Par tous ces traits, la grammaire de la consolation s'apparente à une grammaire sociale que les dispositifs à l'œuvre dans les traités de consolation permettent de reconstituer.

D'autre part, l'étude des *Consolations* anciennes sera le moyen de cerner la perte dont les Temps modernes sont la scène. Pour le dire d'emblée, la confiance dans les vertus salvatrices de la raison se fondait sur un modèle précis de l'acquisition du savoir : la *réminiscence*. Pour Platon comme pour les stoïciens, la connaissance philosophique console parce qu'elle repose sur un exercice de la mémoire : le souvenir est capable de combler toutes les absences dont le sujet se désole. Le passé d'avant ma naissance (Platon) ou celui que convoque ma mémoire biographique (Sénèque) ne peut jamais m'être enlevé, même dans les instants les plus terribles. La réminiscence exorcise la perte en démontrant, *contre toutes les apparences*, que ce que le sujet recherche dans l'angoisse, il le possède déjà. Il est donc vain de déplorer la perte de ce qui ne peut pas disparaître[1].

Si la modernité marque l'entrée en crise de ce genre de consolation, c'est parce qu'elle rompt avec le modèle du savoir comme réminiscence. L'harmonie préétablie entre l'homme et les choses se brise dès lors qu'aucun souvenir ne porte plus avec lui la garantie de sa vérité. Cette rupture dépasse de loin l'histoire de la philosophie. Elle permet de caractériser les Temps modernes comme cette époque où le passé devient équivoque. Cette ambivalence est expérimentée dans les particularités extrêmes de la vie subjective : au souvenir d'un amour interrompu se mêle inévitablement la conscience de son échec actuel. Le passé n'est plus immunisé par rapport au présent pour cette raison qu'il y mène nécessairement et doit donc, en principe, permettre de l'expliquer. Il devient alors tentant pour le sujet de lire dans ses souvenirs amoureux l'annonce de l'abandon, comme si même la mémoire des jours fastes était contaminée par le doute. De là une question qui ne cessera pas de hanter les Modernes : comment se consoler de l'oubli dès lors que nous ne sommes plus certains d'avoir su ?

Ce qui vaut du chagrin amoureux vaut de toutes les désolations. Le modèle de la réminiscence postulait une convenance « naturelle » entre le désir de savoir et l'objet du savoir. À condition d'orienter sa recherche dans la bonne direction, c'est-à-dire de délaisser les satisfactions éphémères offertes par le monde, l'âme accède à une vérité qu'aucune expérience douloureuse, même la mort, ne peut lui soustraire. La pro-

1. On verra que le modèle de la réminiscence est encore à l'œuvre dans certaines consolations chrétiennes (« "Console-toi, tu ne me chercherais pas si tu ne m'avais déjà trouvé" », Pascal, *Pensées*, fragment 533 [éd. Brunschvicg], Paris, Flammarion, « GF », 1976, p. 200).

motion épistémologique du doute montre que la philosophie moderne (du moins celle dont se réclame ce livre[1]) remet radicalement en cause cette croyance selon laquelle le vrai est taillé à la mesure de nos attentes existentielles. Lacan a affirmé que la découverte freudienne de l'inconscient annule la possibilité de la réminiscence : marqué par la censure et le déni, le souvenir serait plutôt un obstacle qu'une voie d'accès à la vérité[2]. Ce jugement peut être généralisé à tout un pan de la philosophie moderne qui ne place plus dans le savoir mémoriel le moyen, pour le sujet, de coïncider avec lui-même. Mais si le rappel au passé cesse d'être un rappel à soi et au vrai, la tâche du consolateur devient infiniment plus difficile. Il doit faire face à la détresse d'un être pour qui la conscience de la perte s'accompagne d'un soupçon sur le fait d'avoir possédé.

L'inconsolé

De ce qui vient d'être dit à propos de la réminiscence, on pourrait être tenté de conclure que les hommes disposent aujourd'hui de moins d'instruments de consolation qu'autrefois. C'est ce que suggèrent, par exemple, les interprétations qui voient dans la « mort de Dieu » un abandon dont seraient victimes les sociétés sécularisées, abandon d'autant plus cruel qu'il résulterait d'un meurtre par lequel l'humanité se serait privée de son unique source de réconfort. Comment se consoler de la perte de ce que l'on a soi-même détruit ?

Les choses sont pourtant moins simples qu'il n'y paraît. Nietzsche, qui n'a cessé de méditer sur les conséquences de

1. Sur les deux voies de la modernité, dont une tente (selon nous en vain) de réhabiliter le modèle de la réminiscence ou de la réconciliation, voir le dernier chapitre de cet ouvrage.

2. Voir, par exemple, J. Lacan, *Le Moi dans la théorie de Freud et dans la technique de la psychanalyse*, Paris, Seuil, « Champ freudien », 1978, p. 124.

la « mort de Dieu », n'est pas suspect de complaisance à l'égard des consolations offertes par la religion. Nul plus que lui ne semble consacrer le divorce entre la philosophie et le problème de la consolation : le besoin de réconfort émanerait seulement des « faibles » qui cherchent une justification à leur vie ailleurs que dans la vie elle-même. Malgré cela, Nietzsche évoque positivement la consolation dans une note préparatoire au *Zarathoustra*, et cela en lien avec ce qui constitue sa principale doctrine : « Dernier adieu à la caverne (l'aspect consolateur de l'éternel retour)[1]. » L'éternel retour est une réplique à la mort de Dieu dont Nietzsche ne cesse de dire qu'elle est la mort du Dieu chrétien, par conséquent du « Dieu de toute consolation ». Mais s'il est lui-même « consolateur », cela signifie qu'il doit *consoler de la perte des repères traditionnels de la consolation*. Comment l'éternel retour se substitue aux consolations fondées sur la croyance dans les « arrière-mondes » nous intéresse moins ici que le fait que Nietzsche s'inscrit dans une démarche typique de la modernité. Il s'agit d'élaborer des thèmes, des concepts ou des procédures qui s'imposent *en lieu et place* des anciens modèles de la consolation.

Avant Nietzsche, Kant décrivait l'idée moderne de progrès comme une catégorie de la consolation[2]. Alors que la philosophie antique voyait dans la contemplation du passé (réminiscence) le moyen d'affronter les désastres du présent, la pensée moderne mise plutôt sur l'avenir. Ce qui est souvent compris comme un dogme optimiste (la croyance dans une amélioration morale du genre humain) s'avère être une modeste hypothèse substitutive par rapport aux certitudes

1. F. Nietzsche, *Fragments posthumes. Automne 1884 – automne 1885*, trad. M. Haar et M. de Launay, *Œuvres philosophiques complètes*, tome XI, Paris, Gallimard, 1982, p. 88. Je remercie Didier Franck de m'avoir signalé ce passage.

2. Dans l'*Idée d'une histoire universelle d'un point de vue cosmopolitique*, Kant assimile le progrès historique à une « perspective consolante sur l'avenir » (Ak VIII, 30). On reviendra plus loin sur cette thèse centrale.

anciennes sur le cours du temps. On verra que la substitution ou le supplément sont caractéristiques de l'acte de consolation où l'on offre au malheureux quelque chose à la place de ce qu'il a perdu : dans le cas du progrès, un avenir ouvert contre les évidences de la tradition. Si la philosophie moderne renonce à consoler, elle n'est donc nullement indifférente à la question de savoir ce qui, dans les conditions ouvertes par l'affaiblissement des ordres anciens, est encore capable d'apporter un réconfort aux hommes.

Comment caractériser la désolation historique consécutive à l'abandon de certitudes qui, d'ailleurs, ne sont pas seulement religieuses ? De quelles manières la modernité y a-t-elle répliqué ? En quoi ces pertes sont-elles encore constitutives de ce que nous sommes et à quoi nous devons faire face ? Ce sont là quelques-unes des questions auxquelles ce livre tentera d'apporter une réponse. On peut d'ores et déjà noter que, si la consolation ne disparaît pas de l'horizon moderne, elle change de signification. Dans les traités antiques qui lui étaient consacrés, le besoin de consolation était pris en charge par le savoir rationnel qui démontrait par là sa souveraineté sur la sphère des sentiments. Désormais, la permanence de ce besoin trahirait plutôt une insatisfaction à l'égard de l'ordre établi. Dans le désir de consolation, comme dans les tentatives pour y répondre, perce une contestation du présent. Ce n'est plus à un savoir qu'il revient de prendre en charge cette contestation, mais à une action qui, de manière toujours provisoire, console les hommes d'avoir perdu les évidences qui les plaçaient au centre de l'univers.

La consolation devient un instrument critique dès lors qu'elle est envisagée comme un désir plutôt que comme un résultat. La figure constamment valorisée dans ce livre est celle de l'*inconsolé* dont la tristesse, parce qu'elle traduit une exigence, peut être interprétée comme une protestation éthique. L'inconsolé ne rejette pas les consolations, il les réclame tout en sachant qu'aucune d'entre elles ne le replacera dans l'évidence de la présence. Il n'est pas l'inconsolable qui refuse d'admettre la perte et oppose un non catégorique à toutes les formes de « substituts » qu'on lui offre[1]. Il est moins encore ce que, dans un vocabulaire qui trouvera sa justification plus loin dans ce livre, on appellera le « réconcilié ». Celui-ci considère qu'il n'a rien perdu : il adopte d'autant plus facilement les partages sociaux entre l'absence et la présence qu'il juge se tenir lui-même du côté de la pleine présence. Son besoin de consolation est trop vite rassasié parce qu'il prend pour argent comptant les idéaux d'une vie normée qui sont brandis pour faire barrage à la puissance transgressive du chagrin. À l'opposé de cette figure du renoncement satisfait, l'inconsolé admet la perte, c'est-à-dire qu'il la conçoit comme une privation intolérable. Mais il ne prétend pas pour autant savoir avec certitude ce qu'il a perdu : ce doute le sépare de l'inconsolable qui n'exige rien d'autre que la restauration de l'« objet d'amour », et sombre pour cela souvent dans la mélancolie. Être et se vouloir inconsolé désigne une attitude qui n'est ni passive ni régressive. Elle consiste à imaginer des consolations tout en sachant qu'elles ne seront jamais définitives puisqu'un retour en arrière, en deçà de la perte, est impraticable. En cela, l'inconsolé est l'homme moderne conscient de la rupture (il n'existe plus de point de vue de surplomb depuis lequel tout serait justifié) et soucieux d'y répondre (la consolation passe désormais par l'invention de nouvelles manières d'être ensemble).

Cette typologie prendra tout son sens au cours des descriptions à venir du geste de consoler et du désir de consolation. Mais il est possible d'indiquer sans attendre en quoi la référence à l'inconsolé fonde une critique de la manière dont les sociétés contemporaines envisagent la tristesse. L'inconsolé fait obstacle aux impératifs de résilience qui suggèrent que

1. Les intermèdes de ce livre sont consacrés aux figures orgueilleuses et sublimes de l'inconsolable.

n'importe quel traumatisme peut être dépassé par le retour du système ou de l'organisme à ses propriétés initiales. Emprunté à la physique où il désigne l'énergie absorbée par un corps lors d'une déformation, le concept de résilience charrie une image bien précise du psychisme humain. Il assimile ce dernier à un organisme qui, pour amortir les chocs qu'il subit, doit s'appuyer sur un certain nombre de structures qui lui sont essentiellement liées. Selon un schéma qui s'apparente à celui de la réminiscence, il y a résilience par la réactivation de capacités déjà présentes dans le sujet, mais tellement enfouies qu'elles ne lui permettent pas de faire face à la catastrophe. L'impératif est clairement celui d'une *restauration* : retrouver en soi les forces suffisantes pour rétablir un ordre qui efface les effets du trauma. Ce n'est pas un hasard si l'impératif de résilience s'intègre aussi facilement à la politique envisagée dans les termes du *problem solving* : on parle de « communautés résilientes » dans le cadre de l'assistance psychosociale accordée à des collectivités victimes d'une catastrophe. Le but est d'incorporer le choc de telle sorte qu'il laisse inentamé l'organisme. Au terme du processus, la perte se trouve réduite à un non-événement qui n'altère pas davantage le psychisme individuel que le corps social en son entier.

La voix de l'inconsolé oppose un défi à ces tentatives pour ramener la perte au statut de simple épisode dans l'évolution « normale » d'un organisme. En dessinant sa figure, on se donne les moyens de critiquer les synthèses hâtives entre la biologie et le psychisme qui, tout en essentialisant la vulnérabilité, neutralisent la dimension subversive du chagrin. Qu'il s'agisse de la sphère intime ou de l'expérience politique, il est bien arrivé quelque chose à l'inconsolé : aussi indéfinissable soit-elle, la perte qu'il a subie le constitue comme sujet. La demande de consolation émane d'un individu ou d'une collectivité véritablement *altérés* par le malheur. Le phénomène de la consolation révèle que cette altération n'est pas forcément catastrophique. Si la désolation n'appelle aucun retour au passé, elle suscite en revanche l'invention de discours inédits, de nouvelles pratiques ou d'attachements alternatifs qui prennent leur source dans la reconnaissance de ce que quelque chose a été perdu et manque. C'est justement cette reconnaissance que l'impératif de résilience occulte. Une philosophie de la consolation permet ainsi de percevoir l'ambivalence des sociétés contemporaines à l'égard de la tristesse. D'un côté, les rapports sociaux sont plus que jamais envisagés au prisme d'une vulnérabilité universelle. Il n'est pas un incident qui n'appelle la constitution immédiate d'une « cellule psychologique » destinée à venir en aide aux victimes. Mais plutôt qu'une consolation, c'est une thérapie d'urgence que l'on impose, comme s'il fallait absolument empêcher les sujets de s'installer dans le temps de la perte pour en mesurer les conséquences et imaginer des répliques alternatives au déni.

Cette ambivalence se retrouve dans l'extraordinaire succès rencontré, bien au-delà des cercles freudiens, par l'expression « travail de deuil[1] ». L'inflation de cette formule doit davantage à la valorisation contemporaine de tout ce qui touche au « travail » qu'à la pensée de l'inconscient qui devrait plutôt immuniser contre l'idée que la perte de l'objet d'amour peut être dépassée par une activité rationalisée. De Freud, on ne retient en général que l'idée selon laquelle l'objet d'amour est par principe substituable, en sorte que sa perte appelle l'investissement par la libido d'un nouvel objet. La vision managériale du deuil postule que « si ce n'est pas lui, ce pourra sans véritable peine, mais avec un peu de labeur, être un autre ». Selon elle, l'objet d'amour n'est jamais qu'un épisode dans une vie pulsionnelle aux ressources quasiment infinies. Il ne reste plus, pour le sujet, qu'à se mettre à la tâche et à œuvrer scrupuleusement à la réorientation raisonnable de son capital affectif.

1. La formule *Trauerarbeit* n'apparaît pourtant qu'à une seule reprise, dans « Deuil et mélancolie » (1917).

Avec tout ce qu'elle emprunte à l'exigence économique de compétitivité, l'injonction au deuil participe du rejet des comportements improductifs, au premier desquels la tristesse. Le désir de consolation fait, lui, paraître une autre manière de produire du sens : non par un « travail » qui protège de la mélancolie en niant la perte, mais par l'entrée dans un dialogue motivée par le chagrin. De même que l'inconsolé ne sort pas indemne de la perte qu'il a subie, il ne demeure pas inchangé à la suite des consolations qu'il reçoit. Si aucune d'entre elles n'est en mesure de le satisfaire pleinement (en ce sens, il n'y a pas de consolation « réussie »), les paroles, les gestes ou les institutions auxquelles il délègue son chagrin entrent dans son expérience pour en dégager l'horizon. Le fait de ne pas être réconcilié avec son passé constitue peut-être le seul moyen d'avoir un avenir. Comme on le verra, il revient au consolateur d'indiquer cet avenir et de convaincre qu'il est praticable sans déni.

Politique de la consolation

L'hypothèse selon laquelle la consolation (comme besoin et comme pratique) possède une signification éthique positive devient crédible à partir du moment où l'on distingue la consolation du divertissement. Autant celui-ci désigne une conduite de fuite qui laisse l'angoisse inchangée, autant celle-là affronte la perte afin d'en modifier la perception. Si elle n'abolit pas la souffrance, la consolation apporte quelque chose en plus, une sorte de supplément au malheur[1]. Plus précisément, comme le consolateur est impuissant à restituer l'objet perdu, il donne quelque chose d'*autre*. L'expression « consoler son café » signifie y verser de l'alcool. Le geste

1. La première partie de ce livre analyse sous différents angles cette logique du supplément.

qui, au départ, ne devait servir qu'à atténuer son amertume transforme finalement le café en autre chose. C'est un breuvage d'un nouveau genre que l'on s'apprête à boire, et dont il n'est pas insensé d'attendre une certaine ivresse.

La consolation est, de part en part, un apprentissage de l'altérité. D'abord parce qu'il n'y a de véritable consolation que dans un rapport à l'autre. Même lorsque l'on s'adresse une consolation à soi-même, on le fait dans un dialogue intérieur où la tristesse devient l'objet d'un débat sur ses enjeux, ses causes ou ses conséquences. Ensuite, la consolation est une promesse d'altérité : elle ôte à la souffrance son apparence de destin. On ne console pas pour que l'affligé « regarde ailleurs » car ce serait ajouter la violence du déni à celle de la perte. On console pour lui donner les moyens de regarder autrement ce qui l'afflige, de telle sorte que la désolation du présent ne sature pas le champ des possibles[1]. Enfin, la consolation légitime et valorise le désir d'altérité qui émane de la tristesse. Marqué par l'empathie, le discours du consolateur ôte au réel son caractère de *verdict* qui est mis en avant à chaque fois qu'un renoncement est exigé. Au cours d'une consolation, l'exigence utopique qu'« autre chose » est possible entre dans l'expérience : autre chose qu'une réitération de la perte, mais aussi autre chose que le pur et simple abandon de l'objet perdu.

On trouve un indice de cette dimension utopique dans le fait que le désir de consolation constitue aujourd'hui l'ultime refuge légitime pour nos attitudes antinaturalistes. Les sociétés modernes se caractérisent, par exemple, par une séparation nette entre les vivants et les morts. On regarde pourtant avec une certaine indulgence les comportements qui, à la suite d'un

1. C'est dans cette perspective que le chapitre 2 définira la consolation comme activité métaphorique dans le sens que donne Paul Ricœur à cette expression. La métaphore offre la possibilité de « voir comme », c'est-à-dire de percevoir et d'imaginer autrement (*La Métaphore vive*, Paris, Seuil, 1975).

deuil, témoignent d'une sorte d'« échange communicationnel » avec les disparus[1]. En continuant à s'adresser aux défunts, les sujets endeuillés transforment l'évocation des morts en invocation, brouillant la frontière entre l'absence et la présence. Se référer à l'absent comme s'il était présent constitue une action typique du geste de consolation. Le consolateur tente de peupler le vide à l'aide de mots ou d'images qui conjurent ce que le mutisme de l'absent comporte d'intolérable. Ce faisant, la consolation déjoue les exigences du « réel » pour faire paraître la possibilité d'un monde qui serait mieux accordé à nos désirs.

Le fait que des sociétés désenchantées tolèrent ce type de comportements ne traduit pas la permanence d'un fonds magique dans l'inconscient collectif. Il s'agit plutôt de faire valoir un droit à une « ontologie primitive[2] » qui s'oppose à la vision scientiste du monde pour laquelle il n'existe pas de moyen terme entre l'absence et la présence. Le problème n'est pas de savoir si l'on « croit » à ce genre d'ontologie où les vivants et les morts continuent à entretenir des relations. Il importe seulement de remarquer que, en y recourant, les sujets protestent contre la rigidité des frontières imposées par un rationalisme étroit. Les différenciations opérées par le monde moderne entre les vivants et les morts, mais aussi entre la présence et l'absence, la réussite et l'échec, la santé et la maladie, etc., sont indifférentes aux attentes existentielles des hommes. La précision dans les définitions se paie d'une insensibilité aux nuances. C'est pourquoi la consolation porte une critique implicite des normes qui commandent de se soumettre à l'inévitable. Le consolateur joue avec les partages socialement imposés entre le réel et l'illusoire. Il ne ressuscite pas l'absent, mais le convoque dans son discours afin que la

1. A. Honneth, « Désarmer le réel : les formes profanes de la consolation », dans *Ce que social veut dire*, tome 2, Paris, Gallimard, 2015, p. 253-263.
2. *Ibid.*

perte, même irréversible, ne soit pas perçue comme irréparable par celui qui la subit.

Le « temps de la consolation » est celui d'une résistance aux injonctions au renoncement qui s'abritent derrière les verdicts supposés de la réalité. À ce titre, il ressemble au nôtre. Nous sommes habitués à la liste des « ne plus » qui inscrivent la perte dans le marbre des nécessités de l'histoire ou des lois de l'économie. Il n'y aurait *plus* d'ouvriers, *plus* de lutte des classes, *plus* d'espoir dans le progrès, *plus* d'intérêt général et, finalement, *plus* de société du tout. La disparition accélérée des anciennes formes de vie commanderait le sacrifice des exigences de justice qui les portaient. C'est dans ce contexte qu'une politique de la consolation prend toute son importance. Par cette formule, il ne faut évidemment pas entendre une politique qui se fixerait la consolation comme but : de la religion au consumérisme, les déclinaisons historiques de l'« opium du peuple » sont suffisamment nombreuses pour que l'on se garde d'une telle perspective. Mais, de même que la consolation est un concept philosophique sans que la philosophie s'assigne pour autant la tâche de consoler, elle désigne une catégorie politique sans qu'une institution puisse prétendre y pourvoir à elle seule. La politique est liée à la consolation parce qu'elle a affaire avec les pertes (y compris la perte d'idéaux) qui constituent une société. Elle abandonnerait tout caractère démocratique si elle se contentait d'avaliser ces pertes au nom des nécessités du présent.

Le potentiel politique de la consolation réside dans l'affirmation qu'une autre voie existe, hors de la fausse alternative entre le renoncement et le ressassement de la perte, entre la réconciliation et la mélancolie.

Du côté de la réconciliation, on trouve les injonctions à un deuil « réussi » dont il a déjà été question. Plus généralement, les idéologies de la réconciliation se fondent sur un déni de la perte qui rejoue le schème de la communauté comme corps parfaitement unifié, résilient à tous les traumatismes. Ce livre

Les pathologies de la mémoire

montrera que la communauté organique constituait l'un des principaux ordres anciens de la consolation. Il s'agissait de convaincre le sujet confronté au malheur qu'il n'est jamais séparé des autres puisque l'appartenance au corps (familial, politique, religieux) est intangible. Sur ce point aussi, les Temps modernes se caractérisent par un affaiblissement des modèles traditionnels de la consolation. Ce que l'on aborde en général comme la montée en puissance de l'individualisme résulte de l'abandon du schéma de l'incorporation comme appartenance non négociable à un grand corps où tout est justifié. La modernité politique naît d'une crise de l'évidence de ce que signifie « être ensemble ». Elle y répond par des procédures inédites (contrat, délégation, représentation, etc.) qui sont autant d'instruments de consolation par rapport à la perte des certitudes anciennes.

La rupture avec l'idée d'une appartenance naturelle à un ordre social donné n'exclut pourtant pas les tentatives de restauration au cœur même de la modernité. Faire corps demeure une tentation pour des individus qui veulent échapper au doute sur ce qui les fait tenir ensemble. On le vérifie aujourd'hui, par exemple, dans le devenir patrimonial des sociétés européennes. Freud avait déjà rapproché les pathologies de la mémoire décelables dans les symptômes hystériques et l'érection de monuments qui ornent les villes[1]. Ceux qui « souffrent de réminiscences » sont tentés de nier la perte dans le fantasme d'une histoire monumentale (singulière ou collective) qui masque toutes les déchirures du passé. Les monuments qui témoignent d'une histoire glorieuse sont devenus les instruments d'une célébration du passé où la communauté fait à nouveau corps avec elle-même. Le mythe d'un récit national unifié, la valorisation inconditionnée du patrimoine et les discours identitaires de l'appartenance culturelle se rejoignent dans un commun désaveu de la perte. Ils

1. Voir S. Freud, *Cinq Leçons sur la psychanalyse* (1910), Paris, Payot, 2010.

épousent parfaitement l'impératif productiviste du travail de deuil selon lequel tout attachement à ce que révèle la tristesse est suspect. Ce genre de réconciliation forcée avec sa propre histoire fonctionne surtout comme une justification du présent, injustices comprises. La protestation de l'inconsolé y apporte un démenti d'autant plus cinglant qu'il vient de là où on ne l'attend pas. Lorsque Jésus met en garde contre la tentation de se réconcilier à trop bon compte, il le fait dans le style de la critique sociale : « Malheur aux riches car ils ont déjà leur consolation » (Luc, 6, 24).

Faut-il, alors, valoriser la figure de la mélancolie qui a au moins pour elle de ne rien céder sur la perte ? Ce serait envisageable si la mélancolie était exclusive de la réconciliation. Or, les monuments qui rappellent la grandeur nationale sont tout à fait compatibles avec ceux qui, du moins en Europe, sanctifient la perte des idéaux politiques au cours des tragédies du XXe siècle[1]. Lorsqu'il ne s'accompagne pas d'un désir de consolation, l'attachement à la perte est aussi sublime qu'impuissant. Pour le mélancolique égaré en politique, rien d'autre n'est souhaitable que ce qui a disparu : cette conviction a raison contre le monde, mais c'est pourtant bien le monde qui règne. Surtout, le mélancolique prétend savoir ce qu'il a perdu : cette certitude le rend sourd à toutes les consolations. Le consolateur, en effet, admet la perte, mais il la requalifie de telle sorte qu'elle devienne l'occasion d'un nouveau commencement. C'est cette créance dans l'avenir que le mélancolique refuse.

La politique de la consolation trace une voie étroite entre le désaveu de la perte dans l'autocélébration du présent et

1. Voir C. de Toledo, *Le Hêtre et le Bouleau. Essai sur la tristesse européenne*, Paris, Seuil, 2009. Il n'y a rien à redire à cette critique de la mélancolie politique, sinon qu'elle incrimine le besoin de consolation dans l'impuissance européenne. Selon nous, les politiques mémorielles ne visent pas à consoler (c'est-à-dire à apporter quelque chose de nouveau à la place de l'injustice du passé), mais au contraire à délégitimer la possibilité d'un avenir au nom des désastres du passé.

la déploration mélancolique qui sombre dans les illusions réactionnaires. Elle permet de comprendre pourquoi l'attachement à ce qui a été perdu n'a de sens que comme point de départ à de nouvelles exigences en matière de justice. On a parlé d'une « mélancolie de gauche » pour exprimer le fait que cette dernière a tellement perdu au cours des dernières décennies qu'elle ne s'y retrouve plus très bien dans ce qu'elle doit défendre[1]. Après avoir longtemps condamné les vaines consolations offertes par l'État-providence, le camp « progressiste » se désole aujourd'hui de la liquidation de cette forme d'État. Au point de militer parfois pour la restauration de ce qu'il avait combattu avec acharnement. Pour la gauche, la perte semble s'être redoublée : l'exigence révolutionnaire s'était d'abord abîmée dans les politiques de redistribution internes au capitalisme, puis celles-ci ont disparu à leur tour dans les pratiques néolibérales. Dans une arène où toutes les postures sont renversées, on accuse la gauche de passéisme, lui enjoignant de faire au plus vite le deuil de ses nostalgies en souscrivant aux « réformes » dictées par le réel.

Ce n'est là qu'un exemple parmi d'autres de ce que l'attachement politique à un passé idéalisé place le sujet sur la défensive tandis que la promotion du « réalisme » est un prête-nom au renoncement. Comme on le verra, le désir de consolation échappe à cette alternative. Il tient bon, non pas tant sur la perte elle-même que sur ce qu'il y a d'injuste à l'avoir subie. On ne reviendra pas aux ordres anciens (pas plus à l'État-providence qu'à un autre), mais il n'y a aucune raison d'admettre que les exigences politiques dont ces ordres ont été la synthèse provisoire soient purement et simplement abandonnées aux verdicts du présent. La consolation apparaîtra alors comme une pratique qui vise à élaborer la tristesse de telle sorte qu'elle fonde des revendications inédites.

1. W. Brown, « Resisting Left Melancholy », *Boundary 2*, vol. 26, 3, 1999, p. 19-27.

En faisant entendre l'utopie dans l'expérience, la consolation est un vestige de l'exigence métaphysique au cœur de la politique moderne. Il ne s'agit plus de la métaphysique comme savoir qui réconcilie, mais comme désir d'une altérité radicale. Adorno a comparé un jour le métaphysicien contemporain à la *Trümmerfrau*, cette femme des décombres qui, dans le Berlin de 1945, entreprend de déblayer les ruines pour permettre la reconstruction de la ville[1]. La situation historique dont il s'agit exclut la restauration de l'ordre ancien : de ces ruines-là ne devraient jamais émerger des monuments qui célèbrent le passé. Le déblayage des ruines n'aurait pas non plus lieu d'être s'il suffisait de se vouer à la mélancolie. Comme le métaphysicien abandonné par l'évidence, la femme des décombres est confrontée à la question de savoir ce qu'elle a perdu. Elle doute de ce qui a disparu et ignore ce qu'il faudra construire après la catastrophe. Mais cela ne l'empêche pas de déplacer les pierres : son geste de consolation est la condition pour autre chose. Ce livre est consacré à cette persévérance que la tristesse motive et n'annule pas.

1. T. W. Adorno, *Métaphysique. Concept et problèmes*, Paris, Payot, 2006, p. 187.

PREMIÈRE PARTIE

Grammaire

La consolation désigne un processus (l'acte de consoler) et un résultat (le fait d'être consolé). C'est surtout la première signification qui nous retiendra dans cette partie consacrée à dégager les moyens qu'utilise le consolateur pour gagner le cœur de celui auquel il s'adresse. Tous ceux qui s'y sont essayés le savent : consoler est difficile. Un geste déplacé ou un mot de travers suffisent à briser le lien que l'on cherchait justement à établir. Il existe donc une grammaire de la consolation, c'est-à-dire un ensemble de règles qui gouvernent l'action de relever celui qui se trouve dans l'affliction.

Consoler, c'est œuvrer pour que l'autre reprenne le pouvoir sur le pouvoir de sa souffrance. Cette ambition est paradoxale puisque le malheureux est invité à reconquérir son *autonomie* par la voix d'un *autre*. Mais le paradoxe n'est pas l'arbitraire : le consolateur doit respecter un certain nombre de règles pour que sa prise de parole ne soit pas perçue comme une intrusion illégitime dans une souffrance à laquelle il est étranger.

L'étude de la grammaire de la consolation sert trois objectifs.

1/ Contre une tradition de la philosophie (et du sens commun) qui discrédite le concept de consolation au nom de l'impératif de lucidité, il s'agit de montrer qu'il y a une rationalité propre à l'acte de consoler. De fait, les philosophes n'ont pas toujours considéré que la consolation était une notion exclusivement religieuse ou une pratique confinée aux cabinets des psychologues. S'il est vrai que la consolation n'est ni la guérison ni le salut, elle est décrite dans quantité de livres anciens comme un privilège de la philosophie. C'est principalement de ces textes que nous nous inspirerons afin d'établir de quelles armes dispose le consolateur pour répliquer à un malheur qui ne le touche pas directement. Comme cela a été dit dans l'introduction, le propos de ce livre n'est pas de militer en faveur d'une conception consolatrice de la philosophie, mais de montrer qu'une philosophie de la consolation est crédible. Nous envisagerons donc moins ces textes comme des doctrines dont il serait souhaitable, ou même possible, de s'approprier le contenu que comme des discours qui décrivent des pratiques qui peuvent encore nous instruire. Lorsque Sénèque, Cicéron ou Boèce consolent, ils le font en suivant des procédures qui sont à l'œuvre dans la consolation « ordinaire », même si celle-ci ne recourt pas à la théorie. La faible charge doctrinale des consolations (par définition, le philosophe console un être qui ne dispose pas de la vérité) est ici plutôt un avantage qu'un inconvénient. En suivant les procédés des philosophes plutôt que leurs métaphysiques, on se donne les moyens de comprendre le type très particulier d'échange qui réunit le consolateur et l'affligé.

2/ Dans une grammaire, les règles priment sur les termes. Pour ce qui nous concerne, cela signifie que l'acte de consoler ne met pas seulement en présence deux individus séparés par l'expérience, mais que l'un d'entre eux (le consolateur) se réclame d'un tiers pour justifier son discours. Certes, on ne console pas par l'affirmation dogmatique d'un savoir : celle-ci serait une violence supplémentaire faite au malheureux. C'est pourquoi le consolateur est obligé de ruser avec son savoir général (« *on* s'en sort toujours ») en le présentant de telle sorte qu'il devienne audible par son destinataire (« *tu* peux sortir de *ton* mal »). Pour cela, il se réfère à autre chose qu'à l'expérience désolée de son ami, sans pour autant perdre de vue que c'est à lui qu'il s'adresse. D'évidence, le consolateur ne parle pas de lui. Mais il ne parle pas non plus seulement de l'affligé : il se réfère à un sens qui se situe au-delà de la souffrance. La grammaire que nous allons reconstituer montre qu'il parle *au nom* d'un tiers qui est susceptible de concerner l'auditeur tout en l'arrachant à sa solitude. Ce tiers reçoit le nom de « nature », « communauté » ou « langage ». Dans tous les cas, il désigne une instance sur laquelle le malheureux peut compter en dépit de son malheur : il est consolant d'appartenir à une nature plus grande que soi et que son malheur, de se savoir membre d'une communauté qui accueille alors que la souffrance isole ou de reconquérir un langage qui met des mots sur une douleur jusqu'ici muette. Tout l'art du consolateur est de faire paraître l'un de ces tiers (ou plusieurs à la fois) afin de montrer qu'il demeure présent en dépit de la perte. Il remplit son office lorsqu'il convainc l'autre qu'il peut trouver un ordre là où tout semble chaotique, partager malgré une solitude qui lui apparaissait définitive, parler alors qu'aucun langage ne semblait à la hauteur de sa souffrance. Ces grands modèles de la consolation (nature, communauté, langage) sont présents dans tous les traités classiques du genre, et on les retrouve aussi dans les tentatives ordinaires pour apporter un réconfort.

3/ Une grammaire explore les normes de construction du sens par l'application adéquate de règles. En reconstituant une « grammaire de la consolation », les chapitres qui suivent présentent donc une sorte de modèle idéal-typique de l'acte de consoler. Ce dernier désigne un acte social d'échange (chapitre 1), repose sur un usage métaphorique du langage (chapitre 2) et articule les besoins de la nature humaine en matière de réconfort avec les bienfaits de la culture (chapitre 3). Une réhabilitation philosophique du concept de consolation passe par l'élucidation de cet idéal-type qui révèle à quelles conditions l'acte de consoler « fonctionne », à la manière dont une performance grammaticale est accomplie avec succès. Au plus loin du *pathos* de la finitude auquel on associe souvent cette notion, le fait que la consolation obéisse à des règles traduit sa rationalité. Pour autant, ce modèle ne sert pas seulement à définir la consolation, il doit aussi préparer le lecteur à comprendre pourquoi cette idée et cette conduite deviendront essentiellement problématiques dans la modernité. La question « Pourquoi notre besoin de consolation est-il *devenu* impossible à rassasier ? » sera au cœur de la deuxième partie de ce livre, mais elle oriente déjà la grammaire proposée dans la première. La consolation entre en crise lorsque ni la nature, ni la communauté, ni le langage ne peuvent plus être convoqués comme des ordres stables qui suffisent à conférer un sens intégral à l'expérience humaine. La crise moderne de la consolation n'invalide pas la grammaire que nous allons exposer, elle impliquera en revanche un nouvel usage de ses règles.

Chapitre 1

L'objet de la consolation

Qui ne pleure pas ne voit pas.

Victor Hugo, *Les Misérables*

La consolation vient toujours trop tard. C'est après la perte, une fois que le mal est fait, que le réconfort est dispensé. Dans ce retard temporel s'ancre la séparation spatiale entre le consolateur et le consolé : le premier n'a pas été présent à la douleur du second, c'est pourquoi il en est réduit à tenter de rejoindre par des mots ou par des gestes une conscience malheureuse qui lui demeure étrangère. Si la douleur isole spatialement le sujet qu'elle affecte, c'est d'abord parce qu'elle l'enferme dans une épreuve impartageable du temps. Face à cette double séparation, consoler, c'est à tous égards franchir une limite. Limite entre deux consciences dont les temporalités sont distinctes (l'une est dans le malheur, l'autre pas) et limite entre deux corps marqués par des émotions distinctes.

Cette structure de l'*après-coup* permet de préciser quel est l'objet visé par l'acte de consoler. Dans bien des discours de la consolation, en particulier chez les stoïciens, plane comme un reproche adressé à celui qui se trouve dans l'affliction. S'il a besoin de réconfort, c'est parce qu'il ne s'est pas suffisamment préparé au malheur auquel s'expose toute vie humaine. Seul l'imprévoyant a besoin d'une aide extérieure que l'anticipation raisonnable du pire aurait rendue inutile[1].

1. À la question de savoir pourquoi nous nous obstinons dans les lamentations, Sénèque répond que c'est parce que « nous n'anticipons pas le malheur

Le consolateur ne peut éviter que le mal soit déjà là, et jugé comme tel, ce qui place son discours dans un double inconfort : il ne peut réparer la perte et il doit compter avec ses effets destructeurs sur celui qui la subit. Témoin du malheur, il se situe dans un décalage permanent avec celui qui en est victime. Ce décalage constitue aussi l'enjeu de la consolation : comment rattraper un temps négatif dont les effets ne sont perceptibles qu'indirectement, à travers la plainte ou le récit de la douleur ?

Mais la consolation vise-t-elle vraiment à résorber la douleur de l'autre ? Est-elle une réponse plus ou moins adéquate à une perte dont le consolateur n'est pas directement affligé ? Rien n'est moins sûr. Georg Simmel a montré que, si la consolation n'est qu'une consolation, c'est parce que son objet n'est pas d'annuler la douleur.

> La consolation est quelque chose d'autre que l'aide – que l'animal aussi recherche ; la consolation est ce vécu remarquable qui laisse certes subsister la souffrance, mais qui supprime pour ainsi dire la souffrance de la souffrance, il n'atteint pas le mal lui-même, mais son reflet dans l'instance la plus profonde de l'âme[1].

Le consolateur s'adresse à « la souffrance de la souffrance », c'est-à-dire à une douleur redoublée qui est solitude, honte ou culpabilité. Dans tous les cas, la souffrance de la souffrance ajoute au vécu de la douleur une émotion qui isole le sujet et rend toute communication impossible. Les limites de la consolation (elle n'est ni guérison ni sauvetage) viennent de ce qu'elle promet autre chose que la restitution de ce qui a été perdu. La disparition d'un proche, la maladie ou la mort demeureront inentamées comme telles,

---

avant qu'il ne nous arrive » (Sénèque, « Consolation à Marcia », *Consolations*, trad. C. Lazam, Paris, Rivages, 1992, p. 98).

1. G. Simmel, *Fragmente und Aufsätze aus dem Nachlass*, Munich, Drei Masken Verlag, 1923, p. 17.

le consolateur ne pouvant espérer annuler leur réalité de fait. Ce sont plutôt les effets collatéraux de la perte que vise l'acte de consoler puisque à la souffrance s'ajoute une désolation de second degré qui se traduit le plus souvent par l'isolement.

Ce chapitre a pour but de montrer qu'en répondant à « la souffrance de la souffrance », la consolation révèle sa nature sociale et communautaire. Bien qu'il intervienne dans l'après-coup, le consolateur s'avance avec la conviction qu'il y a encore quelque chose à faire, ou du moins à dire. Qu'il s'agisse d'une action ou, plus souvent, d'une performance verbale, le consolateur mise sur le fait qu'il peut offrir au malheureux quelque chose *à la place* de ce qui lui manque : cela suffit à établir entre eux une communauté. Les adversaires de la consolation voient juste lorsqu'ils reprochent à cette dernière de n'être qu'un supplément. Mais le supplément n'est pas uniquement un substitut illusoire à la guérison, il est aussi un ajout par rapport à une perte vécue dans la solitude. Une parole, un geste ou un regard valent ici comme autant de tentatives pour réélaborer un lien que la souffrance a rompu.

Il existe un autre argument en faveur de la définition de l'acte de consoler comme acte social. Les discours de la consolation n'effacent pas le mal, mais ce qui, du mal, est *manifeste*. Dans la *Consolation* de Boèce, le premier geste de la déesse Philosophie, celui qui prépare tout son discours, consiste à essuyer les larmes du condamné à mort. Il s'agit sans doute de déssiller les yeux de Boèce pour lui permettre de mieux voir (que la mort n'est pas à craindre, que la Providence est toujours bonne, etc.), mais ce geste propédeutique vise aussi à gommer la surface visible de la souffrance avant de s'attaquer à ses causes profondes. Dans un monde païen où il ne sied pas aux hommes de pleurer, surtout lorsqu'ils se prétendent philosophes, effacer les larmes revient à replacer le sujet sur les rails de la socialisation[1]. Il sera beaucoup question des larmes dans les pages qui suivent car, à l'inverse de ce qui vient d'être suggéré, on peut tout aussi bien considérer que « pleurer avec quelqu'un est un fait *sui generis* de l'être ensemble[2] ». Notre question n'est pas de savoir si les larmes favorisent ou font obstacle à la consolation. Il s'agit plutôt de montrer qu'elles sont un élément central de tout projet consolateur parce qu'elles désignent mieux que toute autre chose ce qui, de la douleur, se montre. De là une question centrale : que faire socialement d'un corps expressif ? Comment canaliser les effets manifestes de la souffrance pour éviter qu'ils ne remettent en cause l'unité du groupe ? La visibilité des larmes est un défi pour la communauté et c'est au consolateur qu'il revient de le relever.

L'autorité du consolateur

De la même manière qu'une joie rachète une douleur, la consolation procède à un échange[3]. Une parole de soutien est, par exemple, prononcée en réparation d'un mal qui demeure inchangé. Cette dimension quasi économique n'est pas étrangère au discrédit de la consolation : un doute s'insinue sur la commensurabilité entre le mal subi et le bien offert sous forme de réconfort. À Marcia qui pleure la mort de son fils, Sénèque conseille de se rendre attentive à ce qu'elle possède encore : « Nous sommes trop injustes à l'égard de ce qui

1. Déjà dans le *Phédon*, Socrate demande à ses disciples de reconduire sa femme Xanthippe parce qu'elle « continue de crier et de se frapper la poitrine » (60b). Tout se passe comme si les larmes faisaient obstacle à l'échange rationnel des arguments.

2. J.-L. Chrétien, « L'humanité des larmes », dans *Promesses furtives*, Paris, Éditions de Minuit, 2004. On verra que cette réhabilitation (partielle) des larmes est essentiellement le fait du christianisme, en particulier celui d'Augustin.

3. La question de savoir ce que le consolé donne « en échange » au consolateur sera abordée dans le chapitre 5, à propos de la sollicitude.

nous reste à cause du regret de ce qu'on nous a retiré brutalement[1]. » Même lorsque c'est de ce fils perdu qu'il s'agit, et non de ceux qui lui ont survécu, le philosophe n'hésite pas à entrer dans une comptabilité suspecte au cœur d'une mère : « Mets-toi à compter ses qualités, non ses années : tu verras qu'il a vécu assez longtemps[2]. » Évaluation, calcul, comparaison sont des opérations que l'on associe difficilement avec la singularité d'une douleur. De quel droit le consolateur s'autorise-t-il à quantifier, avant de la comparer, une perte dont il n'est pas la victime ?

Consoler passe par une *prise de parole*. Cela suppose, chez le consolateur, une double confiance : confiance dans sa propre autorité et confiance dans le pouvoir du langage d'influer sur autrui. Cette autorité et ce pouvoir ne sont pas donnés une fois pour toutes, ils répondent à des conditions sociales et historiques précises sans lesquelles la consolation serait vaine, voire malséante. D'une part, le consolateur parle depuis un lieu qui l'autorise à se prononcer sur une souffrance qui n'est pas la sienne. D'autre part, il mise sur le fait que son discours sera efficace pour un destinataire qui n'est pas *a priori* en mesure de l'entendre : la question est ici celle de la puissance du langage à reconfigurer le temps de l'expérience. De ces deux conditions, c'est certainement la seconde qui nous est aujourd'hui la plus étrangère, celle qui accorde au langage d'un autre le pouvoir de parler au nom de l'universel et de retranscrire fidèlement l'ordre du monde. Mais nous ne pourrons comprendre pourquoi notre « besoin de consolation » est devenu si difficile à satisfaire qu'en faisant le détour par des configurations historiques où il était accueilli avec une certaine sérénité.

La consolation a reçu l'un de ses plus hauts degrés d'institutionnalisation à la charnière du XVIe et du XVIIe siècle. Sur

1. Sénèque, « Consolation à Marcia », *Consolations*, *op. cit.*, p. 111.
2. *Ibid.*, p. 132.

fond de néostoïcisme, la « lettre de consolation » devient pour quelques décennies un genre à part entière qui mobilise les meilleurs esprits de l'aristocratie. Ces lettres peuvent être lues comme des plaidoyers en faveur du contrôle de soi : « La vogue du genre littéraire de la consolation correspond exactement à cette période au cours de laquelle la noblesse féodale, sous le couvert des valeurs stoïciennes, se transforme en noblesse de cour[1]. » Cette tendance se rattache à la « curialisation des guerriers » dont Norbert Elias a fait l'un des ressorts principaux de la genèse sociale de l'Occident moderne[2]. La guerre que les nobles ne mènent plus sur les champs de bataille, ils l'engagent à l'aide de mots, et contre la Fortune qui s'abat sur leur existence privée. Dans les sociétés de cour, le mal ne prend plus la figure de l'ennemi extérieur qu'il faut combattre selon les règles de la chevalerie, il s'identifie aux tendances individuelles à l'abandon qui placent en permanence le noble en situation d'avouer sa faiblesse affective. Les combats les plus intenses sont désormais ceux qu'on livre avec soi-même dans les moments de la vie qui exposent à la Fortune et au malheur.

Ce nouveau régime de l'adversité participe d'une modification de la sensibilité qui valorise l'attitude que l'homme est tenu d'adopter face au malheur individuel. Le soi se civilise en intériorisant un ensemble de contraintes qui doivent le protéger, non pas tant de la douleur que des manifestations sociales de cette dernière. Rationalisation des conduites et promotion sociale de la pudeur sont les deux éléments du nouvel *ethos* aristocratique. Le consolateur se présente dès lors comme le garant d'un ordre social fragilisé par l'expression anarchique de la douleur. À l'intérieur de ce dispositif, la consolation désigne un acte de bienveillance communautaire.

1. N. Doiron, « Poétique de la consolation classique », *Dix-Septième Siècle*, 2007/4, p. 779-798.

2. Voir N. Elias, *La Dynamique de l'Occident*, Paris, Calmann-Lévy, 1975.

Les personnages présents dans les lettres de consolation sont à peu près toujours les mêmes : un endeuillé, un défunt et un consolateur. De quel droit, demandions-nous, ce dernier s'autorise-t-il à prendre la parole sur une douleur dont il est absent ? C'est d'abord l'appartenance à une même classe qui fonde cette autorité puisqu'il s'agit de rappeler à l'endeuillé les obligations que lui dicte sa condition[1]. Le consolateur est pourvu d'une autorité qui lui permet de parler d'une douleur sans être suspect d'usurpation. Pour cela, il doit être réputé proche du disparu, donc potentiellement affecté par la perte. Ainsi, Malherbe reconnaît les vertus de la fille disparue de Cléophon : « Nul autre que moy n'a fait cas de sa perte / Pour avoir vu ses mœurs / Avec étonnement qu'une saison si verte / Portast des fruicts si meurs[2]. » Cette proximité affective avec le défunt est équilibrée par une proximité sociale avec l'endeuillé : on console d'un malheur que l'on peut comprendre, mais que sa position permet d'évaluer à sa juste part (« Mais elle estoit du monde, où les plus belles choses / Font le moins de séjour[3] »). Les consolations de l'âge classique abondent en procédés qui valorisent l'universalité des devoirs sociaux au détriment de la singularité de la perte. La distance affective qui met en danger tout le processus de consolation est ici renversée en avantage puisqu'elle permet au consolateur d'instruire son destinataire sur le sens et les limites de son malheur. L'appartenance à une même classe amoindrit l'écart entre les destins individuels et permet de rappeler celui qui est en deuil à ses obligations (« Mais d'estre inconsolable, et dedans sa mémoire / Enfermer un ennuy / N'est-ce pas se hayr pour acquerir la gloire / De bien aimer autruy[4] ? »).

1. Voir D. Carabin, « Les lettres de Nicolas Pasquier : la lettre de consolation », *Revue d'histoire littéraire de la France*, 2002/1, p. 15-31.

2. F. de Malherbe, « Consolation à Cléophon », *Œuvres poétiques*, Paris, Flammarion, « GF », 1972, p. 104.

3. *Ibid.*

4. *Id.*, « Consolation à Monsieur du Périer », *ibid.*, p. 103.

Même dans une forme aussi codifiée que la lettre de consolation de l'âge classique, il faut que le consolateur offre quelque chose à son destinataire. Il manifeste une compassion très vite corrigée par le rappel des devoirs qu'un noble doit à sa position sociale. Bien sûr, le don est celui d'arguments susceptibles d'atténuer les effets de la douleur : argumentaire religieux (la mort est voulue par Dieu), argumentaire philosophique (la mort est partie intégrante de la nature), argumentaire moral (les regrets sont inutiles), argumentaire psychologique (le souvenir du défunt apaise), argumentaire social enfin (l'ostentation de la douleur est inappropriée)[1]. Cette diversité pose question, indiquant que les discours de la consolation font appel à une multitude de registres qui ne sont pas unifiés théoriquement. Notons pour l'instant que l'autorité dont se réclame le consolateur emprunte à un capital symbolique d'un genre bien particulier. On pourrait dire de lui qu'il se présente comme un affligé en puissance (il est capable de comprendre le désespoir de son ami) et un sage en acte (il connaît les normes comportementales que l'on doit à la société). Le consolateur établit un rapport entre la singularité du malheur et l'universalité sociale : il possède à la fois une expérience de la vie qui lui permet d'entrevoir les abîmes de l'existence et une position dans la société qui l'instruit des risques de l'abandon sans pudeur à la souffrance.

Norbert Elias a montré que l'*ethos* de l'aristocratie de cour, qui sera encore celui de la bourgeoisie, procède d'une privatisation du courage. Délaissant la guerre, les nobles s'attachent à manifester leurs vertus dans leurs comportements quotidiens. Cet abandon progressif de l'héroïsme au profit d'une morale individuelle se traduit par l'émergence de nouvelles contraintes sociales. À l'idéal guerrier du sacrifice se substitue celui de la maîtrise de soi, même dans les moments d'intense

1. Voir D. Carabin, « Les lettres de Nicolas Pasquier : la lettre de consolation », art. cité.

affliction personnelle. Cette maîtrise fait l'objet d'un discours prescriptif que l'on retrouve dans les lettres de consolation où il s'agit justement d'instruire l'ami en deuil de la conduite que la communauté attend de lui. C'est pourquoi l'autorité du consolateur est aussi énonciative : il intervient dans l'intimité de son destinataire par des missives ou des poèmes. L'écriture permet la mise en scène d'un « je » à la fois personnel et universel. Puisqu'il s'agit, sans la nier, de dépersonnaliser la souffrance, l'écriture établit une distance dans la proximité que ne permet pas la parole vive. Le consolateur est moins une personne que l'écho de l'ordre social qui commande de ne pas laisser libre cours à de vaines espérances[1]. Universalisé par l'écriture, son « je » est celui de la société tout entière qui enjoint au malheureux de ne pas se séparer d'elle et de ses normes, et de mettre un terme à la réitération sans fin de la douleur. Dès lors, les conseils du consolateur ont pour but de faire paraître aux yeux du destinataire l'*invincibilité sociale* : le combat contre la fortune peut être victorieux s'il s'appuie sur l'idéal inaltéré du contrôle de soi.

Dans les lettres de consolation, les mots envoyés en échange de la perte dessinent un espace de la souffrance légitime. Ils indiquent une butée au-delà de laquelle les effets de la douleur sur le comportement de l'affligé attentent à sa réputation ou, pire encore, transforment sa tristesse en un orgueil tourné contre les exigences de la société. Il n'y a, en l'espèce, aucune raison de repérer dans ce dispositif rhétorique une opposition entre la superficialité des conventions sociales et l'authenticité de la douleur intime. Le consolateur n'enjoint pas à l'endeuillé de « paraître » tout en continuant à « être ». Il ne lui demande pas de mimer le contrôle de soi pour satisfaire ses contemporains tout en gardant en réserve

1. Nicolas Pasquier écrit à un père désireux de revoir son fils disparu : « Je diray une fois pour toutes que vous voulez que ce qui n'est pas en votre puissance y soit [...] » (cité par D. Carabin, art. cité).

une douleur infinie. Le rappel à l'ordre social se fait au bénéfice du destinataire, sans quoi l'on n'aurait pas affaire à une consolation, mais à une simple injonction moralisante. *Le consolateur mise plutôt sur l'efficacité du paraître sur l'être* : à force de jouer le jeu attendu de lui par la société, le malheureux finira par l'intérioriser.

Pour comprendre ce que la présence de la communauté a d'apaisant, il faut insister sur ce que l'écriture consolatrice fait au temps. Parmi les lieux communs des lettres de consolation, on trouve le souci de bien choisir le moment de l'écriture : ni trop tôt, ni trop tard. Prématurée, la lettre risquerait de manquer son effet en heurtant l'âme sensible de son destinataire[1]. Tardive, elle ne parviendrait plus à extirper une douleur enracinée dans la conscience de l'endeuillé[2]. Le consolateur doit ainsi trouver le bon moment qui permettra de fondre le présent de son énonciation dans un présent intemporel capable d'instruire au-delà des circonstances. Les lettres de consolation ne sont pas seulement destinées à être lues, elles doivent pouvoir être *relues* à chaque fois que le malheur insiste et menace de soustraire l'affligé à l'ordre social. Par la mise en scène d'un « je » intemporel, l'écriture a pour fonction de différer la douleur pour mieux annuler, ensuite, ses effets les plus durables. En ce sens, l'écriture rompt le cycle naturel (et potentiellement destructeur) du temps en offrant à l'endeuillé des moyens pour retrouver les voies d'une socialisation réussie. Plutôt que de se complaire dans la douleur provoquée par la mort de son fils, Malherbe

1. Sénèque, déjà, écrit à sa mère : « Souvent [...], j'ai éprouvé une vive envie de te consoler mais souvent, je l'ai contenue. » Il faut réprimer le désir de consoler tant que la douleur est trop forte et serait ravivée par un « traitement prématuré » (« Consolation à Helvia, ma mère », *Consolations*, *op. cit.*, p. 37).

2. « Je viens d'apprendre la perte que vous avez faite de Monsieur votre fils », écrit Malherbe en ouverture à sa lettre de consolation à M. de Termes. La date de l'événement intime demeure indéterminée, mais aussitôt que le malheur est rendu public, il appelle l'écriture.

suggère à M. de Termes de modifier son rapport au temps : « Doutez-vous que le temps n'obtienne de vous ce que vous n'aurez pas voulu accorder à la raison ? » L'écriture consolatrice n'abolit pas la temporalité de la douleur, mais elle la réoriente afin que l'endeuillé comprenne que le passage du temps peut devenir un allié.

L'écriture opère cette réorientation en distinguant deux régimes de temporalité. Il y a le *temps intime de la perte* dont les effets sont aussi inévitables que la souffrance elle-même. Il n'y a rien à dire de (et dans) ce temps, c'est pourquoi le consolateur commence par faire silence. Ce silence manifeste l'affliction propre du consolateur et témoigne de sa proximité avec le défunt. L'absence de parole à l'instant même de la perte est le signe d'une solidarité entre des hommes soumis à la même possibilité constante du désastre. Mais ce silence initial ne prend sens qu'à être dépassé, ensuite, dans l'écriture. Celle-ci rappelle à l'endeuillé l'existence du *temps social de la vie*. Ce temps est scandé par les exigences caractéristiques du contrôle de soi auquel doit se soumettre l'homme de bien. Il n'enveloppe pas la souffrance comme telle, qui demeure privée et muette, mais précisément ce que Simmel appelle « la souffrance de la souffrance », c'est-à-dire les effets néfastes que la perte pourrait produire sur la socialisation du sujet.

Dans les lettres de consolation de l'âge classique, « la souffrance de la souffrance » prend la figure d'une puissance qui sépare le sujet de la communauté. Consoler, c'est donc énoncer les vertus sociales en espérant qu'elles agiront sur la douleur du deuil. La consolation fonctionne sur le mode du « rappel » : rappel à ce que fut le défunt, à sa vie trop vite arrêtée, mais aussi rappel à l'ordre de la communauté et à ce qu'il offre en matière de réconfort. Le but du consolateur est de faire voir la dualité des régimes de l'expérience. Intime, la souffrance d'un père ou d'une mère en deuil n'invite qu'à une compassion muette. Publique, la souffrance de la souffrance ressentie par l'homme ou la femme bien nés appelle un discours qui transforme, pour les adoucir, les coordonnées de l'expérience personnelle.

La communauté des larmes

L'anachronisme (la confusion de ces deux ordres de temporalité) menace aussi l'endeuillé lorsqu'il confond le temps de sa vie entière avec celui de la perte. Consoler revient à lutter contre cette tendance du malheur à empiéter sur le temps de la vie. Cette confusion des temps est particulièrement visible dans le phénomène des larmes. Confronté au corps expressif de celui qui souffre, le consolateur doit régler le cours des manifestations d'une souffrance sur laquelle il n'a pas de prise directe. Faute de pouvoir annuler la perte, il essaie de contrôler ses effets socialement visibles. C'est ainsi que Nicolas Pasquier, dans une de ses lettres de consolation publiées en 1623, fait grief à son interlocutrice de laisser libre cours à ses larmes : « En cette déplorable perte, vous avez donné vogue aux pleurs, alambiquant vos yeux en fontaines [...][1]. » Les larmes ne sont pas seulement l'expression physique de la perte, leur fluidité manifeste aussi la puissance que possède la douleur de s'emparer de chaque parcelle de la vie du sujet. Incontrôlées, elles se répandent en toute occasion et à chaque instant, requérant le geste de consolation qui consiste justement à établir des digues.

Les moralistes mettent souvent en cause la détérioration des pleurs en complaisance. En occupant tout le champ du visible, les larmes excessives transforment le malheur en misère ostentatoire. Devenues omniprésentes, elles interdisent au consolateur de faire paraître une autre temporalité que celle de la perte. Il n'est pas sûr, pourtant, que le premier geste de consolation soit de sécher les larmes ou d'exiger l'arrêt des

1. Cité par D. Carabin, « Les lettres de Nicolas Pasquier », art. cité.

pleurs. Dans de nombreuses traditions, en effet, les larmes sont elles-mêmes consolantes. Si elles attestent la fragilité de l'affligé, elles se substituent aussi au langage articulé rendu impossible par une sensation trop intense. Quelle que soit leur cause (il y a des larmes de tristesse, mais aussi de joie), les pleurs sont « la manifestation d'un *excès*, d'un intolérable excès[1] ». Cet excès est celui du vécu sur le dicible : les pleurs se substituent au mutisme désemparé provoqué par ce qui excède les capacités de faire et de dire. On retrouve ici la structure du supplément caractéristique de toute consolation : les larmes viennent en échange d'une douleur qui ne laisse aucune initiative directe au sujet. C'est pourquoi les larmes peuvent être celles du malheureux, mais aussi celles du consolateur qui, ne trouvant pas de mots, est tenté de pallier ce manque en *pleurant avec* l'affligé, autre manifestation de la communauté. Les larmes deviennent l'objet d'un échange de significations par-delà le dicible.

Comment comprendre alors que les pleurs puissent aussi faire obstacle à la consolation ? Ce paradoxe a été patiemment étudié par Augustin. Il est beaucoup question des larmes dans les *Confessions*, et c'est d'abord sous la figure (classique) de leur indignité qu'elles entrent en scène. Reprenant la réflexion léguée par Aristote sur les effets du théâtre, Augustin se demande comment il se fait que « l'homme veuille souffrir, devant le spectacle d'événements douloureux et tragiques, dont pourtant il ne voudrait pas lui-même pâtir[2] ? ». La pitié tragique invite à souffrir, non à porter secours, offrant au spectateur l'occasion de faire montre de miséricorde à peu de frais. La sollicitude du spectateur pour les personnages de la tragédie repose sur une « bienveillance malveillante » (*maliula*

1. J.-L. Chrétien, « L'humanité des larmes », dans *Promesses furtives*, *op. cit.*, p. 69.

2. Augustin, *Confessions*, III, 2, trad. É. Tréhorel et G. Bouissou, Paris, Bibliothèque augustinienne, vol. 2, rééd. 1992, p. 365.

Leon Blum

beniuolentia) qui a besoin de voir des êtres misérables pour se manifester et ne cherche en aucune façon à atténuer le malheur dont elle est spectatrice. La pitié était pour Aristote une occasion offerte au spectateur de prendre conscience de sa propre fragilité. Mais il n'y a pas, selon Augustin, de connaissance sans amour : souffrir à distance ne porte aucun enseignement vrai. Les pleurs du spectateur témoignent plutôt d'un amour corrompu de soi : « Les larmes, voilà donc ce qu'on aime, et les souffrances[1]. »

Cette condamnation ne porte néanmoins que sur les larmes païennes. Déjà à ce niveau, les pleurs sont l'expression de l'amitié pour les autres hommes. Mais cette expression est débordante, sans direction assignée, prête à épouser toutes les causes et à aimer toutes les souffrances. L'amitié superficielle pour le monde dont témoignent les larmes de l'esthète éloigne de Dieu car elle éloigne de soi : « Qu'y a-t-il de plus pitoyable qu'un être pitoyable qui ne s'apitoie pas sur lui-même, et pleure sur Didon morte par amour pour Énée, mais ne pleure pas sur lui-même mort faute d'amour pour toi, ô Dieu[2]. » Si le spectacle du malheur apporte une jouissance, c'est parce qu'il rend possible l'oubli de sa propre misère. Mais il existe des larmes qui, au lieu de détourner le regard du péché, y ramènent, et ramènent par là à une communauté d'un genre supérieur : celle que fonde le désir de salut.

Les *Confessions* peuvent être lues comme une lente conquête du sens vrai des pleurs. L'offrande à Dieu des larmes versées par Monique sur la vie dissolue de son fils constitue la première évocation du pouvoir rédempteur des pleurs[3]. En annonçant la conversion d'Augustin, ces larmes acquièrent une fonction sacrificielle : elles désignent le don que fait une mère pour racheter la conduite de son fils. Plus tard, dans

1. *Ibid.*, p. 367.
2. *Ibid.*, I, 21, p. 311.
3. Voir *ibid.*, III, 11.

la grande scène de la conversion, Augustin s'isole sous un figuier, un « endroit plus propice au travail des larmes[1] ». Pour autant qu'ils soient à l'abri des regards humains, les pleurs expriment le renoncement au monde et préparent la conversion du regard vers le Dieu intime. La topographie est elle-même signifiante : dans le jardin de Milan, Augustin s'éloigne de son ami Alypius pour ne pas être vu dans son désespoir. Cette séparation change le statut des larmes. Tout comme le consolateur autorise les larmes lorsqu'elles demeurent à l'abri du regard social, et ne risquent pas de se transformer en spectacle, Augustin laisse libre cours à son émotion pour autant que celle-ci n'est plus vraiment de ce monde. Le regard troublé par les pleurs, il est alors en situation d'entendre la voix d'un enfant qu'il comprend comme une injonction (« Prends, lis ! », *tolle lege*) : « J'ai refoulé l'assaut de mes larmes et me suis levé, ne voyant plus là qu'un ordre divin qui m'enjoignait d'ouvrir le livre, et de lire ce que je trouverais au premier chapitre venu[2]. » S'ensuit la lecture, hasardeuse ou providentielle, d'un passage de l'Évangile de Matthieu qui parachève la conversion[3]. Les larmes versées ont permis une séparation d'avec la chair sans laquelle il n'y a pas de véritable foi.

Le partage entre larmes païennes et larmes chrétiennes se fait en fonction du destinataire des pleurs. Le païen pleure devant le malheur des autres représenté sur scène, méconnaissant le sien ainsi que les conditions (religieuses) qui lui permettraient de s'y affronter. Si, rétrospectivement, Augustin a honte de ses larmes versées au théâtre, c'est parce qu'elles ne sont pas consolantes et n'apportent aucun réconfort à une âme déchirée par le péché. Les larmes chrétiennes, en revanche,

1. *Ibid.*, VIII, 12, tome 2, p. 65.
2. *Ibid.*, p. 67.
3. « Va, vends tout ce que tu possèdes, donne-le aux pauvres et tu auras un trésor dans les cieux ; et viens, suis-moi » (Matthieu 19,21).

le Thème des LARMES

sont destinées à Dieu pour qui elles prennent la forme d'un sacrifice de la chair[1]. L'idée répandue d'une délivrance par les larmes trouve son origine dans cette conjonction entre un phénomène physique (l'expulsion de liquide par les pleurs) et l'offrande des larmes sous la forme d'un *don*. Augustin est l'un des fondateurs du thème chrétien du « don des larmes » qui traversera tout le Moyen Âge occidental et trouvera sa plus haute expression dans les prières de Saint Louis pour se voir attribuer un tel don[2]. Cette valorisation des pleurs est directement liée au thème de la consolation puisque les larmes favorisent le salut pour autant qu'elles sont offertes à Dieu. Le présent des larmes est un gage sur le futur : « Bienheureux ceux qui pleurent, car ils seront consolés » (Matthieu, 5, 4). Pleurer, c'est établir un lien entre la misère de l'homme et l'amour pour un Dieu capable d'y remédier par sa grâce. Encore faut-il que ces larmes soient versées à bon escient par le chrétien : non pas sur un malheur occasionnel lié aux aléas de la vie, mais sur un malheur « ontologique » inséparable du statut de créature pécheresse. Cette distinction entre les larmes de complaisance et les larmes de miséricorde sera sécularisée dans les lettres de consolation de l'âge classique.

La réhabilitation augustinienne des larmes est donc conditionnelle. Comme dans les lettres de consolation, l'événement critique est celui du deuil puisqu'il peut susciter une souffrance qui ressasse la perte et n'ouvre aucune voie au réconfort religieux (Augustin) ou social (les écrivains de l'âge classique). De là, le souci religieux de canaliser le deuil en lui conférant la fonction d'empêcher l'éclatement sans borne du désespoir. Augustin légitime la tristesse des endeuillés contre l'attitude

1. Pleurant sa mère disparue, Augustin précise le devant quoi des larmes légitimes : « Je pris plaisir à pleurer devant Toi, sur elle et pour elle, sur moi et pour moi » (*Confessions*, *op. cit.*, IX, 12, p. 133).

2. Voir P. Nagy, *Le Don des larmes au Moyen Âge*, Paris, Albin Michel, 2000 (sur Augustin, p. 115-123).

de l'Église primitive qui voyait dans la mort du corps un bienfait et condamnait en conséquence les expressions de la tristesse des survivants comme un vestige de paganisme. Entre le *contemptus mundi* qui interdit que l'on regrette la mort de ses proches et le désespoir athée devant leur disparition, Augustin trace une voie étroite dans laquelle les larmes légitimes trouveront leur place.

Les dernières larmes versées dans les *Confessions* sont celles d'Augustin après la mort de sa mère. C'est encore une fois le temps qui sert de critère à l'expression convenable de la souffrance puisque toute la scène est construite sur le principe du retardement des pleurs.

> Je lui fermais les yeux, et dans mon cœur s'amassaient les flots d'une immense tristesse qui allait s'écouler en flots de larmes, mais au même instant mes yeux, sur un ordre violent de mon âme, résorbaient la source de leurs pleurs jusqu'à la dessécher ; et pareille lutte me faisait très mal[1].

Augustin juge que son désir de pleurer émane de ce qui, en lui, reste de l'enfance, donc de l'ignorance du vrai Dieu. À partir de là s'engage un combat que sa volonté de converti mène contre son désespoir de fils. Seule la crainte d'une « disparition totale » de Monique justifierait l'éclat des pleurs devant le corps de la défunte, or cette crainte est précisément ce que la foi nouvellement acquise a conjuré. Prématurées, les larmes seraient celles d'un inconsolable : « Ainsi, parce que j'étais privé en elle d'une si grande consolation, mon âme était blessée et ma vie était comme mise en pièces[2]. » Augustin se refuse à des larmes qui trahiraient publiquement un doute sur la consolation ultime qu'il ne doit plus recevoir de sa mère, mais de Dieu.

Mais le temps des pleurs légitimes finit par arriver. Si la

1. Augustin, *Confessions*, *op. cit.*, IX, 12, p. 125.
2. *Ibid.*, p. 127.

levée du corps se fait « sans une larme », l'ensevelissement libère une temporalité nouvelle en laquelle la plainte est autorisée parce qu'elle a trouvé son destinataire. Une nuit ayant passé, et alors qu'il est à l'abri des regards profanes, Augustin trouve enfin le moyen de conjuguer son émotion avec sa foi :

> Je lâchai les larmes que je retenais, pour les laisser couler autant qu'elles voudraient et en faire un lit sous mon cœur. Il y trouva son repos, car tu étais là prêtant l'oreille, toi, et non pas quelque homme qui eût avec sa superbe interprété mes pleurs [...]. Et si quelqu'un trouve que j'ai péché en pleurant ma mère durant quelques minutes, cette mère qui était morte pour un temps à mes yeux, mais qui avait pleuré durant de nombreuses années pour me faire vivre à tes yeux, qu'il ne se moque point ; mais plutôt, s'il est homme de grande charité, qu'il pleure lui-même pour mes péchés, devant toi, le Père de tous les frères de ton Christ[1].

Ce texte est écrit à l'intention des stoïciens et de ceux des chrétiens qui condamnent l'expression du deuil parce qu'elle rend un hommage trop appuyé à la vie mondaine. Augustin y affirme l'existence d'une communauté des larmes et de la consolation qui n'est rien d'autre que l'Église elle-même. Les larmes que Monique a versées sur son fils communiquent avec celles qu'Augustin verse sur la défunte parce que ces pleurs sont tous adressés à Dieu qui, en les écoutant, accueille et console la plainte. « Pleurer avec » constitue, pour les hommes, une manière de faire communauté, d'où l'appel final au lecteur charitable afin qu'il mêle ses larmes à celles qui ont déjà été versées. Il existe une *liturgie du deuil* qui, comme toute liturgie, comporte ses règles. Elle doit d'abord avoir Dieu pour destinataire exclusif : les larmes passées de Monique, les larmes présentes d'Augustin et celles, futures, du lecteur sont offertes devant le « Père », élevé au rang de

1. *Ibid.*, p. 133.

seul juge légitime des tristesses humaines. Le « devant toi » des pleurs fonde le corps mystique de l'Église qui, par ses lamentations, atteste sa dépendance à Dieu.

La communauté des larmes est spirituelle plus que physique. Elle réunit les morts, les vivants et ceux qui, comme les lecteurs des *Confessions*, pleureront au souvenir des péchés d'Augustin. Tout comme l'Église accompagnera les hommes jusqu'à la fin du monde, la communauté des larmes s'actualisera aussi longtemps qu'Augustin sera séparé de sa mère. La fonction des pleurs est ainsi directement liée à leur dimension temporelle : passés, présents et futurs, ils désignent une expérience du temps adverse à celle de la vie mondaine. Dans cette dernière, les douleurs sont réactivées à l'occasion de chaque nouveau deuil. Mais Augustin mise sur le fait que le souvenir ému des larmes *déjà versées* conférera aux hommes le pouvoir de se transporter dans un autre régime du temps, une autre forme de l'être-ensemble générée par la miséricorde divine. À l'instar de toute consolation, celle des larmes consiste à mettre en scène une temporalité concurrente à celle de la perte.

Dans ces mêmes pages, Augustin donne une formulation précise de « la souffrance de la souffrance » que les larmes viendront consoler. Regrettant de voir à quel point la mort de sa mère le rend vulnérable aux « accidents humains », il remarque : « Ma propre souffrance me faisait souffrir une nouvelle souffrance, et une double tristesse me minait[1]. » Augustin souffre de souffrir d'une perte dont sa foi devrait lui assurer qu'elle n'est que provisoire. La souffrance de la souffrance prend donc le visage de la culpabilité du chrétien qui est incapable *d'ajuster son expérience à son espérance*. En quoi les larmes finales permettront-elles cet ajustement ? Si elles n'abolissent pas la perte charnelle, elles font paraître une continuité temporelle qui transcende la rupture symbolisée

1. *Ibid.*, p. 129.

Histoire et Consolation

par la disparition de Monique. Versées devant Dieu, les larmes perdent leur caractère personnel pour devenir l'emblème d'une communauté réunie par le souvenir des morts. À ce titre, elles peuvent être dites consolatrices.

Histoire et consolation

Dans le redoublement de la tristesse évoqué par Augustin résonne la crainte de demeurer inconsolé. Le risque est de voir une conscience condamnée à demeurer solitaire parce que aucune parole ne vient s'ajuster à son expérience. Les larmes constituent précisément un langage pour ce qui demeure indicible : elles manifestent ceci que l'homme « sait trouver une réponse même lorsqu'il n'y a plus rien à répondre[1] ». Bien sûr, les pleurs sont immaîtrisables, ce pour quoi le consolateur de l'âge classique tente d'obtenir de son destinataire qu'il suspende leur flot. Malgré cela, dans les larmes, le corps répond à la place de l'âme et de la volonté, portant à l'expression physique une douleur qui ne se laisse pas dire à l'aide de mots. Sans être ni libres ni maîtrisés, les pleurs sont expressifs d'un état que l'individu n'a pas d'autres moyens de rendre perceptible que ceux que lui offre son corps. C'est au titre de *substitut* que les larmes sont consolantes : elles viennent en lieu et place d'une raison désemparée et muette.

Les pleurs sont d'autant plus expressifs qu'ils sont impromptus : ils révèlent une souffrance qui demeurerait cachée de toute autre manière. À ce titre, les larmes ont le pouvoir de rendre présente une douleur qui, sans elles, serait absente de la perception et, de ce fait, condamnée à être méconnue. L'expression « pleurer sur » rend bien cette dialectique de la présence et de l'absence : on pleure sur

1. H. Plessner, *Le Rire et le Pleurer. Une étude sur les limites du comportement humain*, Paris, Éditions de la Maison des sciences de l'homme, 1995, p. 77-78.

ce qui n'est plus là, mais dont le souvenir se trouve ravivé par les larmes. Ce qui, pour avoir disparu, ne peut se rendre présent directement accède par les larmes à la représentation.

On comprend alors pourquoi Michelet a revendiqué pour lui-même, et plus généralement pour l'historien, le « don des larmes[1] ». Écrire l'histoire, c'est offrir ses larmes à des disparus (individus, peuples, mais aussi paysages, rapports sociaux, civilisations, etc.) qui n'ont pas encore été pleurés et dont l'oubli est une injustice.

Dans la fameuse Préface de 1869 à l'*Histoire de France*, le terme « consolation » n'apparaît qu'à une seule reprise. À la fin du texte, Michelet déclare que la reconstitution par l'écriture d'une « grande France » le « console » d'avoir passé et repassé tant de fois le « fleuve des morts »[2]. Tout au long de son travail, l'historien ne dialogue qu'avec des disparus dont il côtoie le monde oublié au risque de s'y perdre. Encore ce dialogue est-il entièrement à son initiative puisque c'est l'historien qui donne la parole aux morts, ne disposant pour leur être fidèle que de documents et d'archives. Cette plongée dans le révolu ne laisse pas indemne celui qui, en allant à la rencontre des morts, épouse dans un premier temps leur statut[3]. Dans le cas de l'historien, la solitude ordinaire du chercheur se trouve augmentée d'un commerce perpétuel avec les disparus. Cette tristesse s'incarne dans les larmes que l'historien verse sur les malheurs du passé dont l'écho lui parvient par l'entremise de témoignages recouverts par la poussière. Que trouve-t-on dans les archives sinon « les

1. « Le don que Saint Louis demanda et n'obtint pas, je l'eus : "le don des larmes" […]. Tous ceux que j'ai pleurés, peuples et dieux, revivaient » (*Histoire de France*, tome 1, « Préface de 1869 », Paris, Éditions des Équateurs, 2008, p. 18-19).

2. *Ibid.*, p. 36.

3. « J'aimais la mort […]. Je menais une vie que le monde aurait pu dire enterrée, n'ayant de société que celle du passé, et pour amis les peuples ensevelis » (*ibid.*, p. 18).

souffrances lointaines de tant d'âmes étouffées dans ces vieux âges » et qui se plaignent « à voix basse »[1] ?

L'historien se console de cette proximité avec les morts en devenant lui-même consolateur. Cette opération passe par l'écriture d'un Livre dont Michelet dit qu'il aura été son « seul événement[2] ». Pour exorciser le danger d'avoir vécu dans l'intimité de l'autre monde, l'historien redonne vie à des figures englouties dans le passé et qui, à elles toutes, élèvent la France au rang de personnage moral. Par les vertus du récit, rois disparus, ecclésiastiques fauchés par la mort et prolétaires oubliés accèdent à l'unité rétrospective d'un Peuple. De même que l'historien est fait par l'histoire qu'il raconte, la France devient réelle grâce à l'effort de l'écrivain qui égalise les conditions en accordant une tendresse égale à tous les morts.

Comme toujours lorsqu'il s'agit de consolation, le réconfort *post mortem* apporté par le Livre passe par un échange. En contrepartie de souffrances jusque-là muettes, l'historien offre aux disparus un rôle dans la lente édification de la France. Cette exigence émane des disparus eux-mêmes. Elle n'est lisible nulle part ailleurs que dans les archives où Michelet entend le murmure d'hommes qui réclament une offrande pour réparer le long oubli dont ils ont été victimes : « Nous avons accepté la mort pour une ligne de toi[3]. » L'écriture de l'histoire s'apparente à une consolation dans la mesure où elle construit un édifice qui réplique aux intermittences de la mémoire collective. Le monument scripturaire permet de répondre à cette seconde mort qu'est l'oubli. En ce sens, l'historien n'est pas seulement le gardien de la mémoire, mais aussi son justicier. Il rétablit dans leurs droits des vies jusque-là passées sous silence.

1. *Ibid.*, p. 31.
2. *Ibid.*, p. 12.
3. *Ibid.*, p. 31.

Même le plus misérable des misérables se voit assigné une place dans la construction d'une nation qui, aux yeux de l'auteur, s'est toujours voulue « fille de sa liberté ». À la même époque que Michelet, Auguste Comte élève le culte des morts au rang de devoir moral[1]. Il entre beaucoup d'idéologie dans cette manière de racheter par le souvenir public les vies interrompues : l'égalisation *a posteriori* (Michelet affirme que tous les morts sont devenus « bons ») gomme les différences sociales et neutralise les luttes au profit d'une identité nationale inclusive. Mais, avant toute sacralisation de la « France », le premier geste de l'historien est de répliquer à l'effacement des traces opéré par un temps indifférent aux vies singulières.

La métaphore directrice utilisée par Michelet est révélatrice de ce geste : l'*Histoire de France* procède à une « *résurrection de la vie intégrale*[2] ». Au-delà du récit du passé, elle consiste à « *évoquer*, *refaire*, *ressusciter* les âges[3] ». On comprend mieux la référence au don des larmes : celui qui pleure redonne vie à l'objet de sa perte. Le Livre contredit l'irrémédiable en convoquant sur la scène des figures oubliées qui ressuscitent en voyant reconnue leur participation à une histoire commune. Le geste de consolation passe par l'affirmation d'une communauté d'individus qui semblent séparés par l'abîme des siècles, mais qui s'avèrent en réalité solidaires d'un même devenir, celui du Peuple. Davantage que l'intention de l'historien, c'est l'écriture qui égalise les destins passés en les faisant concourir à une même œuvre. Comme l'a remarqué Michel de Certeau, « l'écriture joue le rôle d'un *rite d'enterrement*[4] ». Que manquait-il aux disparus du

1. « Les vivants sont toujours, et de plus en plus, gouvernés nécessairement par les morts : telle est la loi fondamentale de l'ordre humain » (A. Comte, *Catéchisme positiviste*, Paris, Flammarion, « GF », 1966, p. 79.
2. J. Michelet, « Préface de 1869 », *op. cit.*, p. 9.
3. *Ibid.*, p. 14.
4. M. de Certeau, *L'Écriture de l'histoire*, Paris, Gallimard, 1975, p. 139.

passé ? Rien d'autre qu'un rituel dont les honore désormais le discours historique. L'écriture a le pouvoir de faire revivre les morts parce qu'elle ramène au présent du récit des vies apparemment sans relief. Le Livre d'histoire est l'Œuvre qui rappelle et récapitule ces vies désœuvrées ou déniées par la prétention du présent à l'autosuffisance. L'écriture du passé passe par l'édification de « tombeaux scripturaires » (Certeau) destinés à rendre justice aux disparus.

La consolation historiographique ne va pas sans sympathie pour le passé. Que Michelet soit agnostique ne l'empêche pas d'être tendre avec les dieux : l'étude de l'histoire lui apprend qu'ils sont, eux aussi, mortels. Par-delà toute critique de la religion, ils réclament un droit à entrer dans le récit. La résurrection des morts par l'écriture suppose ainsi la reconnaissance d'une communication secrète entre le présent et le passé :

> Grand Dieu ! c'est là mon père ? l'homme du moyen-âge ?... Oui... Voilà comment on m'a fait ! Voilà mille ans de douleurs !... Ces douleurs, à l'instant, je les sentis qui remontaient en moi du fond des temps [...]. De ces mille ans, une larme me vint, brûlante, pesante comme un monde qui a percé la page. Nul (ami, ennemi) n'y passa sans pleurs[1].

Michelet évoque le Moyen Âge parce que cette période désigne, pour les Modernes, une sorte de trou noir historique dépourvu de tout événement notable. L'historien du XIXe siècle reprend cette croyance moderne à son compte, mais il en modifie la portée. Durant le Moyen Âge, la France a continué à vivre, même si elle a cessé de croître. Ces siècles perdus du point de vue d'une conception progressiste de la nation (« mille ans de douleurs ») ont néanmoins été habités. C'est d'abord le fait d'avoir souffert qui habilite les morts à la résurrection scripturaire. Chez l'historien, la conscience d'une dette à l'égard du passé naît d'une identification à la

1. J. Michelet, « Préface de 1869 », *op. cit.*, p. 28.

douleur des disparus. Le consolateur ne va pas jusqu'à dire qu'il n'y eut pas de vies inutiles (le Moyen Âge demeure, aux yeux de Michelet, une période blanche dans l'histoire du progrès), mais il dénie le fait qu'il y ait eu des vies qui n'aient pas été vécues, donc souffertes. Il tire cette croyance de sa sympathie avec des témoignages contenus dans des archives : la preuve que le passage des siècles n'a pas aboli la tristesse des morts est que celle-ci entre en écho avec la tristesse des vivants. La continuité des temps se fonde moins sur l'action éclatante des héros du passé que sur le souffrir, le plus souvent silencieux, des hommes ordinaires.

Dans le travail historiographique, l'archive matérialise la distance qui sépare le consolateur de son destinataire. Pour dépasser cette distance sans l'abolir, l'historien dispose de l'arme de la *similitude*. La consolation n'est possible que sur la base d'une ressemblance entre l'expérience du malheureux et celle de celui qui tente de le réconforter[1]. Cette similitude, Michelet déclare, de manière péremptoire, qu'il l'a vécue sur le mode de l'identité : « Ces douleurs, à l'instant, je les sentis [...]. » Il ne fait guère de doute, à ses yeux, que c'est la même vie qui s'exprime dans les douleurs passées et dans l'émotion qu'elle suscite chez leur spectateur tardif. Comme on le verra plus loin, cette mystique de la vie nationale se rapproche davantage de la réconciliation que de la consolation. Mais la manière dont Michelet conçoit l'opération historiographique s'avère néanmoins précieuse pour définir le geste de consolation.

Celui-ci se joue dans l'espace, à la fois imaginaire et empathique, qui sépare la souffrance initiale de sa reprise sous la forme d'un discours ou d'un geste. Écrire le passé, c'est évoquer les morts en tant qu'ils ont été des vivants. Tout comme le consolateur, l'historien est confronté au jeu de l'absence et de la présence. Absent de la vie de ceux

1. Le prochain chapitre reviendra sur ce thème de la ressemblance.

qu'il entend ressusciter par son écriture, il est néanmoins le spectateur d'une désolation enfouie dans les âges. La structure de l'après-coup caractéristique de toute consolation est ici redoublée par le fait que l'historien a affaire à des individus dont il ne peut approcher l'expérience que par la médiation des témoignages. En même temps, les documents viennent contredire l'absence des disparus : à travers eux, les morts réclament une consolation comme on réclame justice pour une douleur qui n'a pas reçu de rétribution. L'historien écrit ou, c'est la même chose, verse une larme pour le souvenir des hommes à qui manque un rituel.

La souffrance de la souffrance s'apparente au silence qui, sans l'archive, serait le destin des « hommes infâmes[1] ». La douleur des morts, Michelet prétend la revivre, tout comme il prétend ressusciter la France d'autrefois. Mais c'est en fait l'oubli officiel dont ils sont victimes qui motive son geste d'écriture. En revendiquant sa tendresse pour les hommes du passé, l'historien fixe les termes d'une déontologie de la consolation : « Si le sourire est dépassé, si l'ironie commence, la dure critique et la logique, alors la vie a froid, se retire, se contracte [...][2]. » Le danger qui guette l'historien est de céder au cynisme de celui que plus rien n'étonne, et qui, déjà mort, renonce à redonner vie à son objet. Même lorsqu'il fait œuvre de science, le consolateur doit donc être sensible à ce que l'oubli ajoute aux souffrances passées. Il n'écrirait pas s'il ne ressentait l'amnésie collective comme un scandale.

Pour autant, la distance temporelle n'est pas abolie par l'écriture consolatrice. Il se pourrait même qu'elle se trouve établie, mesurée et consolidée par elle. En ce sens, on retrouve dans l'hymne de Michelet aux hommes du passé toutes les ambiguïtés de la consolation. Consoler, on l'a vu par d'autres

1. Voir M. Foucault, « La vie des hommes infâmes », in *Dits et écrits*, tome 3, Paris, Gallimard, 1994, p. 237-253.

2. J. Michelet, « Préface de 1869 », *op. cit.*, p. 21.

biais, c'est donner un statut à la souffrance de l'autre en l'arrachant au mutisme. Mais n'est-ce pas aussi lui assigner une place, lui reconnaître une légitimité seulement partielle et ramener au silence ce que l'on a, pour un seul instant, autorisé à prendre la parole ? L'écriture enterre ceux qu'elle sauve ; en introduisant la mort dans l'écriture, elle l'exorcise. Si Michelet édifie un tombeau scripturaire, c'est aussi pour que les victimes n'en sortent plus : grâce à l'*Histoire de France*, « les ombres sont retournées moins tristes dans leurs tombeaux[1] ». On enterre les morts avec les honneurs pour leur ôter la tentation de revenir. Reconnu et consolé par le livre d'histoire, le peuple ne viendra plus hanter la république par ses plaintes.

On comprend alors pourquoi la métaphore de la résurrection est égarante. Les morts revivent, certes, mais seulement dans l'espace du livre duquel ils ne pourront ressortir. Quelle que soit la fonction rédemptrice qu'on lui assigne, l'histoire demeure un savoir qui, comme tout savoir, est animé par l'ambition de clôture. En rendant hommage aux morts, le présent s'arroge le droit de récapituler le passé dans une connaissance qui abolit les traces des disparus précisément parce qu'il les intègre au récit. De là, l'instabilité du discours historique qui se voit en permanence contredit par des archives inédites, des voies sourdes et de nouvelles plaintes. Nous savons aujourd'hui que l'écriture d'une histoire du point de vue des « vaincus » est nécessairement infinie, non seulement parce que les victimes sont innombrables, mais parce que aucun tombeau scripturaire n'immunise contre les revenants.

Cette instabilité de l'historiographie nous renseigne sur les équivoques de la consolation. Faute de ressusciter les morts ou d'abolir la souffrance, l'écriture de l'histoire est tentée de mettre un terme à l'expression de la douleur en lui donnant

1. J. Michelet, « L'héroïsme de l'esprit », cité par M. de Certeau, *L'Écriture de l'histoire*, *op. cit.*, p. 13.

un langage « officiel ». Que le consolateur encourage les pleurs du malheureux ou sèche ses larmes, il s'apprête à tenir un discours que l'on peut soupçonner de vouloir enfouir le mal dont il procède. À supposer que la consolation soit d'abord affaire de mots, une hypothèse que nous adoptons pour l'instant, se pose le problème de l'adéquation entre son « dire » et l'objet auquel il s'adresse. En nommant le mal pour le conjurer, le consolateur ne cède-t-il pas à la tentation d'objectiver la douleur pour mieux la maîtriser ? Comment peut-il supprimer la souffrance de la souffrance sans trahir la souffrance elle-même ? Une analyse du langage de la consolation permettra de répondre à ces questions.

Intermède

« Laissez-moi, laissez-moi, ô mes consolatrices. » Dans la tragédie de Sophocle, Électre refuse toutes les paroles qui l'éloigneraient de sa douleur. Le Chœur l'invite au deuil, lui enjoignant de ne pas se complaire dans ce qui l'accable. Mais Électre tient bon sur la perte. Elle ne veut pas d'un réconfort qui conjurerait le souvenir de son père assassiné par sa mère après son retour victorieux de Troie. La fille d'Agamemnon est obstinément attachée à ce qui l'afflige : « Vous voici venues consoler mes chagrins : je le sais, je le devine, je ne m'y trompe pas. Mais je refuse de faillir au devoir qui m'incombe : je veux gémir encore sur mon malheureux père ! » Revendiquer le malheur, c'est demeurer fidèle à celui que les habitants de Mycènes préféreraient oublier. Dans cette mesure, la consolation ne serait pas apaisement, mais trahison. Sans doute le Chœur pressent-il que ce refus de s'établir paisiblement dans le deuil est enveloppé dans un immense désir de vengeance. Électre ne veut que le retour d'Oreste, son frère lui aussi offensé, et la mise à mort de Clytemnestre, la mère indigne. Plutôt qu'une consolation qui se paie de mots, elle exige des retrouvailles scellées dans le sang.

Électre est attachée à la vie par son désir de vengeance. Ce désir est accordé à un impossible : accepter la perte serait vivre dans le désaveu du père. Aussi longtemps qu'Oreste n'est pas revenu, le personnage se débat entre vie et mort. Elle refuse tout ce que le monde lui offre en matière de réconfort parce que ce don est empoisonné par le désir de Clytemnestre qui voudrait que sa fille répudie Agamemnon. En cela, Électre est semblable à Antigone : mise au ban des vivants qui veulent la consoler et des morts qui réclament justice en vain. Dans le tombeau où elle a rejoint le cadavre de son frère Polynice, Antigone est « exilée du séjour des humains et du séjour des ombres ». Elle est une vivante qui meurt ou bien une morte en vie, exclue de tous les ordres de la reconnaissance. Comme Électre, elle n'est réconciliée ni avec la cité qui réclame l'oubli, ni avec les morts qui exigent le souvenir. La tragédie s'organise entre consolation impossible et fidélité impraticable.

L'inconsolable n'est pas l'inconsolé. Électre et Antigone savent ce qu'elles ont perdu et elles prétendent connaître le seul moyen de répliquer à la perte. Les discours qui taisent la vengeance du père ou qui minorent l'enterrement du frère sont implacablement rejetés par elles. L'inconsolable est un être qui n'accepte aucun détour et refuse de s'installer dans l'intermédiaire. Vivant ou mort, il lui faut tous les attributs liés à l'un ou à l'autre de ces états : le bonheur de l'existence ou la gloire du sacrifice. Ne pouvant avoir ni l'un ni l'autre, il erre dans un entre-deux que ses discours rejettent avec virulence.

Il y a de l'orgueil chez celui qui revendique d'être inconsolable. Nul hasard dans le fait qu'Électre et Antigone se réclament toutes deux de Niobé, la reine de l'orgueil dans la mythologie gréco-latine. Électre : « Reine de toute douleur, je te place au rang des dieux, Niobé, ensevelie sous le vêtement de pierre, d'où tu fais sourdre sans trêve tes pleurs. » Antigone : Niobé « se ronge : les orages et la neige, dit-on, ne lui laissent pas de répit : sous son front sourcilleux, ses pleurs insatiables baignent son col. Et moi, un dieu va m'endormir dans un pareil linceul ! ». À travers l'admiration ou l'effroi perce le désir d'être semblable à Niobé, c'est-à-dire inconsolable jusqu'au bout, sans la moindre transaction avec le réconfort.

L'histoire de Niobé est celle d'un orgueil condamné puis maintenu contre toutes les tentatives de consolation. Elle est la mère de nombreux enfants (entre sept et quarante selon les traditions) qui font sa gloire et qu'elle a l'imprudence de comparer à Apollon/Phébus et Artémis/Diane, la seule progéniture de Léto/Latone. Niobé a l'orgueil de celle qui n'a rien à craindre puisque, même si on lui prenait plusieurs enfants, elle demeurerait riche d'une progéniture plus nombreuse que celle de la déesse. Alors que tous ses fils ont été tués sur l'ordre d'une Latone exaspérée par tant d'assurance, elle continue à se jouer des dieux (« même après tant de pertes, la victoire est à moi », Ovide, Métamorphoses, *livre VI). Cette comptabilité sinistre trahit déjà le refus orgueilleux de la consolation qui caractérise Niobé. Au milieu des cadavres de ses fils, elle peut encore se réclamer de la présence de ses filles, là où la déesse n'a que deux enfants pour sa gloire. Il faudra que ses filles, à leur tour, soient transpercées de flèches pour que Niobé se fige : « Ayant perdu toute sa famille, elle tombe assise entre leurs corps inanimés, figée par la souffrance ; le vent n'agite plus ses cheveux, le sang ne colore plus son visage ; ses yeux s'immobilisent au milieu de sa face désolée » (*ibid.*).*

*Niobé se désole, mais elle n'abdique pas son orgueil. Sa plainte sans réclamation n'avoue aucune faute, elle ne réclame aucune justice. Son ultime souhait est d'être transformée en statue afin d'éterniser le moment de la perte. Le devenir-pierre de Niobé consacre une vie définitivement pétrifiée dans le malheur : « Elle n'est plus que pierre. Elle pleure pourtant [...] fixée sur le sommet d'une montagne, elle se fond en eau et aujourd'hui encore ce bloc de marbre verse des larmes » (*ibid.*). Les larmes sont de vie, la pierre de mort. Niobé était de race divine : elle jouissait du pouvoir, que ne possèdent ni Électre ni Antigone, de demeurer vivante jusque dans la mort. Sur une roche de Lydie où coulait une source, on devait voir longtemps Niobé témoignant d'une douleur incurable parce* *qu'elle ne veut pas être guérie. Le temps d'avant (la faute de l'orgueil) et le temps d'après (la faute de la consolation) sont abolis dans la pierre ; le temps de la perte est perpétué dans des larmes qui coulent encore.*

La succession du temps est la forme élémentaire du possible : le moment d'après est celui où la désolation pourrait être dépassée. L'inconsolable refuse passionnément cette possibilité. Puisque le retour du disparu n'est pas à l'ordre du jour, rien ne doit succéder à la perte, ce qu'exprime si bien le devenir-pierre. C'est Pénélope qui, tissant et retissant sans cesse le même ouvrage, veut se tenir identique à elle-même jusqu'au retour d'Ulysse. Si le temps passe, qu'au moins rien ne se passe et que chaque instant soit la répétition de l'attente. L'inconsolable rêve d'un temps statique dans l'existence, ce qui lui donne l'aspect d'un mort qui se serait survécu. Il y a un bénéfice moral dans cette position intransigeante sur laquelle le temps glisse sans faire son œuvre. Par les larmes qui continuent à couler de son corps de pierre, Niobé juge nos pauvres consolations.

Chapitre 2

La métaphore comme méthode

Tout est bon pour consoler. Face à la souffrance d'un autre, le consolateur use d'arguments mais aussi de gestes, de larmes ou de rires pour arracher son interlocuteur à la désolation. Cette abondance confère au genre de la consolation une instabilité théorique qui n'est pas pour rien dans le jugement, généralement négatif, que la philosophie porte sur lui. L'urgence dans laquelle se trouve le consolateur l'incite à ne pas y regarder de près et à user de tous les moyens disponibles pour replacer le malheureux dans le jeu du langage[1].

Cet éclectisme est essentiel à la consolation. Le consolateur privilégie l'effet à la vérité parce que, comme on l'a vu, il engage un combat avec le temps dont il doit vaincre le caractère destructeur. Dans ce combat, il n'a pas entièrement le choix des armes : c'est l'événement de la perte, et non pas la volonté du consolateur, qui décide du moment où la consolation devient nécessaire. Pris de court par une temporalité qu'il ne maîtrise pas, et qui peut s'avérer redoutable, le consolateur développe moins une théorie qu'il ne puise dans l'ensemble bigarré des techniques qu'il juge utiles pour atteindre son but.

1. C'est ainsi, par exemple, que le stoïcien Sénèque n'hésite pas à citer Épicure pour arracher sa mère à la tristesse de voir son fils exilé (voir « Consolation à Helvia, ma mère », *Consolations*, *op. cit.*).

Cet éclectisme s'explique plus encore par la position de celui qui doit être consolé. La demande de consolation émane en effet d'un être qui est séparé de la vérité et qui, pour cela, est prêt à entendre un autre discours que celui du savoir. Même Platon le reconnaît lorsque, faute de preuves, il forge des mythes pour décrire le destin des âmes après la mort. Revenant sur le récit qu'il vient de faire du transport des âmes vers un lieu intelligible, Socrate limite la portée épistémologique de son mythe :

> Certes, prétendre à toute force qu'il en va exactement comme je viens de le dire, cela ne convient pas à un homme qui a quelque intelligence. Mais qu'il en aille ainsi, ou à peu près ainsi, de nos âmes et de leurs séjours – si du moins l'âme est vraiment une chose immortelle –, voilà au contraire, me semble-t-il, ce qu'il convient de soutenir, voilà le risque que doit courir celui qui croit qu'il en est ainsi[1].

« Si du moins l'âme est vraiment une chose immortelle » : cette vérité, Platon considère qu'il l'a prouvée rationnellement au cours du dialogue. Mais pour ce qui est de savoir *ce que* l'âme devient après la séparation d'avec le corps, cela relève d'hypothèses que le mythe met en scène selon un imaginaire réglé par la raison. L'auditeur est invité à prendre ce « beau risque », non seulement parce qu'il est maîtrisé, mais parce qu'il n'existe pas de connaissance adéquate à ce qui importe pourtant au plus au point à l'homme vertueux : la justice dans la rétribution *post mortem*. Dès lors, le mythe, avec tout ce qu'il charrie d'images potentiellement trompeuses, est réhabilité. La rhétorique, que Platon ne cesse de combattre lorsqu'elle se présente comme un art autonome, est mise au service de la philosophie lorsqu'il s'agit d'aborder des objets qui échappent à la pleine maîtrise du concept.

1. Platon, *Phédon*, 114d, trad. M. Dixsaut, Paris, Flammarion, « GF », 1991, p. 303.

La consolation relève éminemment de ces objets puisqu'elle s'impose sur le fond d'un non-savoir fondamental : pourquoi cela ? pourquoi maintenant ? pourquoi moi ? La tâche du consolateur lui est dictée par le dénuement du consolé : mettre des mots sur une souffrance qui échappe au langage. Il entre de la persuasion dans cet acte, ce qui explique pourquoi les critiques de la consolation reprennent la plupart des arguments de la philosophie contre la rhétorique. Sous la forme de lettres, d'admonestations ou de suppliques, le consolateur « parle à » davantage qu'il ne « parle de ». Puisque son objet n'est pas tant la souffrance que la manière dont elle se manifeste chez son interlocuteur, il doit faire preuve d'une compétence relative aux passions humaines qui le sépare du philosophe et le rapproche du rhéteur. À l'instar de ce dernier, il utilise toute la gamme des figures de style susceptibles de susciter l'imaginaire du malheureux.

On comprend pourquoi la consolation est souvent décrite comme une opération fondée sur un savoir d'emprunt. Plus empirique que spéculative, elle recourt aux puissances du langage davantage qu'à sa capacité de révélation de la vérité. Mais est-il légitime d'exiger de la consolation qu'elle ne dise que ce qui est démontré ? L'urgence dans laquelle se trouve le consolateur et l'incertitude dans laquelle se fonde le besoin d'être consolé plaident contre l'alignement du langage sur les exigences de vérité. La rhétorique partage avec la consolation d'être nécessaire pour l'homme en tant qu'il est « abandonné par l'évidence[1] ». Ce n'est pas seulement parce qu'il veut influer sur le comportement de l'autre que le consolateur utilise la rhétorique, mais aussi parce que la consolation a lieu dans l'élément de la précarité. Il s'agit de trouver des mots susceptibles de tirer d'affaire dans le provisoire, ce qui est la fonction même de la rhétorique. Cette tentative passe

1. H. Blumenberg, « Approche anthropologique d'une actualité de la rhétorique », dans *L'Imitation de la nature*, Paris, Hermann, 2010, p. 95.

par une distorsion du réel par le langage, comme le consolateur s'en rend compte à chaque fois qu'on lui reproche de minorer le poids de la perte. Le discours de la consolation partage avec la rhétorique le risque ornemental qui consiste à habiller d'images confuses une douleur qui a au moins le mérite de la clarté. Mais cet ornement ne serait un mensonge que si le malheureux était susceptible d'une vérité qu'il souffre précisément de ne pas posséder et qui, peut-être, n'existe pas.

Une consolation ne demande pas à être jugée sur son objectivité, mais sur ce qu'elle fait. Comme l'idéal du consolateur est performatif, il faut envisager son langage à l'intérieur d'une pragmatique plutôt que d'une sémantique. À cet égard, la métaphore constitue un élément central dans la grammaire de la consolation. D'abord parce qu'elle est la figure de style la mieux adaptée aux discours du réconfort. Dans le mythe du *Phédon*, Platon évoque plusieurs fois le « voyage » que l'âme entreprend vers l'Hadès afin de persuader qu'un mouvement demeure possible même lorsque le corps n'est pas à son origine. Il faudra comprendre pourquoi les métaphores spatiales (« voyage », mais aussi « patrie », « exil ») sont à ce point présentes dans les discours classiques de la consolation.

Il y a davantage. La métaphore n'est pas seulement un instrument rhétorique du réconfort, elle qualifie le geste de consolation comme tel. La justesse d'une métaphore est liée à son aptitude à révéler une dimension de l'expérience dont nous sommes habituellement éloignés. Par le déplacement du sens littéral, elle forge un sens figuré qui, en renommant la chose, permet de l'expérimenter de manière nouvelle. L'acte de consoler ne fonctionne-t-il pas de la même manière ? La consolation cherche un passage entre le sens littéral de la souffrance, dont elle n'a rien à dire, et un autre sens qui doit permettre au malheureux d'établir un rapport inédit avec lui-même. Consoler, c'est autoriser l'autre à voir et à percevoir *autrement* que selon sa douleur, mais cela n'est pas guérir, donc voir ou percevoir *sans* la douleur. Tout le jeu de la métaphore réside dans le lien entre identité et différence. Pour cela, elle est le procédé le mieux à même de mettre en scène cette diversion sans oubli qu'est la consolation.

La sagesse populaire a retenu quelque chose de ce lien : « À se regarder on se désole, à se comparer on se console. » Comme la comparaison, la métaphore oriente le regard du malheureux vers une autre réalité, plus maîtrisable que sa douleur. La comparaison suggérée par la métaphore éclaire l'expérience de la perte d'une lumière inédite qui permet de la percevoir autrement. Partant, consoler ne revient pas seulement à délivrer un sens, c'est aussi une activité qui produit une *référence* inédite. Au-delà de la rhétorique, il existe une poétique de la consolation qui engage le rapport entre la souffrance, le langage et l'imaginaire.

Le supplément des mots

Le consolateur doit composer avec le fait que ses paroles sont presque toujours contre-intuitives. Alors que le sentiment de la perte ou de la douleur s'impose dans une clarté parfois muette, celui qui console use de mots dont le sens n'est rien moins qu'évident pour celui auquel il s'adresse. Le malheureux dispose d'une intuition, le consolateur de concepts : comment faire pour que ces derniers ne demeurent pas vides aux yeux de leur destinataire ?

Cette difficulté n'est jamais aussi grande que lorsque la consolation passe par l'exposé d'une doctrine philosophique subtile. À Boèce injustement victime d'une condamnation à mort, « Philosophie » entreprend d'expliquer que les méchants impunis sont plus malheureux que lui. Ce paradoxe s'éclaire sur la base d'une doctrine bien établie du platonisme : « Pour être, il faut conserver son bon ordre et préserver sa nature[1]. »

1. Boèce, *Consolation de la philosophie*, *op. cit.*, p. 156.

Tout ce qui s'écarte du bien cesse d'être, par conséquent les méchants n'ont pas d'être et ils « auront beau s'acharner autant qu'ils le voudront, la couronne ne tombera pas pour autant de la tête du sage[1] ». Qu'il soit préférable de subir l'injustice plutôt que de la commettre est une thèse que Socrate a du mal à faire admettre à ses interlocuteurs, mais elle est beaucoup plus inaudible encore lorsqu'elle est énoncée devant quelqu'un qui, comme Boèce, est sur le point de mourir à cause de la méchanceté des hommes. « Philosophie » le sait qui ne se contente pas de démontrer contre les apparences que plus la vie du méchant sera longue, plus il sera malheureux. En effet, pour que le malheureux comprenne que l'impunité est un mal, il faut accéder à un « autre plan » (le plan des vérités intelligibles) que celui qui souffre est le moins à même d'explorer[2]. Dans un discours de la consolation, la vérité philosophique (« les méchants ne sont jamais si sévèrement punis que lorsqu'on les croit impunis ») ne contredit pas seulement les croyances ordinaires, mais aussi le savoir immédiat dont se réclame le juste souffrant.

La *Consolation* de Boèce est la plus doctrinale du genre, celle qui, par conséquent, fait le moins appel aux instruments de la rhétorique. Au début du dialogue, « Philosophie » chasse les Muses, ces « sirènes à la douceur mortelle », dont les chants élégiaques flattent le prisonnier et l'invitent à se complaire dans son malheur[3]. L'exposé austère de la doctrine néoplatonicienne suffira-t-il pour autant à consoler le condamné à mort ? Dans son texte, Boèce fait intervenir toute une gamme de discours (arguments, mais aussi chants, poèmes, récitatifs) qui empruntent davantage à la parénèse antique qu'au traité théorique en bonne et due forme. La situation fait de « Philosophie » elle-même une muse qui se situe entre deux

1. *Ibid.*, p. 159.
2. *Ibid.*, p. 165.
3. *Ibid.*, p. 50.

mondes, celui des dieux et celui des hommes. Parce qu'elle doit consoler, et pas seulement instruire, son discours vise à aménager un point de rencontre entre la vérité métaphysique et l'expérience sensible. À ce titre, le recours à une bonne rhétorique devient inévitable.

Si la difficulté vient de ce que « le commun des mortels ne regarde pas les étoiles[1] », elle est considérablement accrue par la situation du malheureux que son angoisse attache au monde terrestre davantage que ne le ferait n'importe quelle jouissance. D'où la nécessité de recourir à des images qui ancreront la doctrine dans l'âme du prisonnier. Certes, la référence boécienne aux « étoiles » n'est pas entièrement métaphorique : dans la tradition platonicienne, le ciel est l'image fixe de l'éternité du souverain bien[2]. Mais il n'est justement que l'*image* d'un bien qui, identique à Dieu, se trouve dans l'âme. La référence faite par Boèce à la stabilité et à l'éclat des étoiles a pour fonction de mettre l'auditeur sur la voie de l'excellence de l'ordre cosmique au moment où, pour lui, tout semble chavirer. « Philosophie » n'abuse pas des métaphores qui risqueraient de masquer l'hétérogénéité entre le sensible et l'intelligible : contrairement à Augustin, Boèce ne dira pas que Dieu a créé les étoiles pour consoler ceux qui doivent travailler la nuit[3]. Néanmoins, si le discours veut être consolateur, il doit recourir aux images en espérant qu'elles contribueront à persuader que la mort du juste n'est pas un mal.

Comme n'importe quel effort de persuasion, la consolation est déficiente par rapport au savoir fondé sur des preuves scientifiquement établies. Le rhéteur fonde son pouvoir sur une

1. *Ibid.*, p. 168.

2. « Le cours des astres est éternellement reconduit / Par un Amour réciproque et se trouvent bannies / Des régions étoilées la guerre et les discordes » (*ibid.*, p. 183).

3. Voir Augustin, *La Genèse au sens littéral*, Paris, Bibliothèque augustinienne, 1972, p. 27.

impuissance : il cherche à disposer des hommes en disposant des mots, mais il n'use des mots que parce qu'il ne dispose pas des choses. Le consolateur lui ressemble puisque lui aussi 1/ manque des moyens de guérir et 2/ offre des prestations verbales en échange de son incapacité à agir directement sur la souffrance de l'autre. L'éloquence console en persuadant que les puissances du langage sont un remède adapté aux situations apparemment désespérées.

Examinons deux figures rhétoriques de la consolation que l'on empruntera à Sénèque : l'exemple et la prosopopée. À sa mère qui pleure son exil forcé, le philosophe cite le cas de vieux vétérans du malheur dont « l'existence a été une succession de catastrophes » et qui, néanmoins, ont su garder espoir dans l'ordre providentiel de la nature[1]. Le discours consolateur réactive par l'exemple des choses connues (la vertu des anciens) que l'intensité de la douleur occulte dans l'esprit de l'affligée. Le pouvoir des mots est plus grand encore lorsqu'il parvient à faire parler les morts. Pour consoler Marcia d'avoir perdu son fils, Sénèque met en scène une prosopopée au cours de laquelle le père de la malheureuse prononce depuis la mort des paroles de réconfort : « Ici notre vie est transparente à tous [...]. Bienheureux ton fils, Marcia, car il connaît déjà tout cela[2]. » Par cet artifice, le langage consolateur convoque un savoir de type métaphysique (puisqu'il vient de l'au-delà de la mort), mais sous une forme rhétorique (puisqu'il est placé dans la bouche d'un être dont on est sûr que la parole touchera sa destinataire).

Exemple et prosopopée introduisent l'autre dans (et par) le discours. À ce titre, ils manifestent le pouvoir consolant des mots : si la désolation ne va pas sans un certain isolement, l'immixtion de la voix d'un autre est réconfortante. La douleur se trouve réélaborée par le langage rhétorique. Grâce à

1. Sénèque, « Consolation à Helvia, ma mère », *Consolations*, *op. cit.*, p. 39.
2. *Ibid.*, p. 137.

l'exemple, elle est présentée comme maîtrisée effectivement par l'homme vertueux, donc toujours maîtrisable en droit. Dans la prosopopée, la perte est ramenée à son néant par un discours tenu depuis l'au-delà : le langage qui fait parler les morts annule le silence intolérable des défunts[1]. La rhétorique de la consolation se fonde sur une double intersubjectivité. D'une part, à l'instar de tout rhéteur, le consolateur s'adresse à un individu singulier : son discours vaut davantage par cette adresse que par son contenu objectif. Consoler, c'est parler à quelqu'un avant que de parler de quelque chose. La vérité est donc subordonnée aux moyens qui permettent à l'autre d'y avoir accès. D'autre part, et plus profondément, le consolateur convoque dans son discours des figures destinées à persuader l'auditeur que son expérience n'est pas absolument solitaire.

Exemple, prosopopée, mais aussi récit et fable sont autant d'incursions dans le langage d'une *autre* voie et d'une *autre* scène qui inscrivent la douleur dans une tradition. La présence langagière de l'autre persuade l'auditeur que sa douleur est en relation avec des expériences passées dont il peut s'instruire. Pour cela, la rhétorique vise un décentrement qui passe par la généralisation : il s'agit de convaincre le malheureux que ce qu'il endure n'est qu'un cas d'espèce de souffrances anciennes, et surmontées. Le langage de la consolation s'empare du temps en manifestant la dépendance du malheur présent à l'égard des mots qui ont *déjà été* prononcés dans le monde et qui relativisent la singularité insupportable de l'instant. La voix vertueuse des morts manifeste une forme de préexistence du langage par rapport à l'expérience vive de celui qui souffre. Cette prééminence des mots sur la vie constitue le préalable de toute rhétorique.

1. Michelet, dont il a été question dans le chapitre précédent, envisage l'écriture historique comme une immense prosopopée qui, en redonnant la parole aux morts, les console de l'oubli.

La dimension rhétorique de la consolation ne se borne pas à l'usage de figures de style, elle s'explique aussi par les situations qui appellent un usage non scientifique du langage. Aristote distingue trois genres principaux de discours qui requièrent la rhétorique : le judiciaire, le délibératif et l'épidictique[1]. À première vue, la consolation se rapproche de ce dernier genre de discours qui désigne l'exercice public de la louange ou du blâme. De fait, les images, les tropes et l'éloquence sont requis pour persuader l'auditeur qu'il ne se résume pas à la perte qu'il vient de subir. On peut néanmoins généraliser en montrant que les situations qui exigent une consolation sont semblables à tous les lieux de la rhétorique. L'assemblée et le tribunal sont des institutions qui existent pour des circonstances qui exigent un *jugement*. Aristote y insiste, ce jugement n'est pas du ressort de la science parce qu'il porte sur des choses singulières qui ne relèvent pas de lois nécessaires. On ne délibère que sur ce qui est *contingent* et suscite, pour cela, la mise en scène et en conflit des discours. Là où il n'y a pas de savoir définitif (sous le régime du provisoire), la rhétorique offre des moyens langagiers de trouver une issue. C'est là, très exactement, la situation où se trouve le consolateur qui ne ranimera jamais l'objet de la perte, mais pourra faire revivre son souvenir par des discours. La consolation se meut dans l'élément de la contingence malheureuse dont il faut éviter qu'elle ne prenne, aux yeux de la victime, l'aspect d'une nécessité fatale. Nous le vérifierons souvent, il n'y a pas de consolation sans une reconquête du possible.

Si celle-ci passe par un langage imagé, c'est parce que l'individu qui demande à être consolé ne dispose que de bribes de savoirs sur son propre état. Sans faire référence à la consolation, Aristote remarque que la rhétorique « s'adresse à des auditeurs incapables d'atteindre par étapes à une vue

1. Voir Aristote, *Rhétorique*, 1358b et *passim*.

Aristote la Rhétorique

d'ensemble et de raisonner depuis un point éloigné[1] ». Au tribunal ou à l'assemblée, la vulnérabilité des auditeurs s'explique par le fait qu'ils sont confrontés à des propositions qui sont en débat, et dont aucune n'a été démontrée. À la question « que faire ? » ou « comment juger ? », il n'y a pas de réponse qui s'impose avec évidence. Par conséquent, la délibération risque d'être interminable, abandonnant les sujets au doute alors même qu'il est nécessaire de juger. L'éloquence doit justement faciliter le choix dans un contexte marqué par l'incertitude. Ne peut-on dire que le besoin de consolation émane, lui aussi, de l'incapacité de raisonner « depuis un point éloigné » ? C'est ainsi, en tout cas, que Cicéron rapproche la consolation du genre délibératif : « Ma plus grande consolation reste d'avoir fait de prudentes réflexions (*consiliorum*)[2]. » La consolation peut être vue comme un prolongement du dialogue de l'âme avec elle-même : on y prodigue des conseils qui doivent orienter le jugement. Comme cette délibération a lieu dans un moment de crise, elle exige le plus souvent une parole venue d'un autre et capable de relancer un débat raisonnable avec soi.

Revenons à la position du consolateur. Lui non plus ne dispose pas d'un savoir certain, mais il possède au moins le pouvoir d'établir un contact linguistique avec le malheur qu'il contemple. Aristote définit la rhétorique comme « la capacité de discerner dans chaque cas ce qui peut être propre à persuader[3] ». Ajuster ses paroles à la singularité d'un cas tout en portant un discours général sur la souffrance : telle est la difficile ambition du consolateur. On comprend qu'il fasse usage des ressources rhétoriques de la langue qui visent presque toutes à enserrer le singulier dans les rets du dis-

1. *Ibid.*, 1357a, trad. P. Chiron, Paris, Flammarion, « GF », 2007, p. 131. Aristote en conclut que les raisonnements qui se trouvent à la base des discours rhétoriques (les enthymèmes) adoptent des prémisses seulement probables.
2. Cicéron, *Ad familiares*, IV, 3, 1.
3. Aristote, *Rhétorique*, 1355b (*op. cit.*, trad. mod., p. 125).

cours. Faute de démonstrations, on console par des artifices (exemples, prosopopées et, nous le verrons dans un instant : métaphores) qui suscitent la réflexion d'un auditeur que son désarroi menace de mutisme.

Un dernier point de contact entre rhétorique et consolation doit être souligné. Certes, l'éloquence doit faciliter le jugement du public, mais seulement en tant que celui-ci est suscité par des passions. L'absence de certitude interdit que les preuves fournies par la rhétorique s'adressent à la seule raison, elles doivent bien plutôt susciter un affect qui disposera le sujet à la persuasion. « Les passions qui conduisent à modifier ses jugements sont celles qui s'accompagnent de peine ou de plaisir, par exemple la colère, la pitié, la crainte [...][1]. » Il est notable que les passions citées par Aristote sont toutes intersubjectives : colère, pitié ou crainte replacent le sujet dans le jeu de la confrontation sociale. Cet aspect vaut aussi pour la consolation qui, en prenant pour objet « la souffrance de la souffrance », vise d'abord à arracher l'individu à son isolement. Consoler consiste bien à susciter par le langage l'émotion d'un être-ensemble qui semble contredit par la singularité du souffrir. À condition d'être sociales, les passions sont l'instrument d'une réinscription du malheureux dans le règne des vivants.

Nous touchons ici au point de fragilité commun à la rhétorique et à la consolation. En dépit de tous ses efforts pour lister, contre Platon, les usages légitimes de la parole puissante, Aristote n'ignore pas que la dimension passionnelle de l'éloquence inscrit la rhétorique dans les parages de la manipulation. Pour le thème qui nous concerne, c'est le rapport entre consolation et genre épidictique qui vient au premier plan : qu'il louange ou qu'il blâme, le consolateur est suspect de s'adresser à la partie la plus basse de l'âme de

1. *Ibid.*, 1378a, p. 262.

son auditeur[1]. Structurellement, le consolateur est proche du flatteur puisque ce dernier utilise (mais à son propre bénéfice) *l'impossibilité d'être seul avec soi*. C'est une autre modalité du dénuement qui entre ici en scène : le malheureux est saturé des réflexions vaines qu'il s'adresse à lui-même. En demande de la parole d'un autre, il se rend aussi vulnérable à toutes les « histoires » qu'on lui offrira en guise de réconfort. C'est alors que le flatteur entre en scène, non pour apaiser par le langage, mais pour rendre son auditeur dépendant du discours qu'il prodigue. Non seulement le flatteur ne veut pas guérir, mais il a besoin que la maladie de l'autre se prolonge puisque d'elle dépend toute l'étendue de son pouvoir.

Si la consolation est souvent l'objet d'un soupçon, c'est précisément parce qu'elle risque d'entretenir le mal qu'elle prétend circonscrire. Tout comme le flatteur n'existe qu'aussi longtemps que dure le besoin d'être flatté, le consolateur risque de faire corps avec le malheur qu'il traite, au point d'espérer secrètement sa perpétuation. C'est tout le paradoxe : le (bon) consolateur doit vouloir l'abolition de son propre discours et, donc, de sa fonction sociale. Il doit désirer se rendre inutile. Pour montrer que ce paradoxe n'est pas insurmontable, il faut suivre encore un peu les arguments qu'Aristote présente en faveur de la rhétorique. Chez lui, l'attention au supplément des mots et à la vertu éthique des discours ne passe pas par la réhabilitation de n'importe quelle figure de style. C'est sur l'usage des métaphores qu'il convient de s'attarder car, en même temps qu'il définit la puissance de la rhétorique, il en trace les limites.

1. Le seul passage où Aristote évoque (indirectement) la consolation établit précisément un parallèle entre la flatterie et la complaisance excessive : « Quant à louer les gens en leur présence, c'est de la flagornerie, tout comme louer à l'excès les qualités de quelqu'un tout en gommant ses vices ; s'affliger à l'excès des souffrances de quelqu'un en sa présence, et tous les autres comportements du même genre, ce sont des manifestations de flagornerie » (*ibid.*, 1383b, p. 298).

Le travail de la métaphore

La consolation est une tentative pour arracher le malheureux à l'indicible. Cet arrachement ne peut se faire à n'importe quel prix. L'exemple ou la prosopopée ne remplissent leur office (faire entrer la voix de l'autre dans la conscience de l'affligé) que s'ils réfèrent à des personnages ou à des actions auxquels l'affligé peut croire, et dont le souvenir ne lui apparaîtra pas trop éloigné. Le discours consolateur, c'est un point qui le rapproche encore de la rhétorique, s'inscrit dans une logique du *vraisemblable* sans laquelle il raterait nécessairement sa cible.

D'après Aristote, la vraisemblance fonde la valeur des « preuves » dans un contexte marqué par l'incertitude. On l'a déjà suggéré, la revalorisation aristotélicienne de la rhétorique passe par une réhabilitation anti-platonicienne du contingent. Cette dernière repose sur une distinction entre ce qui est arbitraire et ce qui, pour être contingent, n'est pas totalement dénué de raisons. Si « le vraisemblable est ce qui arrive fréquemment[1] », c'est parce que le contingent n'est pas hasardeux, mais répond à des constantes, ou au moins à des probabilités, qui sont inscrites dans la texture du passé. La référence à ce qui est arrivé souvent, et qui a quelques raisons (non nécessitantes) de se reproduire, renforce le discours rhétorique en lui conférant un semblant de généralité. Dès lors, le vraisemblable est aux choses qui peuvent être autrement qu'elles ne sont ce que l'universel est aux choses nécessaires : une garantie pour la subsomption. Par exemple, il n'est jamais nécessaire que les parents aiment leurs enfants. Mais la régularité de l'affection parentale autorise le rhéteur à s'appuyer sur cette généralité pour provoquer l'indignation du public devant la dureté d'un père ou sa pitié devant la douleur d'une mère.

1. *Ibid.*, 1357a, p. 133.

De même que la persuasion rhétorique trouve sa validité et ses limites dans le respect du vraisemblable, la consolation s'appuie sur ce que le malheureux est capable de se figurer. À justifier le mal par des détours trop lointains, on ne console plus : c'est ce qu'admet Boèce lorsqu'il constate que les hommes ne regardent pas assez les « étoiles », et que seuls des discours plus proches de leur expérience peuvent, du moins dans un premier temps, les réconforter. Une parole invraisemblable (comme l'est celle qui affirme que les méchants sont toujours plus malheureux que les justes) n'a aucune chance d'être entendue immédiatement par celui que la douleur ramène à l'évidence de l'injustice. Si l'adéquation parfaite avec la souffrance de l'autre est impossible, un trop grand éloignement serait vain. Le consolateur est mis au défi de situer son discours à une distance qui le rende vraisemblable.

Cette exigence de vraisemblance explique pourquoi la métaphore constitue la figure de style privilégiée par la consolation. Une métaphore opère un déplacement au cours duquel un terme impropre, c'est-à-dire propre à une autre chose, est substitué à un terme propre manquant[1]. En première analyse, elle est un événement qui arrive au nom puisque celui qui métaphorise associe un mot d'emprunt à un terme qui appartient à un univers sémantique différent (comme lorsque je dis que « la vieillesse est le soir de la vie »). Aristote insiste sur le fait que cet emprunt n'a rien d'arbitraire : que le transport ait lieu du genre à l'espèce, de l'espèce au genre, de l'espèce à l'espèce ou selon l'analogie, il repose sur une certaine ressemblance entre les idées dont les mots sont les noms. La similitude entre le sens figuré du mot d'emprunt et le sens propre du mot manquant est ce qui garantit la vraisemblance, et donc la

1. Aristote définit la métaphore comme le « transport à une chose d'un nom qui en désigne une autre, transport ou du genre à l'espèce ou de l'espèce au genre ou de l'espèce à l'espèce ou d'après le rapport d'analogie » (*Poétique*, 1457b). Je reprends ici l'interprétation de cette définition par Paul Ricœur dans *La Métaphore vive* (Paris, Seuil, 1975, p. 19 *sq.*).

valeur rhétorique et poétique, de la métaphore. Aristote note avec force que bien métaphoriser consiste à bien saisir les ressemblances. Le « soir », par exemple, ne décrit adéquatement la vieillesse que dans la mesure où le temps d'une vie peut être aisément comparé à celui d'une journée. L'identité n'est qu'analogique : le soir est au jour ce que la vieillesse est à la vie entière. Mais la métaphore permet précisément de saisir le même dans le différent, c'est-à-dire le *semblable*.

De ces rappels sommaires, il est déjà possible de tirer quelques enseignements sur le rapport entre métaphore et consolation. Dans la métaphore, le semblable est vu *en dépit* et *malgré* la différence. Cette résistance initiale correspond à la séparation entre le consolateur et le malheureux : le premier doit forger des termes qui disent la perte sans pouvoir prétendre la définir exactement. La métaphore réalise sur les mots ce que l'acte de consolation vise au niveau des consciences. En révélant une ressemblance en dépit de la différence, elle dévoile une proximité par-delà l'éloignement. Dans les discours de la consolation, la métaphore a pour fonction d'initier le destinataire à des correspondances que l'intensité de sa douleur ne lui permet pas de percevoir. Le travail métaphorique consiste, dans ce cas, à redéfinir une expérience apparemment irréductible au langage commun (puisqu'elle est celle d'un être singulier) dans des termes qui lui donnent un semblant d'universalité. Les souffrances sont métaphorisées pour ne pas être abandonnées à l'état d'affects intraduisibles[1].

Soit la métaphore directrice de l'« exil » employée par « Philosophie » dans la *Consolation* de Boèce. Le travail

1. D'après Nelson Goodman, la métaphore désigne une « idylle entre un prédicat qui a un passé et un objet qui cède tout en protestant » (*Languages of Art, An Approach to a Theory of Symbols*, The Bobbs-Merrill Company, 1968, p. 69). Cette « idylle » conquise sur la différence peut être comparée au *telos* de la consolation, lorsque deux consciences parviennent à franchir la distance que la souffrance a creusée entre elles.

métaphorique de la consolatrice consiste à comparer le malheureux à un exilé dont les plaintes expriment la douleur d'une séparation. Boèce concède que le lieu où se trouve le condamné à mort (la prison) et le temps qui lui reste à vivre lui ont été injustement imposés. La métaphore de l'exil vise alors à le persuader que, en dépit des apparences, il n'est éloigné de sa patrie véritable que de manière circonstancielle et de son propre fait. « Si tu es loin de ta patrie, c'est que tu t'es égaré et non qu'on t'en a banni[1] » : le condamné à mort est tourmenté par un imaginaire qui associe la vie au monde sensible. La stratégie rhétorique de « Philosophie » consiste ainsi à admettre le sentiment d'étrangeté et d'injustice ressenti par Boèce pour le requalifier métaphoriquement dans l'image de l'exil. Pourquoi le recours à une telle métaphore spatiale ? Parce qu'il s'agit de faire percevoir au malheureux qu'il existe un lieu dont aucun homme ne peut jamais être exilé. Le couple « patrie »/« exil » permet de réorienter le regard vers un site indéracinable, l'âme, auquel l'homme peut toujours revenir, quelles que soient les circonstances[2]. Cette topographie métaphorique fixe l'objectif de la consolation par la philosophie : il s'agit d'ouvrir une « route » qui permette au malheureux de revenir dans sa véritable « patrie », celle qu'il n'aurait jamais dû quitter, et qu'il peut rejoindre malgré sa misère présente.

Dans cet exemple, la métaphore de l'exil joue sur deux niveaux. Elle épouse d'abord le sentiment spontané du malheureux qui contemple la perte dont il se croit victime. Il s'agit pour « Philosophie » de forger une image de la situation acceptable par le condamné parce que vraisemblable. Mais cette image de l'exil ouvre surtout un espace de jeu où va

1. Boèce, *Consolation de la philosophie*, *op. cit.*, p. 62.

2. D'où la finalité de la consolation : « apprendre à son âme que ce qu'elle entreprend au-dehors [la recherche du bonheur], elle le possède déjà, déposé secrètement en elle » (*ibid.*, p. 141). On reviendra sur le lien suggéré ici au thème de la réminiscence.

s'engouffrer le discours consolateur. Si Boèce se sent exilé, ce n'est pas du fait de sa condamnation à mort, mais parce qu'il n'a pas encore rompu avec les désirs qui le placent hors de lui-même, en dehors de la sérénité que lui garantit son âme. Richesses, gloire, réputation : l'acquisition de ces biens présuppose la survie terrestre. C'est de devoir les perdre, ou de ne plus pouvoir les rechercher, que le condamné à mort se lamente. Dès lors, « Philosophie » peut convaincre Boèce que l'exil véritable coïncide avec *cette vie-ci* et que l'erreur consiste à confondre la Terre avec une patrie. L'homme n'est jamais séparé de son âme par la Fortune, mais par un exil quotidien synonyme d'affairement dans le monde. *A contrario*, le sage n'a pas à craindre la mort puisque ce qu'il y a de plus haut (le souverain bien déposé dans l'âme) ne peut lui être enlevé. Si le monde est le lieu de notre véritable exil, la mort corporelle est semblable à un retour bienfaisant à ce que nous n'aurions jamais dû quitter. La séquence métaphorique ouverte par l'opposition exil dans le monde/patrie de l'âme se referme alors sur l'exhortation à aborder la vie comme un « voyageur sans bagage[1] ». La consolation se fait édifiante en invitant le lecteur à rompre dès à présent les amarres avec les biens terrestres pour ne pas à avoir à déplorer, un jour, leur disparition.

Dans la *Consolation* que Sénèque adresse à sa mère, le travail de la métaphore de l'exil suit une logique légèrement différente. Sur l'ordre de Néron, Sénèque se trouve effectivement exilé de Rome, et c'est de son absence qu'il entreprend de consoler Helvia. Pour neutraliser ce que l'exil réel peut avoir d'attristant, Sénèque métaphorise le terme de telle sorte qu'il en vienne à qualifier l'ensemble des choses sensibles. L'exil n'est qu'un changement de lieu, or même les astres sont en mouvement, il n'y a donc pas à se plaindre d'un simple mouvement local qui n'affecte pas l'essence d'une

1. *Ibid.*, p. 90.

chose[1]. L'homme sage est indifférent au sol puisqu'il emporte partout ses vertus avec lui ; le citoyen libre d'un Empire est étranger à la logique des lieux[2]. Pour ne plus souffrir de l'absence de son fils, Helvia est donc invitée à *voir* toutes les choses qui peuplent l'univers *comme* étant en exil. Cette généralisation aboutit à vider la notion d'exil de son sens : si le sol est partout le même, seules importent les vertus de l'âme qui, elles, ne sont pas sujettes au changement. Sénèque rejoint alors Boèce en montrant que la subsistance de l'âme par-delà les lieux est consolante puisqu'elle ôte à l'absence sa dimension pathétique : « Il ne saurait y avoir d'exil sous le firmament [...][3]. »

Qu'il s'agisse d'apaiser la crainte de la mort ou les effets de l'absence physique, la métaphorisation de l'exil requalifie la perception première que le malheureux a de sa situation. Se savoir toujours déjà exilé, mais près de rejoindre la patrie de l'âme (Boèce) ou riche de toutes ses vertus malgré la distance (Sénèque), c'est disposer d'un ancrage stable qui console des accidents de la vie. Dépourvu de métaphores, le malheureux se croyait abandonné à la Fortune et condamné à l'incommunicable. Par la vertu des comparaisons qu'on lui offre, il perçoit sa situation comme un cas d'espèce d'une loi plus générale. Le corps du condamné ou celui de l'exilé perdent le statut d'exceptions pour devenir des éléments de la nature assujettis aux lois de l'univers. La métaphore brouille le jeu des significations au moyen desquelles, spontanément, le sujet est tenté d'interpréter son expérience. Se croyant malheureux parce que exilé, il découvre que l'exil est la condition des choses subalternes et que la « patrie » (celle qu'offre l'âme) est plus proche qu'il ne le croit.

1. « Regarde les astres qui éclairent le ciel : aucun d'entre eux ne reste au même endroit » (« Consolation à Helvia, ma mère », *Consolations*, *op. cit.*, p. 46).
2. « Partout où il est victorieux, le Romain s'installe » (*ibid.*, p. 49).
3. *Ibid.*, p. 52.

Redescription – Ricœur.

Paul Ricœur appelle « redescription » ce pouvoir de la métaphore de requalifier l'expérience[1]. Lorsque l'on dit que la douleur ou la mort est semblable à un « exil », on dit à la fois ce qu'elle est et ce qu'elle n'est pas, bref on la redécrit au moyen d'une différence introduite par le langage poétique. Cette sémantique de l'ambiguïté consonne avec le projet du consolateur qui, impuissant à dire littéralement la perte dont il est le témoin, l'exprime sur le mode indirect de l'image. La métaphore inscrit une tension interne à la phrase entre sens propre et sens figuré. Ce faisant, elle provoque l'imagination du lecteur ou de l'auditeur auquel il incombe de rechercher la ressemblance entre le terme figuré et le contexte. Cette provocation à *figurer autrement* définit le but rhétorique du consolateur : il s'agit de persuader le destinataire de ce que le mal dont il souffre peut être vu de telle sorte qu'il devienne supportable. La matière de cette redescription est généralement temporelle, la métaphore fournissant un principe d'interprétation de la mort ou de la perte qui neutralise leur dimension de scandale. Ainsi, Sénèque invite Lucilius à comparer la vie entière à une longue journée où le matin figure l'enfance, le midi la maturité et le soir la vieillesse[2]. En ramenant une vie aux dimensions d'une journée ordinaire, la métaphore permet d'adopter une vue plongeante sur l'existence. De même qu'il faut apprendre à vivre chaque jour comme si la vie entière s'y déroulait, il faut se consoler de la mort en la voyant comme un crépuscule qui appelle un nouveau matin.

Si la métaphore fait paraître le temps autrement que comme

1. Pour Ricœur, la métaphore commande un usage de l'imaginaire qui permet à l'auditeur ou au lecteur de voir les choses autrement qu'elles ne sont littéralement. Avant d'être « le lieu des percepts fanés », l'imagination métaphorique est celui des « significations naissantes » (*La Métaphore vive*, *op. cit.*, p. 253). La consolation convoque l'imagination de son destinataire dans la mesure où elle cherche à redécrire sa souffrance à l'aide de significations inédites.

2. Sénèque, Lettre 12 à Lucilius. On trouve un procédé similaire chez Malherbe dans sa « Consolation à Cléophon » : sa fille morte ne pouvait « estre mieux que les roses / Qui ne vivent qu'un jour » (*Œuvres poétiques*, *op. cit.*, p. 104).

il se donne littéralement, alors sa fonction n'est pas seulement rhétorique, mais aussi poétique. La métaphore ouvre l'accès à une autre perception du monde en neutralisant le lien littéral entre le mot et la chose qu'il désigne : « La production du discours comme "littérature" signifie très précisément que le rapport du sens à sa référence est *suspendu*[1]. » Les critiques de la consolation rejoignent celles de la (vaine) littérature lorsqu'elles dénoncent l'abolition de l'expérience réelle au profit d'un monde fictif. Dans les deux cas, on stigmatise la production d'un mensonge qui nous éloigne de l'analyse lucide de la situation. En rester là serait ne pas comprendre que la métaphore, et la consolation qui en use, ne suspend la référence littérale que pour rendre possible une « nouvelle visée référentielle[2] ». Face à un énoncé métaphorique, l'interprétation littérale échoue. Mais cet échec est productif puisqu'il ouvre la voie à une perception inédite de la chose signifiée. Grâce au travail de la métaphore, le texte poétique dévoile un monde possible où les choses ne sont plus vues selon ce que le langage ordinaire dit d'elles, mais perçues selon un jeu inattendu de correspondances.

Le consolateur métaphorise la perte, l'absence ou la mort. Pour revenir aux exemples que nous avons cités, il ne s'agit pas pour lui de montrer que la douleur n'est rien, mais d'inciter le destinataire à la « voir comme » exil, voyage, moment crépusculaire d'une journée, etc. L'échec de l'attribution littérale (sur le mode : « voilà ce que signifie ta douleur ») est tout à fait essentiel à la consolation. Sans lui, le discours ne serait pas réconfort, mais pure édification. Néanmoins, ce qui ne peut être défini sur un mode direct, ce qu'il n'y aurait du reste aucun intérêt à définir, se trouve redécrit à l'aide d'une image qui réoriente le regard de l'endeuillé. La métaphore ne se contente pas de construire une analogie entre les choses,

1. P. Ricœur, *La Métaphore vive*, *op. cit.*, p. 278.
2. *Ibid.*, p. 289.

elle la « place sous les yeux » (Aristote) du lecteur. Cette réorientation est le fruit d'une désorientation tant il est vrai qu'une métaphore n'est réussie que si l'attribution incongrue provoque une « surprise » chez le lecteur[1]. La consolation passe par un moment de désorientation où le sujet s'étonne de voir son malheur nommé d'une manière inédite. Ici tout se joue : soit le malheureux adhère à cette redescription, soit il la rejette comme étrangère à son expérience. Mais s'il y adhère, s'il accepte de voir son mal comme ce qu'il n'est pas mais à quoi il ressemble, alors le consolateur peut initier un cheminement poétique au cours duquel son interlocuteur apprend à se défaire de l'impression d'isolement dans laquelle le place son désespoir.

La consolation use de métaphores parce que, en elle, tout est affaire de regards. Le regard que le consolateur porte sur l'autre, celui que le malheureux porte sur lui-même et, enfin, la rencontre de ces deux regards quand ils se tournent vers un ailleurs. Précisément parce que la métaphore a une fonction de monstration, elle vient au secours de celui qui ne peut plus voir autre chose que la perte qui l'affecte. En définissant le poète comme un « admirateur de ce qui est éloigné[2] », Aristote a aussi donné une caractérisation exacte du consolateur : celui qui sait voir, et faire voir, au-delà de ce qui est tout d'abord donné. Mais ce qui est « donné » n'est pas tant la souffrance que l'absence de sens (« la souffrance de la souffrance »). La dimension d'absence renforce encore le lien entre métaphore et consolation. Cette dernière n'emploie pas seulement des métaphores pour atteindre ses buts rhétoriques et poétiques. Elle est elle-même, prise comme un tout, une activité de métaphorisation.

1. Voir Aristote, *Rhétorique*, 1410b.
2. *Ibid.*, 1404b.

Peupler l'absence

Pour consoler l'enfant de la chute qu'il vient de faire, sa mère cherche à capter son regard, à obtenir son écoute. Elle lui raconte une histoire où tomber au sol est une occasion de rire plutôt que de pleurer. Si la situation le permet, elle lui montre un pan du paysage qui, parce qu'il peut retenir l'attention de l'enfant, le détournera de sa douleur. Peut-être essuie-t-elle ses larmes, pour lui permettre de regarder un peu plus loin, au-delà de l'impression vive de la chute. Toutes ces tentatives viennent de ce que, comme on l'a déjà dit, la consolation a lieu trop tard. Il y a presque toujours un moment de suspens après la chute où l'enfant ne sait s'il doit pleurer ou reprendre sa course. Il devient nécessaire de le consoler lorsque la douleur l'emporte sur le désir de continuer son chemin comme si de rien n'était. La mère tente alors de faire paraître ce « rien » en bricolant des discours ou des actions qui mettent le temps de la souffrance en tension avec une temporalité où l'élan de la vie l'emporte sur l'interruption douloureuse.

Que ce soit par des mots ou par des gestes, la consolatrice reconfigure ce qu'il y a d'intolérable dans l'expérience que l'enfant vient de subir, et qui semble le laisser seul au monde. Elle le fait au moyen d'une comparaison qui ne s'avoue pas comme telle, donc d'une métaphore. Face aux pleurs de son enfant, la mère explicite rarement le lien entre sa douleur présente et une autre dimension de l'expérience, elle mise plutôt sur le passage brusque d'une perception à une autre. L'effacement verbal du « comme » de la comparaison est essentiel à la consolation où il est implicitement entendu que c'est du mal que l'on traite, mais où il est impossible d'en parler directement. Parce qu'elle suspend le rapport entre le sens et sa référence, la métaphore parle de la chose sans la prendre pour objet. Elle est consolante pour autant qu'elle redécrit la douleur.

L'exemple qui vient d'être analysé nous renseigne sur le fait que la consolation est une activité métaphorique même lorsque, sur un plan rhétorique, elle n'use pas de métaphores. De simples gestes, comme un doigt tendu vers l'horizon, permettent parfois de réorienter le regard du malheureux et de lui faire percevoir une nouvelle présence. Pour obtenir cette conversion du regard, il faut déployer un art du détour qui, comme l'usage de métaphores, est rendu nécessaire par l'*absence* de terme littéral pour dire la situation. Le discours métaphorique entre en lice sur la base d'une essentielle impuissance du langage prosaïque : il cherche à exprimer sur un mode apparemment impropre ce qui ne se laisse pas énoncer dans les termes du jugement de connaissance. La consolation partage cette impuissance initiale puisqu'elle est nécessaire pour un être incapable de trouver un sens acceptable à ce qu'il vit. La raison de la consolation est précisément l'absence de raison de la douleur.

Le consolateur peuple de mots ou de gestes une absence vécue comme un tourment. Nous avons déjà rencontré ce projet en soulignant la fonction rhétorique de l'exemple et de la prosopopée. Dans les deux cas, il s'agit de faire parler les absents (depuis le passé ou depuis la mort) pour réinscrire l'épreuve du malheureux dans un ordre plus lisible. D'une manière plus générale, si l'activité métaphorique caractérise le langage de la consolation, c'est parce que la raison qui justifie la substitution d'un mot figuratif à un mot littéral est l'absence de terme pour dire la chose sans détour. Plutôt que d'une simple substitution, il convient d'ailleurs de parler, comme à propos de la consolation elle-même, d'un « supplément » dans la mesure où 1/ une métaphore authentique n'est pas traduisible par des moyens conceptuels, le terme littéral manque structurellement, et où 2/ la métaphore ajoute quelque chose à la description directe de la chose en invitant le lecteur à la voir comme ce qu'elle n'est pas, mais à quoi elle ressemble. Reste à préciser le statut de cette absence qui motive la parole de consolation. De quoi l'affligé comme le consolateur manquent-ils qui justifie, dans le discours du second, un exercice du détour ?

Cette absence est celle d'un certain savoir et elle est doublée de la nécessité de répondre à ce manque par des moyens de fortune. Même dans des discours philosophiquement structurés, la consolation prend des libertés avec la vérité. Sénèque, par exemple, justifie l'existence de « légendes » qui mettent en scène la méchanceté et le malheur des dieux. Cette forme d'anthropocentrisme contredit pourtant les thèses du stoïcisme (et probablement de toute philosophie) pour qui la divinité est étrangère aux passions. Comment expliquer cette tension ? Si ces légendes existent, écrit Sénèque, c'est « pour que nous supportions plus facilement nos deuils en voyant s'effondrer même les divinités[1] ». Une représentation impie comme le récit des souffrances divines peut être acceptée pour autant qu'elle ouvre la possibilité d'une comparaison réconfortante avec l'infortune des hommes. Le récit vaut métaphore, donc consolation, car il présente une intrigue qui installe une solidarité du malheur entre les hommes et les dieux. Dans des situations extrêmes comme la mort d'un enfant, le réconfort apporté par ce genre d'intrigues l'emporte sur leur caractère philosophiquement erroné.

Cette figuration de l'absence est plus lisible encore dans les paraboles bibliques qui prennent pour « objet » le Royaume de Dieu. Lorsqu'il parle en paraboles, Jésus est-il dans la position du consolateur ? Oui, dans la mesure où il répond à l'attente de ses disciples sur un mode existentiel plus que doctrinal. Dans les Évangiles, Jésus ne produit pas de savoir explicite sur le Royaume de Dieu, qui désigne pourtant la plus haute espérance de ses fidèles. Il évoque ce thème à l'aide d'images qui suppléent à la connaissance. Comme l'a établi Ricœur, la parabole est « un mode de discours qui

1. Sénèque, « Consolation à Marcia », *Consolations*, *op. cit.*, p. 106.

applique à une forme narrative un procès métaphorique[1] ». Les paraboles racontent des histoires à la fois ordinaires et extravagantes : la semence d'une minuscule graine de moutarde produit un arbre immense où les oiseaux font leurs nids[2], une perle acquiert une valeur telle aux yeux d'un négociant qu'il se sépare de toutes ses richesses pour l'acquérir[3]. La métaphorisation du Royaume est portée par une histoire où le cours ordinaire de la vie est interrompu par un événement inouï. Le récit vaut métaphore parce qu'il raconte l'advenue de l'extraordinaire dans l'ordinaire. Le Royaume est décrit comme excentrique à l'expérience ordinaire (imagine-t-on un maître de maison rétribuer les ouvriers de la onzième heure pareillement aux autres ?), mais il prend place en son sein. À ce titre, les paraboles invitent les disciples à voir les choses présentes *comme* l'annonce de ce qui, pourtant, est radicalement étranger à leur expérience. Les paraboles sont consolantes dans l'exacte mesure où elles répliquent à un savoir indisponible (qu'est-ce que le Royaume de Dieu ?) par une fiction qui contredit l'absence.

Mais il y a plus. On peut suivre Ricœur lorsqu'il relie les paraboles à l'annonce paradoxale selon laquelle « le règne de Dieu ne vient pas d'une manière visible. On ne dira pas : “Le voilà, il est ici !” ou bien : “Il est là !” En effet, voilà que le règne de Dieu est au milieu de vous » (Luc 17,20-21). Le Royaume n'est évidemment pas semblable à un grain de moutarde ou à une perle, il est bien plutôt annoncé sous la catégorie temporelle de l'imminence, *comme ce qui vient*.

1. P. Ricœur, *L'Herméneutique biblique*, Paris, Cerf, 2001, p. 201.

2. « Le Royaume des cieux est comparable à une graine de moutarde qu'un homme a semée dans son champ. C'est la plus petite de toutes les semences, mais quand elle a poussé, elle dépasse les autres plantes potagères et devient un arbre, si bien que les oiseaux du ciel font leurs nids dans ses branches » (Matthieu, 13, 31-32).

3. « Ou encore : le Royaume des cieux est comparable à un négociant qui recherche des perles fines. Ayant trouvé une perle de grande valeur, il va vendre tout ce qu'il possède, et il achète la perle » (Matthieu, 13, 45-46).

Les paraboles illustrent cette proximité et cette imminence en subvertissant les attentes apocalyptiques des disciples qui sont prompts à espérer la réalisation de leurs désirs sous la forme d'un événement réel. Le propre de la parabole comme métaphore est d'inscrire dans le récit cette transfiguration du quotidien, comme s'il s'agissait de consoler les fidèles de ne pas assister à une fin du monde en bonne et due forme. Dès lors, le référent ultime de la métaphore n'est pas tant le Royaume, duquel nous ne saurons rien sinon qu'il est déjà « au milieu de nous », que « la réalité humaine dans sa totalité »[1]. Jésus ne prédique pas, il proclame, c'est-à-dire qu'il fait de l'annonce eschatologique un événement qui doit mobiliser concrètement l'existence des croyants. En portant le langage à sa limite, la parabole subvertit la perception de la vie ordinaire pour forcer ses auditeurs à voir le monde qui les entoure, et dont ils regrettent la persistance, comme l'annonce déjà effective du monde qui vient. En ce sens, ce discours est pleinement consolateur. Tout comme la mère invitait l'enfant non pas à ignorer sa douleur, mais à l'inscrire dans un champ d'expérience plus vaste, la parabole est un instrument de discernement de l'exceptionnel dans l'ordinaire.

Nous sommes désormais mieux armés pour comprendre quel type d'absence se trouve conjuré par la consolation. Dès lors qu'il s'agit de consoler, on ne peut séparer l'absence de savoir qui caractérise l'affligé (pourquoi cela ? pourquoi ainsi ?) de l'urgence qui pèse sur le consolateur. Si Sénèque admet les légendes qui narrent les turpitudes des dieux, si Jésus se garde de toute prédication théologique sur le Royaume, c'est parce qu'ils subissent tous deux la pression d'une demande extérieure. On ne répond pas au besoin de consolation en dogmatisant. C'est pourquoi les légendes, les paraboles, et plus généralement les métaphores, sont nécessaires « en attendant » qu'un autre discours ou qu'une

1. P. Ricœur, *L'Herméneutique biblique*, *op. cit.*, p. 235.

autre perception révèle enfin au malheureux le sens de son expérience. La consolation consonne de ce point de vue avec la « morale par provision » que Descartes offre à son lecteur en attendant qu'il devienne possible de déduire des règles de conduite d'une science certaine. Ni l'enfant en larmes, ni Marcia qui vient de perdre son fils, ni les premiers disciples de Jésus qui baignent dans une atmosphère messianique, ni non plus le lecteur du *Discours de la méthode* ne sont en état d'attendre qu'une science vienne les instruire de ce qu'il faut faire. Comme la morale par provision, la consolation a pour but de *différer le temps* : il faut continuer à vivre, et à agir, en attendant qu'un savoir vienne non plus consoler du malheur, mais en percer l'énigme.

Cette attente ne va pas sans risque. Il naît à propos de la consolation le même doute que celui qui porte sur la « morale par provision » cartésienne. Loin d'être seulement provisoire, celle-ci s'avérera définitive puisque les attentes en matière de science morale parfaite sont finalement déçues. Ce qui ne devait être qu'un substitut temporaire devient permanent : la vie entière se passe à différer le temps du savoir absolu.

Intermède

*La version de l'histoire de Niobé que l'on trouve dans l'*Iliade *comporte un détail d'importance. En pleine désolation, celle qui se veut inconsolable est pourtant assaillie par un besoin : « Car même Niobé aux beaux cheveux a songé à manger. » Au milieu de ses enfants assassinés, et comme elle n'est pas encore devenue pierre, Niobé est ramenée à la conscience de son corps. Quelque chose dans ses entrailles se refuse au malheur : « Elle a songé à manger, quand elle fut fatiguée des larmes. »*

Pour autant que l'inconsolable a choisi de l'être, la fermeté de sa volonté est mise à l'épreuve. Ce n'est pas l'oubli qui menace la décision de Niobé de figer sa conscience dans le malheur, mais l'action du temps sur sa physiologie. Le temps de la nature est insensible à l'intensité d'une douleur morale. Il s'empare d'une mère qui a perdu ses enfants avec la même nécessité que de n'importe quel autre corps. La faim est une figure de la souffrance naturelle dans ce que celle-ci a d'indifférent pour nos malheurs intimes. On croyait ne plus se relever d'un événement que son intensité rendait presque surnaturel et voilà que la nature reprend ses droits sous l'effet du désir de conservation. Il est bien sûr un cas où la faim s'empare intégralement de la conscience et devient aussi une douleur morale : lorsque les conditions matérielles pour la rassasier ne sont pas réunies. Mais Niobé est reine, et rien n'est plus simple pour elle que de satisfaire ce besoin qui la détourne de son deuil. Dans ces conditions, la faim, c'est l'ironie de la nature par rapport aux puissances du destin.

Homère ne dit rien de la réaction de Niobé face au réveil de son corps. Nous ne saurons pas, en particulier, si la transformation en statue est aussi une manière de ne plus éprouver la faim, la soif, ni aucun des autres besoins corporels qui perturbent le lien qu'elle veut maintenir avec ses enfants disparus. Il reste que l'inconsolable est soumis à des tentations qui s'ancrent d'abord dans son corps. Celui-ci continue à déployer ses puissances et ses faiblesses alors même que le sentiment voudrait s'éterniser dans l'instant où tout a chaviré. Si le corps de Niobé n'était pas devenu pierre, la nature aurait peut-être poursuivi son œuvre au-delà du principe de conservation, dans le désir de reproduction. Qui nous dit que la reine orgueilleuse n'aurait pas éprouvé le besoin d'enfanter à nouveau ?

Comment interpréter le rapport entre le malheur de Niobé et sa faim ? Les grandes figures de l'inconsolable sont féminines, et l'on peut penser qu'une mère endeuillée connaît mieux que quiconque le poids du corps qui continue à exiger après l'épreuve. Cela explique peut-être pourquoi, parmi les philosophes, ce sont surtout des femmes qui ont interprété ce décalage entre l'âme et le corps.

*Simone Weil interprète la faim de Niobé comme le comble du malheur qui la rend « même incapable de sentir sa misère » (*L'Iliade ou le Poème de la force*). L'inconsolable devrait au moins avoir le privilège de séjourner dans la perte qui l'afflige, mais une nature sans égard pour le sentiment la prive du peu qui lui reste : son vœu de fidélité aux enfants disparus. Ressentie au plus mauvais moment, la faim révèle l'empire de la force qui « efface toute vie intérieure et même la douleur d'une mère ». La force est matière et le propre de la matière est de corrompre les âmes : avant de devenir effectivement pierre, Niobé aurait vu son âme pétrifiée par* *l'obstination de son corps. Le premier malheur (la perte des enfants) est de l'ordre de l'événement, le second (la faim qui trahit) replace malgré lui le sujet dans le cycle naturel et implacable où « chaque aube nouvelle amène la même nécessité ». Comment peut-on avoir faim comme hier alors que le monde entier devrait être aboli par l'injustice ?*

La faim de Niobé est intolérable parce qu'elle impose une limite à l'amour d'une mère pour ses enfants. Il arrive que l'inconsolable soit « fatiguée des larmes » : le héros tragique avoue alors sa finitude par le ventre. Pour Simone Weil, l'âme est corrompue par cette force démesurée des besoins corporels. Les sentiments physiques altèrent les sentiments nobles et font ressortir la « misérable limitation de l'amour humain ». Un amour infini serait anorexique : le corps n'y réclamerait jamais son dû. Ailleurs, la philosophe note que « la grande douleur de la vie humaine, c'est que regarder et manger soient deux opérations différentes ». Manger, c'est nécessairement détruire alors que regarder signifie prendre soin et conserver. Niobé voulait se faire pur regard, contemplation désœuvrée et fidèle de ses enfants morts. Mais la faim la force à détourner les yeux du scandale, tout comme le monde se met à regarder ailleurs à chaque fois qu'une injustice éclate. Esclave de la matière, l'homme a besoin de s'approprier ou d'ingurgiter ce qu'il devrait seulement contempler. « Manger » a souvent été pris pour une métaphore de « connaître », comme s'il était impossible de regarder une chose sans la profaner.

*Selon Simone Weil, la faim ressentie malgré la douleur morale symbolise l'exil de l'homme hors du bien. C'est pourquoi, pour elle, l'Évangile accomplit l'*Iliade *: la bonne nouvelle est que l'empire de la force a été brisé ; ce que les héros tragiques n'ont pu dépasser (leurs corps) a été aboli par un Dieu crucifié. Si la matière borne l'amour humain, il faut rechercher un autre amour qui s'enracine dans le surnaturel. Mais un tel amour existe-t-il qui suffirait à nous rassasier ? Une autre philosophe en doute, qui préfère se* *vouer à l'*amor mundi *(l'amour du monde) et accepte d'entrer dans la logique de la consolation. D'après les souvenirs de sa biographe Elisabeth Young-Bruehl, Hannah Arendt racontait, lors du dernier été de sa vie, l'histoire de la chatte de ses voisins qui avait perdu ses petits. Après avoir longtemps erré dans le jardin, apparemment inconsolable, l'animal a fini par reprendre une vie routinière, comme si de rien n'était. Arendt en déduit une morale pour les périodes sombres : « Pensons maintenant au dîner. Car même Niobé aux cheveux longs pense à manger ; elle dont les douze enfants moururent dans ses couloirs, ses six fils et ses six filles vaillants. »*

Hannah Arendt croyait aux pouvoirs consolants du récit. L'histoire de Niobé est édifiante : si la reine a obéi à l'injonction de ne pas s'apitoyer sur elle-même, c'est parce qu'il s'agit là d'une vertu. Quand bien même il serait dicté par le corps, le retour au monde doit être pratiqué avec ferveur. L'instinct de survie est une première victoire sur la désolation qui transforme le réel en désert dans lequel rien ne peut être expérimenté. Par la faim qui s'empare de Niobé, le monde fait valoir ses droits sur l'intime, l'apparence l'emporte sur la profondeur et l'action redevient une alternative au désespoir. Dans les sensations involontaires du corps s'annonce déjà une persévérance qui nous met en garde contre une tristesse d'autant plus redoutable qu'elle demeure abstraite.

On a souvent reproché à Simone Weil d'avoir voulu faire corps avec le malheur du monde et à Hannah Arendt d'y être demeurée insensible. Leur différend à propos de Niobé rend justice de ces accusations. Il ne s'agit pas de traits de caractère, mais de deux positions fondamentales sur les vertus de la consolation. La première loue dans l'inconsolable une figure obstinément attachée à l'injustice qu'elle contemple et affligée par tout ce qui peut l'en divertir. La seconde interprète le besoin comme un moyen, pour l'inconsolable, de retrouver par le corps le chemin de l'humanité.

Chapitre 3

L'origine de la culture

> Qui nous contera toute l'histoire des narcotiques ! C'est presque l'histoire de la « culture », de notre soi-disant haute culture.
>
> Friedrich Nietzsche, *Le Gai Savoir*, § 86

À Voltaire qui lui reproche son rejet des arts et des techniques, Rousseau répond en convoquant le thème qui lui est cher du « remède dans le mal » :

> Quant à moi, si j'avais suivi ma première vocation et que je n'eusse rien lu ni rien écrit, j'en aurais sans doute été plus heureux. Cependant, si les lettres devaient maintenant être anéanties, je serais privé du seul plaisir qui me reste. *C'est dans leur sein que je me console de tous mes maux* : c'est parmi ceux qui les cultivent que je goûte les douceurs de l'amitié et que j'apprends à jouir de la vie sans craindre la mort. Je leur dois le peu que je suis[1].

Ici comme ailleurs, le besoin de consolation résulte d'un malheur déjà advenu. Rousseau identifie ce mal à la rupture de l'homme avec l'innocence : il aurait mieux valu pour lui ne jamais se séparer de soi et de la nature. Cette séparation se manifeste dans la pratique de l'écriture qui est elle-même l'effet des maléfices de la réflexion, une activité qui abolit la coïncidence heureuse avec soi. Mais le mal étant fait, la catastrophe ayant eu lieu, on ne comblera plus la distance

1. J.-J. Rousseau, Lettre à Voltaire du 10 septembre 1755, *Œuvres complètes*, tome III, Paris, Gallimard, « Bibliothèque de la Pléiade », 1964, p. 227 (je souligne).

creusée entre l'homme naturel et l'homme social par un improbable retour à l'innocence perdue. Le pari de celui qui est devenu écrivain malgré lui est plutôt que la littérature console du malheur qu'elle a elle-même provoqué. Les arts, l'écriture et les techniques sont autant d'instruments de la culture qui, à condition d'être conscients de leur infirmité, peuvent apporter un réconfort à l'homme éloigné pour toujours de sa nature primitive.

D'où vient cette croyance dans les pouvoirs consolateurs de la culture ? Et comment expliquer qu'elle soit presque toujours accompagnée d'un soupçon ? Acte social (chapitre 1) lié à un certain usage du langage (chapitre 2), la consolation est une œuvre qui répond à un désœuvrement. Le consolateur cherche à donner une cohérence à l'expérience de l'affligé. Mais cette cohérence est conquise au prix d'un contournement de la « chose même ». Activité métaphorique, la consolation détourne le regard stupéfait que le malheureux porte sur lui-même pour l'orienter vers un ailleurs où il pourra trouver un apaisement. Comme dans l'usage des narcotiques, la recherche de l'évidence se voit abandonnée au profit d'un substitut qui éloigne le sujet du lieu de son affliction.

Cette caractérisation de la culture et de la consolation comme mensonges bienfaiteurs est-elle suffisante ? Pour le drogué, l'évitement de conscience constitue seulement un préalable qui doit permettre l'accès à une lucidité de second rang. De même, sauf à s'abîmer dans la flatterie, la consolation ne vise pas à éloigner le sujet de la vérité, mais à lui faire admettre sur un mode non mélancolique que celle-ci n'est pas disponible immédiatement. Souvent le consolateur invite le malheureux à la patience. Afin que son destinataire ne s'abandonne pas à un présent insupportable, il évoque un temps qui ne manquera pas de succéder à celui de la douleur. Mais cet avenir n'aurait aucune chance de retenir l'attention du malheureux s'il n'était la promesse d'un sens. L'assurance que « cela passera » est consolatrice dans la mesure où le temps qui succédera à la peine est présenté comme porteur d'une certaine expressivité. Pour convaincre de ce que le temps d'après la perte ne sera pas celui du ressassement ou de la répétition, il faut donc lui attribuer *par avance* une densité (de joie, de liberté) capable de répliquer à la détresse du présent. La consolation est un pari sur la compatibilité entre le temps et le sens. Elle présente la patience ou le détour comme une épreuve qui promet la conquête d'un nouvel horizon.

Un détour qui éloigne du vrai pour accéder au sens : ce serait une assez bonne définition de la culture. Que la culture sépare l'homme de la vérité est attesté par la critique dont, depuis Platon, elle fait l'objet de la part de la philosophie. Il est frappant de voir à quel point les arguments contre la culture recoupent ceux qui sont opposés à la consolation. L'homme cultivé se meut dans une sorte d'« intermédiaire » (*metaxu*) : il n'est pas vraiment philosophe, puisqu'il ne se consacre pas à la recherche de la vérité, mais il ne s'abandonne pas non plus à une vie sans esprit, puisqu'il recherche dans les œuvres l'expression d'un sens[1]. Homme de la demi-mesure, il substitue la culture générale à un savoir certain, mais nécessairement spécialisé, dans les vertus duquel il a cessé de croire. Autant que de la vérité, l'amateur de culture s'éloigne de l'action : refusant d'être « philosophe », il n'est pas non plus « politique » dans la mesure où il reste à distance des luttes et des conflits concrets[2]. La culture ressemble à une esquive qui renonce aussi bien à connaître le réel qu'à le transformer. L'homme cultivé est semblable à l'amateur d'art qui ne recherche dans les œuvres ni une force pour transformer le monde, ni un savoir pour le maîtriser, mais seulement des plaisirs qui le divertissent de la

1. Voir Platon, *Euthydème*, 305c. Pour des raisons qui ne doivent rien au hasard, la critique platonicienne de la polymathie (culture générale) se rapproche de celle de la rhétorique. Dans les deux cas, le vrai semble sacrifié à la beauté ornementale et à l'efficacité discursive.

2. *Ibid.*

dureté du réel. À ce double titre, la culture se rapproche de la consolation qui, comme elle, ne modifie pas la situation initiale, mais se contente de lui conférer un sens acceptable.

Cette proximité s'ancre dans la logique du supplément que nous avons mobilisée à plusieurs reprises pour éclairer la consolation. Jacques Derrida a montré que le supplément est une représentation ou une technique qui, d'une part, s'ajoute à une situation naturelle et, d'autre part, tend à se substituer à elle[1]. Dans le cas de la consolation, l'image ou le récit que le consolateur offre à l'affligé est censé pallier un savoir absent (« pourquoi moi ? ») en comblant le vide à l'aide d'une nouvelle représentation. Cette logique du supplément, Derrida la voit justement à l'œuvre dans la polémique que Rousseau, à la suite de Platon, mène contre l'écriture considérée comme l'origine de toute culture[2]. Dans le schéma rousseauiste, l'écriture supplée à la parole comme la culture s'ajoute, se substitue et finit par recouvrir une nature qui, pourtant, devrait se suffire à elle-même.

On comprend alors ce que l'hypothèse selon laquelle la culture s'ancre dans le besoin de consolation comporte de risqué pour les deux termes en présence. Rien n'est plus étranger aux discours de la consolation ou aux apologies de la culture que l'impératif de conscience qui caractérise la vision positiviste du monde. Dans les cas d'extrême désolation, le consolateur juge que l'« évitement de conscience » est préférable à la lucidité, quoi qu'il en coûte du point de vue d'une stricte éthique de la vérité[3]. De là un reproche récurrent adressé à une culture qui offre du divertissement en guise de consolation. L'art, la littérature, les techniques,

1. J. Derrida, *De la grammatologie*, Paris, Éditions de Minuit, 1967, p. 208.

2. « Les langues sont faites pour être parlées, l'écriture ne sert que de supplément à la parole » (J.-J. Rousseau, *Discours sur l'origine des arts*, in *Œuvres complètes*, tome 2, Paris, Gallimard, « Bibliothèque de la Pléiade », 1961, p. 1248).

3. Voir H. Blumenberg, *Description de l'homme*, *op. cit.*, p. 585.

mais déjà les rituels et les conventions sociales serviraient de simple palliatif à un savoir absent. Un savoir que, du reste, nul ne désire posséder puisque chacun pressent qu'il est intolérable.

À mesure qu'elle sature le monde de significations bigarrées, la culture nous éloignerait de la vérité. De ce soupçon naissent les interrogations qui vont scander ce chapitre. L'évitement de conscience est-il autre chose qu'un mensonge ? Le détour par la culture, avec ce qu'il comporte d'apaisant pour l'âme, peut-il être décrit autrement que comme un divertissement qui éloigne l'individu de son destin ? Pour répondre à ces questions, et comprendre comment Rousseau lui-même a pu se consoler avec ce qui n'est jamais qu'un supplément, il faut examiner comment la culture s'articule à la recherche du réconfort.

Les signes de la douleur : retour aux larmes

Le lien entre culture et consolation trouve sa source dans le fait que l'expérience humaine de la douleur obéit à une logique du *signe*. Sans doute les souffrances les plus intenses sont-elles muettes. Descartes note que « les larmes ne viennent pas d'une extrême tristesse », mais seulement de douleurs liées à un reste d'amour ou de joie[1]. Les pleurs manifestent une souffrance attendrie par le souvenir du bonheur alors que la tristesse « extrême » manque de signes pour se manifester. Dans l'explication cartésienne des passions, la douleur est justement un signe ou une information que le corps adresse à l'âme afin de renseigner l'individu sur ce qui est nuisible à l'union psycho-physique qui constitue sa nature. La faim indique la nécessité de se nourrir, la sensation de brûlure le

1. R. Descartes, *Passions de l'âme*, art. 128, in *Œuvres philosophiques*, Paris, Garnier, 1973, p. 1045.

danger qu'il y a à rapprocher sa main d'une flamme. Dans ce cadre, il est cohérent que les douleurs extrêmes, celles qui annoncent la mort, se caractérisent par un arrêt dans l'émission de signes. Un corps pétrifié auquel même le cri ou les larmes sont interdits se trouve sur le point d'être abandonné par l'âme.

En règle générale, pourtant, la douleur ne va pas sans la production de signes qui, comme les pleurs ou la crispation du visage, atténuent l'émotion en la déplaçant sur une autre région du corps. Ne peut-on voir dans cette expression corporelle, en plus d'une simple dérivation d'énergie, une sorte d'appel à la consolation ? C'est l'hypothèse de Hans Blumenberg pour qui le lien étroit entre la souffrance humaine et son expression prouve l'universalité anthropologique du besoin de consolation. L'essence du signe est de communiquer un message, en sorte que l'on peut penser que « celui qui éprouve de la douleur se tourne vers des destinataires précis[1] ». Le plus souvent, cette adresse n'a rien de volontaire : à moins d'être feintes, les larmes échappent à la maîtrise. Le besoin de consolation est plutôt lié à la condition de l'homme en tant qu'il est un être *visible*. En raison de sa morphologie, l'homme est condamné à être vu par les autres : la probabilité que les signes de sa douleur soient perçus est donc très élevée. La position verticale expose en permanence l'individu au regard de ses congénères puisque la nature n'offre pas suffisamment de caches pour s'y soustraire. Le « pouvoir d'être vu par d'autres » est, en bien des occurrences, un maléfice[2]. Mais il peut devenir un instrument de consolation dans la mesure

1. H. Blumenberg, *Description de l'homme*, *op. cit.*, p. 580.

2. *Ibid.*, p. 717 *sq*. Le principe de l'anthropologie de Blumenberg, sur laquelle on reviendra, réside dans la tension entre l'opacité de l'individu à lui-même et sa perpétuelle exposition aux autres. C'est pour résorber cette tension que l'homme s'essaierait à la réflexion et tenterait de parvenir à une image précise de soi.

où l'exposition de soi est celle d'une vulnérabilité qui vaut comme un appel au réconfort[1].

Comment répondre à la demande qui sourd des signes de la tristesse ? En émettant d'autres signes. Dans sa singularité, la douleur est incommunicable : le consolateur ne dispose que des signes qui la manifestent chez autrui. Mais il doit lui-même répondre par des signes conventionnels qui assurent l'endeuillé de sa sympathie. Lorsqu'il s'agit de consoler de la mort d'un proche, l'expression de la compassion doit être facile à interpréter : dans ce domaine, l'équivoque des signes est redoutable. Pour éviter tout risque de malentendu, on a forgé des rites qui exacerbent jusqu'à la caricature l'expression publique de la perte. Les pleureuses de la Rome antique, par exemple, étaient placées en tête des cortèges funéraires. Leurs sanglots et leurs complaintes avaient pour but de célébrer les vertus du défunt. Ces femmes étaient rémunérées, ce qui ne manque pas de susciter un doute sur l'expression publique de la déploration et, par là, sur la culture du deuil. Que vaut l'authenticité de larmes versées par des actrices qui miment une douleur qui doit exprimer les hiérarchies sociales (les pleureuses étaient au service de l'aristocratie romaine) ? Comme toute consolation, la complainte des pleureuses s'énonce *à la place* de la souffrance des proches, d'une manière si conventionnelle et outrée qu'elle suscite le soupçon.

De ce que les rites de consolation ont pour but de sauver les apparences, il serait pourtant abusif de conclure à leur vacuité. Dans ce domaine, aucune réalité en soi, aucune essence de la douleur, ne se situe « sous » les apparences. La critique de ce genre de manifestations repose tout entière sur l'opposition entre une émotion jugée « naturelle » et sa

1. L'épisode, déjà cité, d'Augustin s'isolant dans le jardin de Milan pour laisser éclater ses pleurs n'est pas un contre-exemple. Augustin ne cesse pas d'être vu (par Dieu) et cette visibilité est requise pour que ses larmes deviennent consolantes.

manifestation « culturelle » suspecte d'artifice. Or, on l'a dit, la douleur humaine ne va pas sans signe social : il est donc vain d'en rechercher une expression authentique. Ce qui vaut pour le malheureux vaut aussi du consolateur qui en est réduit à émettre des signes de sa sympathie. Les paroles offertes à l'endeuillé (« Je connais cela », « J'ai vécu la même chose »...) sont certes conventionnelles. Mais elles ne sont surtout jamais prises au pied de la lettre, même par celui auquel elles s'adressent. Une des principales caractéristiques d'un rite de deuil est qu'il « enlève son sens à la question de la sincérité de l'autre[1] ». La limite qui sépare une émotion de son expression étant indiscernable, le doute sur la sincérité des condoléances est mis hors circuit. On ne se demande plus si l'autre dit vrai, on juge s'il émet les bons ou les mauvais signes.

Les rites liés au deuil permettent de désactiver les dualismes moraux (sincérité/dissimulation, authenticité/artifice) à l'aide desquels les individus interprètent habituellement le monde. Pour en saisir la signification, il faut donc substituer à l'opposition entre intériorité de la conscience et extériorité sociale une logique des signes où douleur et compassion sont indissociables de leurs manifestations. C'est ce que fait Marcel Mauss lorsqu'il étudie le sens des larmes et des cris proférés publiquement au cours des rites funéraires des Narrinyerri, une peuplade australienne. L'anthropologue cherche l'origine de l'obligation sociale d'exprimer ses sentiments : la nécessité de manifester sa peine provient-elle de la conscience ou de l'influence de la société sur les corps ? Pour répondre à cette question, il faut d'abord noter que les cris, les pleurs et les mutilations corporelles des Narrinyerri, loin d'être inarticulés, forment un langage. Après avoir remarqué que les hurlements qui expriment la perte du disparu sont rythmés jusqu'à ressembler à un chant, Mauss note que

1. *Ibid.*, p. 585.

> ces expressions collectives, simultanées, à valeur morale et à force obligatoire des sentiments de l'individu et du groupe sont plus que de simples manifestations, ce sont des signes, des expressions comprises, bref, un langage. Ces cris sont comme des phrases et des mots. Il faut les dire, mais s'il faut les dire, c'est parce que tout le monde les comprend[1].

Durkheim a soutenu que le deuil ne se réduit pas à l'expression d'une émotion privée, mais provient de la pression du groupe qui manifeste par là sa suprématie sur l'individu[2]. Mauss va plus loin en interprétant l'expression publique de la tristesse comme une interaction entre le social et l'individuel. Face à de tels phénomènes, il n'y a pas lieu de se demander qui de la société ou de l'individu impose sa norme. Mieux vaut dire que l'émotion ressentie est individuelle et que, *dans le même temps*, son expression est sociale puisqu'elle s'adresse au groupe tout entier. Il n'y a de signe qu'à l'intérieur d'une logique de la communication. L'erreur serait d'en conclure que l'expression de la douleur n'est que l'effet second (et intentionnel) d'une souffrance d'abord ressentie dans les profondeurs de l'âme. L'analogie construite par Mauss entre les cris et un « langage » permet de comprendre que, dans le rite funéraire, l'expression de la douleur est elle-même un élément du vécu, au point qu'il devient impossible de distinguer ce qui vaut pour l'individu seul et ce qui s'adresse au groupe. Ressentir et exprimer ce que l'on ressent sont des actes contemporains qui mani-

1. M. Mauss, « L'expression obligatoire des sentiments », in *Œuvres*, III, Paris, Éditions de Minuit, 1969, p. 275.

2. « Le deuil n'est pas un mouvement naturel de la sensibilité privée, froissée par une perte cruelle ; c'est un devoir imposé par le groupe » (*Les Formes élémentaires de la vie religieuse*, Paris, PUF, « Quadrige », p. 568). Je suis ici l'analyse de Bruno Karsenti dans *L'Homme total, Sociologie, anthropologie et philosophie chez Marcel Mauss*, Paris, PUF, 1997, rééd. « Quadrige », 2011, p. 175-189.

festent l'enchevêtrement inextricable entre le psychologique et le social.

Comme signes, les larmes publiques sont moins l'effet de la douleur que le langage sans lequel celle-ci demeurerait inaperçue, *même pour celui qui la ressent*. L'émotion provoque des pleurs qui, à leur tour, entretiennent l'émotion. L'analyse de Mauss permet de comprendre que spontanéité et convention ne sont nullement contradictoires : enracinée dans le corps, la douleur se manifeste en même temps à l'individu et au groupe. On ne console que des douleurs manifestes. Il y a dans cette manifestation autre chose que la traduction plus ou moins fidèle d'une intériorité blessée. L'émotion ne communique pas une représentation distincte d'elle, elle participe d'une « dynamique expressive » où le signe devient « inséparable de la signification »[1]. La consolation rituelle ne serait mensongère que si le jeu des signes qu'elle déploie pouvait être comparé à l'authenticité d'une souffrance intérieure et muette. Or, il n'y a pas de place ici pour l'ineffable puisque les larmes versées lors d'une cérémonie sont comparables à un texte qui vaut aussi bien pour l'individu que pour le groupe. Le premier ressent selon ce que la société lui dicte de manifester, le second accueille cette émotion à partir de ce que l'affligé lui montre.

Loin d'être seulement privée, une émotion humaine est tournée vers le dehors. À ce titre, elle est semblable à une demande de consolation. La ritualisation de l'acte de consoler s'ancre dans cette dimension expressive de la douleur. De fait, le suspens des questions sur l'authenticité du comportement des autres est déjà réconfortant. Dans la vie courante, l'interprétation des signes sociaux a quelque chose d'épuisant, elle suppose une énergie que l'endeuillé n'est justement pas en mesure de fournir. Les rites, les usages et les paroles conventionnelles qui entourent le deuil permettent à l'individu en quête de

1. B. Karsenti, *L'Homme total*, *op. cit.*, p. 187.

consolation de s'en remettre à un ordre symbolique qui n'a pas à faire la preuve de sa vérité. La consolation réside déjà dans le fait qu'une marque de sympathie sera accueillie sans le soupçon qui pèse généralement sur les institutions du sens.

Art du détour ou détournement ?

Le rite de deuil et la consolation partagent une même dimension palliative. Une page d'un récit de Jean Genet met parfaitement en scène cette proximité. Meurtri par la mort de son amant tué par les Allemands lors de la libération de Paris, Genet raconte comment, à sa grande surprise, la solennité de l'enterrement lui apporte un peu de réconfort. Les paroles du prêtre (« Il est mort au champ d'honneur. Il est mort en luttant contre l'envahisseur…[1] ») sont à mille lieues de coïncider avec une douleur où se mêlent amour et désirs interdits. Par ses codes et ses discours, la société semble être aux antipodes de l'écrivain vagabond, voleur et pédéraste. Pourtant, Genet éprouve une irrépressible « amitié » pour ce curé « qui permettait à Jean de [le] quitter avec les regrets du monde entier »[2]. La perte ne peut se dire comme telle parce qu'elle renvoie à un objet d'amour homosexuel dans un monde qui n'est pas prêt à le reconnaître. Elle reçoit néanmoins un titre officiel par le discours du prêtre qui repeint la chair de l'amant disparu en corps héroïque dont le sacrifice est admiré par tous. Ce rituel n'est qu'un substitut à la « cérémonie intime » qu'aurait désirée Genet, et qui est moins avouable encore que son amour (« j'eusse pu porter son corps, et pourquoi les pouvoirs publics ne l'accordent-ils pas ? le découper en morceaux et le manger »). Irréalisable, ce fantasme d'assimilation de la chair reçoit une compensation

1. J. Genet, *Pompes funèbres*, Paris, Gallimard, 1953, p. 27.
2. *Ibid.*

dans la reconnaissance publique : « Qu'il parte donc avec les honneurs officiels dont la gloire retomberait sur moi pour étouffer un peu mon désespoir[1]. »

Dans cette scène, la consolation vient d'un lieu où on ne l'attend pas : le deuil d'un amour sacrilège est rendu possible par la parole d'un prêtre. De la perte intime à son expression publique, il y a un déplacement. L'amant désiré dans le secret est décrit comme un héros de la Résistance, car c'est seulement à ce titre que sa mort peut être admise comme une perte par la société. Du corps privé de l'amant au corps public du héros, il y a un écart que l'endeuillé peut refuser d'entendre : c'est ce qui se produit à chaque fois qu'une parole de consolation est jugée insupportable par celui auquel elle s'adresse. Plus tard, Genet sera scandalisé par le portrait que l'on fait de Jean Décarnin. Il refusera la consolation sociale parce qu'elle se paie d'une trahison de ce que son amour (et, par là, sa perte) a de socialement irreprésentable : « Les chants de l'église, le *dies irae*, le ruban de moire rouge sang portant en lettres d'or cette inscription “À notre responsable, les jeunesses communistes”, les paroles en français du curé, tout m'était comme autant de couteaux me taillant le cœur[2]. » Le consolateur échoue quand sa parole est perçue comme un mensonge qui ajoute à la perte le sentiment d'une méconnaissance sociale. « Vous n'y comprenez rien, ce n'est pas de lui que vous parlez. N'ajoutez pas à l'absence la fausse présence » : tel serait le *leitmotiv* d'un refus de la consolation en raison de son inadéquation à la perte intime.

Dans l'épisode qui nous occupe, la consolation réconforte non pas en dépit de cette non-coïncidence, mais grâce à elle. Ce qui contribue à « étouffer » le désespoir de Genet est justement l'inadéquation entre la parole publique et le deuil personnel. Ce dernier ne serait effectif que par la dévoration

1. *Ibid.*
2. *Ibid.*, p. 76.

du corps de l'être aimé, ce qui s'apparente à une manière mélancolique de le garder pour lui. Le refus de la consolation serait un moyen de soustraire la perte à tout discours social pour la retenir dans la sphère intime. Peut-être parce qu'il sait que l'on n'arrête pas à si bon compte les discours conventionnels sur les disparus, Genet accepte pourtant d'échanger ce désir contre des paroles publiques. Si celles-ci ne parlent pas du même objet, elles lui donnent au moins un nom et lui promettent une « gloire » à laquelle l'endeuillé peut espérer participer. La consolation inattendue agit par un détour qui requalifie l'objet de la perte.

Il est vrai que cette nouvelle qualification s'opère au risque d'un mensonge. Si l'on veut approfondir le lien entre culture et consolation, il faut commencer par déplier les arguments qui confondent ces deux réalités dans une même critique. Le consolateur croit parler de l'objet de la perte alors que celui-ci lui échappe ; le consolé accepte, faute de mieux, d'échanger l'expression intime de sa douleur contre des paroles de réconfort. La consolation serait semblable à une technique du contournement : plutôt que d'affronter la perte et de tenir bon sur son désir d'y remédier, le sujet choisit de s'abandonner aux signes que la société lui prodigue en guise de divertissement. Dénonçant cette logique, Pascal prend l'exemple d'un homme qui a perdu son fils unique et qui, pour tromper sa douleur, est « tout occupé à voir par où passera ce sanglier que les chiens poursuivent avec tant d'ardeur depuis six heures[1] ». La chasse est plus importante que la prise : le divertissement consiste à interrompre continuellement la pensée de soi et de son propre néant. Pourquoi l'homme chasse-t-il sinon pour oublier qu'il est traqué par la mort ? Loin d'être un amusement vain, le divertissement requiert une concentration de tous les instants capable de mettre à distance la misère de l'homme

1. B. Pascal, *Pensées*, fragment 139 (éd. Brunschvicg), Paris, Flammarion, « GF », 1976, p. 90.

sans Dieu. En ce sens, l'individu se divertit pour autant qu'il refuse de s'envisager comme un être inconsolable[1].

« Peu de chose nous console parce que peu de chose nous afflige[2]. » Selon Pascal, l'homme est un être à ce point impressionnable que la consolation lui est aisée. La facilité avec laquelle il se console s'explique par ce qui motive la consolation : l'impossibilité pour un individu de demeurer en repos et de fixer sans angoisse sa propre vacuité. Comme c'est à la pensée du néant que nous voulons échapper, un presque-rien y suffit. De ce fait, les réconforts forgés par l'industrie des hommes sont aussi variés que les occasions d'ennui sont nombreuses. Pascal ne réduit pas le divertissement aux activités superficielles : la chasse et le jeu, mais aussi la guerre, la politique, la géométrie, l'art ou la philosophie se ramènent, quant à leur raison dernière, à un usage du monde destiné à camoufler la misère de la nature humaine.

Qu'est-ce qui nous autorise à regrouper l'ensemble de ces pratiques sous le terme de « culture » ? Si le rapprochement entre culture et divertissement est bien plus tardif, il demeure fidèle dans ses grandes lignes à l'axiomatique pascalienne. Selon cette dernière, il n'y a pas de hiérarchie à faire entre les activités extérieures de l'homme : toutes ont pour effet de l'éloigner de sa condition véritable. Les œuvres de l'esprit sont même plus suspectes que les jouissances du corps puisqu'elles prétendent recueillir quelque chose de la vérité qu'elles voilent. Davantage que la recherche des plaisirs charnels, la culture nous sépare de l'« ordre de la charité » qui est infiniment plus élevé que celui de l'esprit parce qu'il prend en charge lucidement notre misère. Le critère au nom

1. « Mais quand j'ai pensé de plus près, et qu'après avoir trouvé la cause de tous nos malheurs, j'ai voulu en découvrir la raison, j'ai trouvé qu'il y en a une bien effective, qui consiste dans le malheur naturel de notre condition faible et mortelle, et si misérable, que *rien ne peut nous consoler*, lorsque nous y pensons de près » (*ibid.*, fragment 139, p. 86-87, je souligne).

2. *Ibid.*, fragment 136, p. 86.

duquel on condamne les jouissances culturelles peut recevoir (comme chez Pascal) le titre religieux de charité ou (comme chez Platon) celui, métaphysique, de vérité. Dans les deux cas, la logique demeure la même qui condamne le divertissement au nom d'un « ascétisme culturel », un refus de toutes les formes de médiocrité qui séparent l'homme du recueillement ou de l'action[1].

Les critiques du divertissement usent d'un procédé unique pour réfuter la culture comme consolation : elles dessinent un espace où le centre est occupé par l'authentique et où les discours qui ne sont pas référés à ce centre sont autant d'expédients. Si, pour Pascal, la misère de l'homme déchu appelle le salut, la consolation n'est qu'une réponse à des tristesses futiles. L'art du détour par lequel nous avons défini la culture devient ici détournement : un perpétuel effort pour ne pas voir.

En analysant le thème de l'imposture culturelle, on découvre un nouveau lien avec la consolation. Ce que l'on appelle « imposture » a presque toujours l'aspect d'une promesse non tenue. On promet la « culture pour tous » afin de consoler les hommes d'une misère existentielle (Pascal) que certains n'hésiteront pas à requalifier en indigence sociale (Bourdieu dans ses *Méditations pascaliennes*). Ici et là, la consolation par la promesse de culture perpétue l'injustice. En captant l'attention des spectateurs, les œuvres de culture rendent supportable *ce qui devrait justement ne pas être supporté*. Dans

1. Voir D. Kambouchner, « La culture », dans *Notions de philosophie*, tome III, Paris, Gallimard, « Folio », 1995, p. 445-568. Pour illustrer cet ascétisme (anti)culturel, on peut encore citer Heidegger qui déclare contre Cassirer : « Il n'y a d'action véritable que là où il y a de la résistance, et la philosophie a pour tâche d'arracher l'homme à la paresse d'une vie qui se bornerait à utiliser les œuvres de l'esprit, de l'arracher à cette vie pour le rejeter en quelque sorte dans la dureté de son destin » (*Débat sur le kantisme et la philosophie*, trad. P. Aubenque, Paris, Beauchesne, 1972, p. 46). Nous reviendrons sur Heidegger dans la mesure où, plus encore que chez Pascal, sa critique de la culture a directement à voir avec son refus de la consolation.

de telles perspectives, la culture est une vaine consolation parce qu'elle paie les attentes humaines en fausse monnaie. L'esthète qui avait cru échapper à sa solitude en se vouant aux œuvres ou le prolétaire qui espérait sortir de sa classe en devenant un homme cultivé sera invariablement déçu.

À partir de là, on peut définir la culture par l'ensemble des paroles que la société tient sur elle-même, le terme « paroles » devant être entendu à la fois comme discours et comme promesses. Sa dimension (seulement) consolatrice vient de ce qu'il ne s'agit justement que de paroles et non de véritables créations ou d'actions. En étudiant la « tragédie de la culture », Simmel rend bien compte des déceptions auxquelles s'expose celui qui recherche des satisfactions dans les œuvres. Selon le sociologue, il existe un écart entre la vie subjective, qui est toujours inquiète et sans repos, et les productions objectives de l'esprit, qui sont stables et intemporelles. Cette tension se traduit par le fait que l'homme de culture cherche à coïncider avec lui-même, mais il le fait en parcourant des œuvres qui lui préexistent : la culture est « un mode d'accomplissement individuel qui ne peut s'effectuer que par l'accueil ou l'usage d'une création supra-individuelle située, en quelque sens que ce soit, à l'extérieur du sujet[1] ». L'amateur de culture recherche dans les œuvres une manière de se réconcilier avec le monde et avec lui-même. Bien qu'il ne soit ni savant ni artiste, il envisage les sciences et les arts comme un moyen de satisfaire les besoins de son âme en matière d'ordre et d'harmonie. La « tragédie » vient de ce que la culture est une expérience de la *rencontre*, non pas de la *création*. Le sens que l'âme cherche pour elle-même, elle est condamnée à le rencontrer sous une forme déjà existante (celle des œuvres) dont rien ne garantit qu'elle parviendra à satisfaire des besoins qui sont à chaque fois singuliers. Les musées regorgent d'œuvres qui peuvent à tout instant devenir

1. G. Simmel, *La Tragédie de la culture*, Paris, Rivages, p. 191.

muettes pour le spectateur. En raison de la distance temporelle, ses attentes spirituelles sont distinctes de celles que l'artiste a placées dans ses créations. De là le fait que le spectateur est tenté de préférer un véritable lever de soleil à toutes les représentations picturales et littéraires qui en ont été faites[1]. Ce goût pour l'authentique s'ancre dans le sentiment obscur de se situer au-delà des œuvres culturelles du passé, dans une singularité qui sera toujours déçue par les significations fixées en d'autres temps sur le papier ou sur la toile.

Ce genre de déception est structurellement identique à celui qui menace le désir de consolation. Comme l'homme de culture, l'endeuillé demande un sens qui le réconciliera avec sa propre expérience. Lui aussi est condamné à s'en remettre à la parole d'un autre (le consolateur) qui est absent de son expérience. On se souvient de Genet d'abord tenté de donner du crédit au discours du prêtre sur son amant disparu. Le moment vient presque toujours où l'endeuillé n'entend plus que l'écart entre ce qui est dit de sa perte et la manière dont il voudrait la voir reconnue. Encore Genet est-il écrivain, ce qui lui donne les moyens d'exprimer son désir (c'est le fantasme de la dévoration). Pour le malheureux « ordinaire », en revanche, il n'y a pas de mots disponibles, ce qui renforce son attente à l'égard des paroles du consolateur en même temps que le risque de déception. Comme l'homme de culture, l'endeuillé s'en remet d'abord à des formes, c'est-à-dire des discours, des gestes ou des œuvres susceptibles de l'apaiser. Mais « le secret de la forme, c'est qu'elle est limite[2] » : sa finitude entre en contradiction avec le besoin infini qu'elle est censée satisfaire. Telle parole, tel geste, telle œuvre d'art cessent de consoler ou de plaire dès qu'ils ne s'ajustent plus à une demande qui ne connaît pas de limites. Lorsqu'elles se

1. Le chapitre 5 reviendra sur ce terme de « représentation » qui porte en lui tout le poids de la logique (moderne) de la consolation.

2. G. Simmel, *La Tragédie de la culture*, *op. cit.*, p. 169.

répètent, ces expériences décevantes sont la cause de la haine de la culture et du désir de détruire les œuvres.

Au lieu du bonheur

Ce qui vient d'être exposé du point de vue d'une critique de la culture peut-il être repris positivement ? Y a-t-il un moyen d'envisager culture et consolation autrement que comme des réponses palliatives à un désir qu'elles laissent insatisfait ?

À n'insister que sur les déceptions qui attendent l'amateur de culture, on se donne trop facilement une image de ce que serait une satisfaction pleine et entière. Pour Pascal, par exemple, il va de soi que « tous les hommes recherchent d'être heureux » et que le bonheur constitue « le motif de toutes les actions de tous les hommes, jusqu'à ceux qui vont se pendre »[1]. En comparaison d'un bonheur complet, les plaisirs de l'esprit trahissent leur caractère éphémère, incitant l'homme à attendre vainement « des choses absentes les secours qu'il n'obtient pas des présentes[2] ». S'en remettre à l'absent *comme s'il était présent* caractérise aussi bien le destinataire d'une consolation que l'homme de culture qui abandonne à des livres ou à des techniques la tâche de lui apporter une satisfaction qu'il ne trouve pas en lui-même.

Plutôt que de s'installer dans cette absence en faisant droit à son caractère obscur, Pascal la nomme : c'est le « vrai Dieu » et sa promesse de salut qui manquent à l'homme pour combler son désir absolu de bonheur. Dans une perspective apologétique, ce Dieu est insubstituable, ce qui explique l'échec perpétuel de nos consolations mondaines. L'homme a tout essayé pour se consoler d'avoir perdu Dieu, jusqu'à se rendre compte qu'« il n'y a rien dans la nature qui n'ait été capable de lui

1. B. Pascal, *Pensées*, fragment 425, *op. cit.*, p. 165.
2. *Ibid.*

en tenir la place ». Pour combler l'absence, l'humanité s'est vouée aux « astres », au « ciel », à la « terre », aux « poireaux », aux « animaux », à l'« inceste », mais aussi à l'« autorité », aux « curiosités » et aux « sciences »[1]. Rien de cela, nature et culture confondues dans tout ce qui n'est pas Dieu, n'a été capable de remplacer la présence d'un véritable sauveur.

On le voit : les discours de la déchéance supposent connu l'état depuis lequel l'homme a chuté. Mais d'où prétendent-ils connaître cet état ? La réponse de Pascal est sans équivoque : du malheur des hommes, ou plutôt du malheur en tant qu'il est un phénomène spécifiquement humain. La grandeur passée est accessible dans la misère actuelle :

> Ce qui est nature aux animaux, nous l'appelons misère en l'homme ; par où nous *reconnaissons* que sa nature étant aujourd'hui pareille à celle des animaux, il est déchu d'une meilleure nature, qui lui était propre autrefois[2].

L'homme ne vivrait pas sa condition corporelle comme une entrave s'il n'avait en quelque manière la mémoire d'une autre condition. Semblable à un « roi dépossédé », il se sait absent d'un royaume dont le péché originel l'a privé et dont il se souvient à chaque fois qu'il se plaint que quelque chose lui manque. La privation d'une chose est bien le signe que quelque chose a été perdu : « On n'est peut-être jamais avisé de s'affliger de n'avoir pas trois yeux ; mais on est inconsolable de n'en point avoir[3]. » La misère n'est qu'humaine (les animaux connaissent la douleur, pas le malheur), il n'en faut pas plus à Pascal pour conclure qu'elle est la preuve d'une grandeur autrefois possédée.

Dans cette logique, le besoin de consolation témoigne d'un savoir sur ce qui nous manque vraiment. C'est à partir de ce

1. *Ibid.*, p. 166.
2. *Ibid.*, fragment 409, p. 159 (je souligne).
3. *Ibid.*, p. 160.

savoir que les discours de la déchéance ramènent à presque rien les tentatives pour suppléer à la perte. Puisque c'est de Dieu que nous manquons, aucune chose ne peut se substituer à l'absence. Depuis le savoir de ce qui nous manque, Pascal énonce que ce n'est pas la consolation qu'il faut à l'homme, mais la conversion.

Cette logique du tout ou rien est à l'œuvre chez quiconque refuse d'être consolé : « Lui (le vrai Dieu, l'objet de la perte), et nulle autre chose. » Car tout ce qui est autre que Lui n'est rien. Aux antipodes de cette certitude, l'être qui avoue son besoin de consolation avoue en même temps son incapacité à définir l'absence[1]. Sans quoi il n'aurait aucune raison de s'en remettre à la parole d'un autre *qui n'est justement pas l'objet de sa perte*. Rousseau reprend en partie le modèle pascalien lorsqu'il stigmatise l'homme social séparé d'une nature qui garantissait son bonheur. Mais il ne sait pas, il doute et parfois il exclut franchement que l'humanité puisse retrouver son innocence native. Rousseau s'en remet à l'idée d'une « seconde nature » plutôt qu'au projet aventureux de retrouver la première. C'est pourquoi il peut se dire « consolé » par la lecture et les beaux-arts. Ceux-ci ne lui rendront jamais le bonheur perdu : l'existence des livres est plutôt le symptôme de cette perte. Les arts et les lettres, la culture en général en tant qu'elle repose sur l'écriture, ne sont que le supplément d'une nature dont l'homme s'est définitivement détaché. Contrairement à ce qui se passe chez Pascal, il n'y a ici aucune mystique, aucune expérience de la Présence qui nous manque. Le monde social dans lequel l'individu se situe désormais regorge de significations culturelles dont il n'est plus possible de faire abstraction, même pour retrouver un bonheur *comparable* à celui que l'homme a perdu. La logique

1. C'est toute la différence entre l'inconsolé et l'inconsolable : le premier sait qu'il a perdu sans prétendre savoir avec certitude ce qu'il a perdu (sur cette dualité, voir aussi l'Introduction et les intermèdes).

du supplément s'applique dans son ambivalence. Si Rousseau se consacre aux belles lettres, c'est à regret, et sans que jamais ne le quitte la tentation de « refermer tous les livres ». Mais il sait aussi qu'il est devenu impossible à l'homme civilisé de se soustraire complètement à la culture de son temps, fût-ce pour la mettre en procès. La consolation ne ramène pas l'objet de la perte. Elle permet de l'approcher indirectement tout en sachant qu'il ne nous sera plus jamais donné.

Il est désormais possible d'aborder positivement le lien entre consolation et culture. L'erreur de ceux qui condamnent d'un même geste ces deux pratiques consiste à se placer d'emblée à leur terme, qui, dans un grand nombre de cas, est synonyme de déception. Le sujet qui constate l'irréversibilité de sa perte ou l'érudit qui a lu tous les livres laisse éclater son désespoir en réclamant un « vrai bonheur » plutôt qu'une parole de substitut. En se plaçant à la fin du processus, ce genre de description fait l'impasse sur l'essentiel. Si la culture déçoit, c'est seulement en regard d'un « bonheur » dont on prétend savoir avec certitude ce qu'il est. Or, pour comprendre le phénomène de la culture, il faut plutôt le saisir à partir du besoin de consolation qui caractérise un être qui, selon l'expression de Blumenberg, est « abandonné par l'évidence ». Le détour par les signes ou par les œuvres s'avère inévitable dès lors que l'homme ne peut, faute de certitudes, partir directement à la recherche du bonheur. La culture promet l'effort plutôt que l'évidence, le détour plutôt que la ligne droite. Il devient alors crédible de lier l'invention de la culture à une certaine déficience de l'homme. C'est « à la place » de l'évidence du bonheur que les hommes ajoutent dans le monde des significations qu'ils ne trouvent pas données en lui.

Kant développe la logique de cette substitution lorsqu'il se demande quelle est la « fin dernière » de la nature[1]. Question

1. E. Kant, *Critique de la faculté de juger*, § 83, trad. A. Renaut, Paris, Flammarion, « GF », 1995, p. 427-431.

ancestrale sur ce qui permet de considérer l'homme comme le « Seigneur de la nature » qui possède le droit de subordonner l'ensemble des autres créatures à sa volonté. À cette question, la tradition (depuis Platon et Augustin jusqu'à Pascal et Rousseau) répond de manière unanime : ce qui singularise l'homme dans la nature, et justifie son excellence, est la recherche du *bonheur*. Étrange réponse, à vrai dire, puisqu'elle consiste à identifier le but de la nature en général avec le but que les hommes en particulier se fixent dans leur vie. Mais réponse absolument nécessaire du point de vue de la métaphysique classique puisque c'est seulement si l'ordre du monde est susceptible de satisfaire le désir humain le plus haut qu'il devient possible d'ériger la recherche de la vérité (c'est-à-dire la connaissance de cet ordre) en but ultime de l'existence.

Trois propositions sont ici fermement liées : 1/ la valeur de l'humanité se trouve dans sa destination au bonheur, 2/ cette destination lui est garantie par une nature ou un Dieu bienfaiteurs, 3/ la connaissance de cette nature ou la croyance en ce Dieu désignent l'unique condition du bonheur. Qu'il soit philosophique ou religieux, cet enchaînement est métaphysique. La vérité apporte le bonheur si et seulement si les désirs les plus hauts de l'homme sont homogènes à l'être (naturel ou transcendant). Qu'en est-il alors des malheureux dont l'expérience semble manifester une hétérogénéité entre l'être et la vie humaine ? Dans ce schéma, le malheur s'explique uniquement par le fait que la plupart des individus se détournent irrationnellement de la Providence. Ce détour est justement le fait de la culture et du divertissement qui, ignorant que ce qui nous rend heureux est toujours déjà *donné*, s'épuisent dans l'invention de suppléments qui nous éloignent de la vérité autant que du bonheur.

Le texte que Kant consacre à la culture opère une déconstruction de cette évidence métaphysique. En séparant le bonheur et le souverain bien, Kant met en scène une série de pertes dont on n'a sans doute pas mesuré l'importance pour la philosophie. Il y a d'abord la perte de la croyance selon laquelle l'homme serait le « favori particulier » d'une nature qui l'aurait « comblé de plus de bienfaits que tous les animaux »[1]. Ici, Kant a beau jeu de citer les catastrophes naturelles auxquelles sa vulnérabilité physiologique expose l'homme plus encore que le reste de la création. Les métaphysiciens qui faisaient du bonheur le bien suprême connaissaient, eux aussi, la faiblesse congénitale de l'homme. C'est pourquoi ils s'en remettaient en général à une autre nature (spirituelle ou divine, mais jamais corporelle) dont il serait loisible à l'homme de jouir même au milieu des tempêtes. Or, Kant consacre aussi la perte de cette autre nature en ajoutant aux causes du malheur les « tourments que l'homme s'invente lui-même » (ambitions, guerres, superstitions) et qui doivent beaucoup à son désir de dépasser ses limites corporelles. L'issue à la « détresse » (*Not*) ne se trouve donc ni dans la nature corporelle, ni dans le secours de l'âme.

Surtout, l'erreur est de croire que le bonheur *sous toutes ses formes* est ce qui donne un sens à la vie. Sur ce point, le jugement de Kant est sans appel :

> La valeur que possède *pour nous* la vie quand elle est estimée uniquement d'après *ce dont on jouit* (d'après la fin naturelle constituée par la somme de tous les penchants, c'est-à-dire le bonheur) est facile à déterminer. Elle tombe au-dessous de zéro ; car qui voudrait vraiment recommencer sa vie sous les mêmes conditions ou même selon un plan nouveau élaboré par lui (conforme cependant au cours de la nature) mais qui ne serait disposé que pour la jouissance[2] ?

Kant

La réponse négative à la question « Voudriez-vous revivre ? » n'est pas nouvelle : on la trouve déjà chez les stoïciens, et elle traverse l'histoire de la philosophie au moins jusqu'à ce que Nietzsche tente d'y mettre un terme avec sa doctrine de

1. *Ibid.*, p. 428.
2. *Ibid.*, p. 431-432.

l'éternel retour[1]. Ce qui est nouveau dans la manière dont Kant aborde le malheur de vivre, c'est l'absence de critère universel pour définir le bonheur. Chaque homme se fait une représentation privée de ce qui le rendra heureux. Cette représentation est particulière pour le libertin, mais aussi pour le sage qui assimile bonheur et connaissance ou pour le fidèle qui place le salut dans la foi. En plus d'être singulière, cette représentation évolue dans le cours de la vie : ceux qui, par exemple, convertissent leur libertinage en amour de la philosophie ou en foi religieuse témoignent de l'impossibilité de parvenir à un concept objectif du bonheur. Comment la nature, qui est le règne de la régularité, pourrait-elle s'adapter de manière infaillible à des désirs aussi changeants ? Il est donc illusoire de penser que l'espèce humaine est prédisposée à un état que chacun de ses membres jauge à l'aune de sa fantaisie. Le point essentiel est que l'absence de bonheur est désignée plutôt que définie par Kant. Le refus de revivre montre une seule chose : du bonheur nous ne savons rien, sinon qu'il nous manque. Au point que nous ne serions pas prêts à rejouer le jeu, même dans des conditions naturelles qui en faciliteraient au plus haut point l'accès.

Qu'est-ce qui consolera l'homme d'une absence qu'il ne peut définir autrement qu'en la constatant ? À la fausse évidence du bonheur comme fin dernière, Kant substitue justement la culture entendue comme « l'aptitude à se proposer des fins en général et […] à utiliser la nature comme moyen d'une manière qui soit conforme aux maximes de ses fins libres[2] ». Une façon de lire cette déchéance téléologique du bonheur consiste à rappeler que Kant est un penseur luthérien qui, à

1. Voir le célèbre paragraphe 341 du *Gai Savoir* qui se conclut par ces mots : « combien te faudrait-il aimer et toi-même et la vie pour ne plus aspirer à rien d'autre qu'à donner cette approbation [à l'éternel retour du même] et apposer ce sceau ultime et éternel » (trad. P. Wotling, Paris, Flammarion, « GF », 1997, p. 280).

2. E. Kant, *Critique de la faculté de juger*, *op. cit.*, p. 429.

l'instar de l'esprit protestant qui irrigue le capitalisme, valorise l'effort et le travail plutôt que la contemplation et la jouissance. Suivant cette interprétation, il ne s'agirait plus de se demander ce que la nature fait pour l'homme, mais d'insister sur ce que l'homme fait de la nature afin d'améliorer son sort et de donner à sa vie un sens qui a cessé d'être immédiatement disponible. En suivant cette voie, on rappellera que Kant s'inscrit dans la logique du désenchantement de la nature : cette dernière cesse de désigner la promesse de bonheur qu'elle symbolisait encore pour Rousseau. C'est à la liberté qu'il revient désormais de porter le poids de l'aventure humaine. Cette liberté consiste à se fixer des buts que la civilisation et les techniques permettront d'atteindre. L'apologie de la culture est aussi une promotion de l'habileté des hommes face à une nature adverse : calcul, créativité et recherche de l'utile prendront la place d'un bonheur qu'il faut conquérir puisqu'il n'est plus donné nulle part dans le monde.

Cette lecture pèche par excès d'optimisme. Non moins que Rousseau, Kant est conscient des malheurs supplémentaires que la civilisation apporte aux hommes, en particulier par l'instauration de nouvelles inégalités[1]. Selon lui, la culture est aussi désenchantée que la nature : l'homme imprime sa liberté au monde pour le meilleur comme pour le pire. La culture ne prend donc pas la place que la nature occupait dans la métaphysique classique, à savoir celle de garante du bonheur universel. Bien au contraire, la culture valorisée par Kant doit s'entendre comme une discipline qui force progressivement les individus à s'émanciper de leurs désirs de satisfactions immédiates. La promesse d'un « perfectionnement qui nous rend capables de fins supérieures à celles

1. « Nul ne peut contester le surcroît de maux que le raffinement du goût, tel qu'il conduit jusqu'à son idéalisation, et même le luxe dans les sciences, tel qu'il nourrit la vanité, répandent sur nous par l'intermédiaire d'une foule insatisfaite de penchants ainsi produits » (*ibid.*, p. 431).

que la nature elle-même peut fournir[1] » est tout à la fois modeste et ambitieuse. Modeste car Kant n'ignore pas que la civilisation entraîne des déceptions amères pour tous ceux qui jugent de la valeur de la vie au trébuchet du bonheur. Ambitieuse car la culture ne peut être dite « fin dernière de la nature » que pour autant qu'elle possède une destination qui n'est plus naturelle, mais morale. Au travers des peines qu'elle inflige à leurs penchants, la civilisation prépare les hommes à l'autonomie. Par là, elle ouvre un horizon de liberté irréductible au bonheur auquel les philosophes ont trop rapidement réduit la volonté humaine.

C'est parce qu'elle ne garantit pas le bonheur que la culture peut être comprise comme une consolation. Nous avons eu de multiples occasions de voir que la consolation consiste dans un travail d'ajournement : ce qui a été perdu ne pouvant être restitué, il faut trouver une parade capable de détourner le regard de l'endeuillé de l'absence dont il souffre. La culture telle que l'entend Kant est l'ajournement d'un bonheur universel dont les hommes ne parviennent pas, et ne parviendront jamais, à se faire une image précise. L'apprentissage des signes, la fréquentation des beaux-arts ou l'usage réfléchi des techniques forment un piètre réconfort si on les compare au désir d'être parfaitement heureux. L'erreur commise par les apologies naïves de la civilisation est de croire que la culture nous apportera ce que la nature nous refuse. La position de Kant est beaucoup plus prudente. Il ne valorise pas la voie longue de la culture contre la voie courte de la jouissance, il stipule que la voie courte n'est pas une option. C'est faute de pouvoir s'engager directement dans le réel, à la recherche d'un bonheur naturellement taillé à leur mesure, que les hommes multiplient les détours. La culture ne remplace pas, mais elle ajourne une satisfaction impossible dans le temps humain. Elle console de la perte

1. *Ibid.*

de ce que nous n'avons jamais possédé : une représentation universellement partageable du bonheur.

Le fait que nous n'ayons jamais disposé d'une telle représentation explique pourquoi la perte évoquée par Kant est d'une tout autre nature que celle dont parlent les contempteurs de la culture comme divertissement. On le vérifiera en rappelant que Pascal met dans la bouche du Christ l'une des rares occurrences positives de la consolation que comporte son œuvre : « Console-toi, tu ne me chercherais pas si tu ne m'avais déjà trouvé[1]. » Cette parole est-elle vraiment une parole de consolation ? C'est douteux puisqu'elle invite les hommes à se réapproprier une vérité dont ils ne manquent que parce qu'ils s'en sont détournés. Si l'on ne cherche que ce que l'on possède sans le savoir, l'absence n'est qu'apparente. Pascal met au service du christianisme l'enseignement de Socrate sur la réminiscence : la vérité ou le bonheur dont je crois manquer, je les ai seulement oubliés. À propos du bonheur, mais cela vaut aussi du « mot séduisant » de vérité[2], Kant dit exactement l'inverse : nous ne le trouverons jamais sous la forme sous laquelle nous le cherchons tous, c'est-à-dire comme une satisfaction qui mettra un terme à la quête. L'absence n'est la trace d'aucune Présence, ni d'aucun savoir latent dont la métaphysique ou la foi seraient l'expression clarifiée.

La culture console parce que, comme toute consolation, elle est *sans fin*. La nature ne fera pas le bonheur des hommes, il leur reste donc à se demander ce qu'ils feront de la nature. Mais la formation de soi par la transformation des choses ne reçoit pas de terme assigné : l'homme n'inventerait rien s'il disposait d'un savoir précis sur ce qu'il cherche. La « tragédie » de la culture dont parlait Simmel s'explique par le fait qu'elle déjoue les attentes qui sont à son origine. On recherche le bonheur ou la vérité, et l'on ne rencontre que des œuvres.

1. B. Pascal, *Pensées*, fragment 553, *op. cit.*, p. 200.
2. E. Kant, *Critique de la raison pure*, A 235/B 294.

On rêve, comme Genet, de dévorer l'objet d'amour perdu, et l'on ne croise que la parole un peu dérisoire d'un prêtre. Il reste que cet ajournement indéfini des attentes porte les hommes ailleurs que là où leurs désirs d'absolu semblaient devoir les mener. Tant que l'on n'a pas démontré que l'absolu est à portée de la main, que nous l'avons déjà « trouvé » sans quoi nous ne le « chercherions » pas, il n'y a aucune raison de désigner cet ailleurs comme un renoncement.

Deuxième partie

La consolation des Modernes

Il n'y a pas de consolation sans désolation. Le désir d'être consolé émane d'un être qui perçoit l'absence comme irréparable : c'est le monde comme tel qui lui semble vidé de toute signification. D'où vient qu'une douleur soit interprétée comme une perte ? Ce que nous avons perdu, sommes-nous d'ailleurs si sûrs de l'avoir réellement possédé ?

Ces questions font signe vers une analyse du besoin de consolation. La grammaire de la consolation développée dans la première partie de ce livre se concentrait surtout sur l'acte de consoler : ce dernier obéit aux règles d'une pratique fondée sur un usage déterminé du langage. Mais un individu ne devient consolateur qu'à partir du moment où l'expression de la douleur se double de l'aveu d'une perte. La souffrance seule réclame moins le réconfort que sa pure et simple interruption. En revanche, quand la douleur est vécue comme une privation, elle indique l'espoir d'une réparation. Le besoin de consolation est un jugement émis par celui qui souffre sur ce qu'il est légitime de vivre et sur ce qu'il est injuste de devoir endurer. En même temps qu'une fragilité, il exprime une position morale sur ce dont une existence ne doit pas manquer afin de demeurer humaine. Être « désolé » désigne cet état réflexif où la perte, loin de se borner à une simple absence, est tenue pour une dépossession radicale.

Rien ne serait plus égarant que de réduire le besoin de consolation à la vulnérabilité naturelle de l'être humain. En faisant état d'une perte, ce besoin exprime autre chose que le désir de voir sa douleur cesser. Une fois encore, c'est au temps que nous sommes ramenés. Le sentiment d'avoir perdu quelque chose à quoi il tenait comme à une part constitutive de lui-même contraint le sujet à séparer un avant et un après. Il évalue la désolation du présent à l'aune de son expérience du passé. Le besoin de consolation s'apparente à une manière de conjuguer : le présent est assimilé à ce qui manque d'être par rapport à un passé auquel l'affligé associe une certaine plénitude. Tout l'art du consolateur consiste à s'emparer de cette représentation du passé, non pas nécessairement pour en minorer l'attrait (cela pourrait être perçu comme une profanation par le malheureux), mais afin de la rendre compatible avec la poursuite du temps de la vie. Il lui faut convaincre l'autre que la perte est le terme d'une aventure et non la preuve de son caractère insensé.

Ces remarques semblent nous acheminer vers une explication psychologique du besoin de consolation. Il est vrai que la prise en compte du sentiment de la perte confère à la douleur une dimension mélancolique qui est le propre du psychisme humain. C'est pourtant une autre voie qui sera suivie dans cette seconde partie où la mélancolie ne sera abordée qu'en fin de parcours. Si la désolation et la perte renvoient au temps, rien ne dit que ce temps soit exclusivement celui de l'âme et ne comporte aucune dimension historique. Parler de la « consolation des Modernes » suppose que la modernité entretient avec la perte une relation essentielle, en sorte qu'elle devient elle-même la scène d'un immense besoin de consolation. On a coutume de présenter les Temps modernes comme ceux d'une conquête où les attributs naturels de l'homme (raison, liberté, droits subjectifs, etc.) deviennent l'objet d'une affirmation historique. Mais, à partir du XVIIe siècle, ces attributs sont revendiqués sur la base de la remise en cause d'un certain nombre d'évidences. Parmi ces évidences, on retrouvera les trois ordres de la consolation dégagés jusqu'ici : la nature comme *cosmos*, la communauté comme ordre totalisant et le langage comme puissance de révélation.

Avant qu'il ne devienne un projet positif, le « désenchantement du monde » a été une épreuve qui a profondément altéré le pouvoir consolateur de la raison. C'est pourquoi, à l'inverse de leurs prédécesseurs, les philosophes modernes ne s'arrogent plus le droit de consoler. Soucieux de concurrencer la science sur le terrain de la rigueur et de l'objectivité, le savoir philosophique cesse de fonctionner comme un baume. Dès après Boèce, la religion est devenue la principale dispensatrice de consolations. Aujourd'hui, la foi doit partager cet office avec l'ensemble des thérapies psychologiques disponibles, sans que cela remette en cause le constat selon lequel la connaissance philosophique ne console pas. Il faut comprendre pourquoi les paroles consolatrices énoncées par la raison se sont « perdues » (chapitre 4). Il y va du lien entre le savoir et le bonheur et, comme l'a montré Foucault, du rôle de la vérité dans les formes de subjectivation. Les Modernes ne croient plus qu'il existe entre l'accès au vrai et l'accès à soi une corrélation naturelle. Dès lors, la vérité perd le pouvoir éthique de mettre les hommes à l'abri des vicissitudes de la fortune. La volonté moderne de savoir se double même le plus souvent d'un rejet des consolations perçues comme des pratiques qui prennent trop de libertés avec le vrai. Le besoin de consolation semble indissociable de l'enfance, c'est-à-dire d'un état dont une philosophie sûre de sa méthode doit aider les hommes à sortir, quel que soit le prix psychique de cette sortie.

Il reste que l'abandon par le savoir moderne du projet de consoler est un événement philosophique à part entière.

La perte des ordres classiques de la consolation (nature, communauté, langage) suscite un doute que les philosophes modernes ne se contentent pas d'entériner, mais qu'ils instaurent en nouveau commencement. Comme il est précédé d'une perte consciente d'elle-même, le commencement moderne peut être interprété comme une consolation paradoxale : il faut désormais consoler les hommes de ne plus disposer des modèles anciens de la consolation. Cette tâche n'est pas celle du savoir philosophique comme tel, puisqu'il est admis que le vrai n'est pas toujours le meilleur chemin vers l'apaisement. Mais elle regarde la philosophie en tant que cette dernière prend en charge le fait que l'existence humaine est sans raison suffisante. Le besoin de consolation constitue une bonne voie d'entrée dans l'ontologie du présent : la modernité est l'épreuve, ininterrompue à ce jour, d'une perte des évidences sans lesquelles il semblait autrefois impossible de vivre. Pour répliquer à cette impossibilité apparente, la philosophie moderne a forgé des significations nouvelles qui peuvent être interprétées comme des catégories de la consolation dont il est plus que jamais nécessaire d'évaluer la pertinence (chapitre 5).

La consolation des Modernes n'est pas l'affaire des philosophes comme représentants d'une discipline capable de prodiguer un savoir. Elle est l'affaire de ceux qui, conscients d'émaner d'une perte à la fois historique et existentielle, tentent d'y répliquer autrement que sur un mode mélancolique. La disparition des ordres traditionnels de la consolation s'est accompagnée du désir passionné, et parfois fanatique, de les rétablir dans les conditions de la modernité. Les évidences liées à une nature ordonnée, à un « être-ensemble » sans faille ou à un langage transparent font l'objet d'une nostalgie qui menace à intervalles réguliers de se transformer en projet politique. Ce n'est plus alors la consolation que l'on exige, mais la *réconcilia-*

tion en dépit de la perte dont les Temps modernes sont la scène (chapitre 6). Si la consolation est un concept crucial, c'est parce qu'elle permet de porter un regard critique sur ces tentatives (modernes) de revenir en deçà des pertes (modernes) qui nous constituent. Le plus sûr chemin vers la désolation est celui qui ignore la désolation dont nous sommes issus.

Chapitre 4

La parole perdue

Vita nova, comme geste radical (discontinuer – nécessité de discontinuer ce qui marchait avant sur sa lancée).

Roland Barthes, *Journal de deuil*

Quiconque lit aujourd'hui un texte appartenant au genre philosophique de la consolation ne peut se départir d'un sentiment d'étrangeté. Les appels à la raison que l'on trouve dans les écrits de Sénèque, Cicéron ou Boèce semblent étrangers à une douleur qui réclame autre chose que des arguments pour être combattue. On peut encore lire ces textes pour étudier leur logique et mettre en lumière leurs procédés. C'est ce que nous avons tenté de faire dans la première partie de ce livre. Mais un doute subsiste sur la capacité de ces discours à atteindre leur but qui est de triompher d'une tristesse par un savoir. Plus encore que leur dimension moralisante, c'est le lien entre la connaissance et les affects qui apparaît suspect au lecteur contemporain : il est devenu difficile d'admettre que le savoir théorique constitue le remède suprême au malheur. Quelque chose dans le chagrin moderne résiste aux paroles intellectualistes transmises par la tradition.

Quelle est la nature de ce savoir que les Anciens possédaient et qui nous manque ? Est-il sensé de vouloir en dater la perte ? Le malaise dans la consolation a-t-il, à l'instar des tristesses humaines, une histoire ? Comme genre littéraire, la consolation disparaît presque complètement à la fin du XVIIe siècle, mais c'est là un indice extérieur. Mieux vaut aborder le devenir moderne de la consolation classique en s'appuyant sur une description de son échec. Cette occasion nous est donnée par une scène du *Voyage au bout de la nuit*. De retour de l'institut médical où il est allé chercher, en vain, un remède capable de guérir le jeune Bébert de sa maladie, Bardamu s'attarde sur les quais de Seine. Le médecin rechigne à regagner Rancy, désolé de ne pouvoir apporter le moindre réconfort à un enfant de sept ans qu'il sait, désormais, condamné : « Je ne pouvais me résoudre à franchir la Seine. Tout le monde n'est pas César ! De l'autre côté, sur l'autre rive, commençaient mes ennuis[1]. » De l'autre côté de la Seine, il n'y a que la tristesse de celui qui ne ramène de son périple aucune parole consolatrice pour l'enfant malade : « Je n'avais absolument rien à lui offrir[2]. »

Afin de retarder l'échéance, Bardamu s'installe dans un café avec le volume de Montaigne qu'il vient d'acheter pour un franc chez un bouquiniste. Ouvrant le livre au hasard, il tombe sur une lettre de consolation que Montaigne adresse à sa femme à la suite de la mort de leur fille. Voici la version qu'en donne Céline :

> Ça m'intéressait immédiatement ce passage, probablement à cause des rapports que je faisais tout de suite avec Bébert. *Ah !* qu'il lui disait le Montaigne, à peu près comme ça à son épouse. *T'en fais pas va, ma chère femme ! Il faut bien te consoler !... Ça s'arrangera !... Tout s'arrange dans la vie... Et puis d'ailleurs,* qu'il lui disait encore, *j'ai justement retrouvé hier dans des vieux papiers d'un ami à moi une certaine lettre que Plutarque envoyait lui aussi à sa femme dans des circonstances tout à fait pareilles aux nôtres... Et je l'ai trouvée si joliment bien tapée sa lettre ma chère femme, que je te l'envoie sa lettre !... C'est une belle lettre ! D'ailleurs je ne veux pas t'en priver plus longtemps, tu m'en diras des nouvelles pour ce qui est de guérir ton chagrin !...* [...] *Prenez-en connaissance, ma chère femme !*

1. L.-F. Céline, *Voyage au bout de la nuit*, Paris, Gallimard, « Folio », 1952, p. 287. Je remercie Julien Tricard de m'avoir rendu attentif à cette scène.
2. *Ibid.*, p. 289.

Lisez-la bien ! Montrez-la aux amis. Et relisez-la encore ! Je suis bien tranquille à présent ! Je suis certain qu'elle va vous remettre d'aplomb !... Vostre bon mari, Michel[1].

Le hasard qui a mené Bardamu à Montaigne ne fait rien aux choses. Au contraire, la façon dont l'auteur des *Essais* laisse sa femme se débrouiller avec Plutarque confirme la solitude du personnage, inconsolable de ne pouvoir réconforter l'enfant : « Il me semblait qu'il n'y avait rien pour lui sur la terre, même dans Montaigne[2]. » Si la médecine ne peut guérir, la littérature s'avère incapable de consoler. Pire, elle semble se réduire à une rhétorique pressée d'en finir avec le malheur des autres.

L'intention parodique de Céline apparaît évidente, au moins jusqu'à ce que l'on compare cet extrait du *Voyage* au texte original. Ce dernier est une dédicace en tête d'une édition de Plutarque envoyée par Montaigne à sa femme après la mort de leur fille :

> Mais je laisse à Plutarque la charge de vous consoler, & de vous advertir de vostre devoir en cela, vous priant le croire pour l'amour de moy : Car il vous descouvrira mes intentions, & ce qui se peut alléguer en cela beaucoup mieux que je ne ferois moymesmes. Sur ce, ma femme, je me recommande bien fort à vostre bonne grâce, & prie Dieu qu'il vous maintienne en sa garde. Vostre bon mary Michel de Montaigne[3].

À part le style et la référence à l'amour, la traduction de Céline est somme toute assez fidèle à l'écrit de Montaigne. Ici et là, on est frappé par l'absence de référence à ce que dit effectivement Plutarque. Le contenu de la parole de l'écrivain grec est absent, en sorte que l'on postule, sans le démontrer,

1. *Ibid.*, p. 287.
2. *Ibid.*
3. M. de Montaigne, *Œuvres complètes*, Paris, Gallimard, « Bibliothèque de la Pléiade », 1962, p. 1371.

son caractère consolateur. Bardamu se reporte à Montaigne qui se reporte à Plutarque : cette suite de renvois ne mène qu'à l'évocation formelle d'une parole susceptible de répliquer à la perte. Certes, à la différence du médecin, l'épouse de Montaigne dispose du volume de Plutarque auquel il lui est loisible de se reporter. Mais son mari n'a pas jugé possible d'assumer pour lui-même cette parole consolante, ni même d'indiquer un passage précis dans le livre. Pour lui, comme pour Bardamu bien plus tard, le savoir prodigué par l'écrivain grec est enfoui dans l'épaisseur des siècles. Le silence qui accompagne la référence à son contenu indique qu'un tel savoir est devenu inaccessible à un lecteur moderne.

Cette comparaison avec la dédicace de Montaigne remet en cause l'interprétation du passage de Céline comme d'une simple parodie. Nul ne songerait à taxer Montaigne d'ironie à l'égard de la douleur de sa femme, tout au plus sa discrétion s'explique-t-elle par son scepticisme. En renvoyant son épouse à une consolation antique, il espère sincèrement que la continuité du temps et des expériences (de Plutarque à elle) lui fournira un motif de réconfort. Réciproquement, Bardamu constate que cette continuité est brisée, mais le fait que Céline intègre la parole de Montaigne à son texte suggère qu'une fraternité dans l'impuissance demeure possible par-delà les siècles. Cette solidarité entre les inconsolés apparaît lorsqu'il évoque la manière dont la douleur était expérimentée au XVIe siècle : « Peut-être qu'ils avaient vraiment du chagrin ? Du chagrin de l'époque[1] ? »

La formule « chagrin de l'époque » implique une historicité de la tristesse. Tout se passe comme si ce qu'il y a en apparence de plus immédiat (la douleur) était en réalité solidaire d'une culture et de ses transformations. Notre hypothèse est que le chagrin d'une époque n'est accessible que dans les tentatives de cette même époque pour en consoler les hommes.

1. L.-F. Céline, *Voyage au bout de la nuit*, *op. cit.*, p. 287.

La *consolatio* des Anciens exprime leur manière de percevoir le malheur, en sorte que son affaiblissement historique nous renseigne aussi sur les figures modernes de la désolation. Dans la scène du *Voyage*, la parole qui devait fonctionner comme un baume est définitivement perdue. Il ne reste d'elle que la trace d'une référence vide qui manifeste un scepticisme total à l'égard des ordres traditionnels de la consolation. Le doute moderne s'est transformé en désespoir : ce dont il faut désormais consoler Bardamu, c'est de la disparition de la consolation elle-même.

Devenue totalement inopérante à l'époque contemporaine, la référence à Plutarque était déjà ambiguë à l'époque où Montaigne écrit : au seuil de la modernité les grands principes de la consolation antique sont sur le point de disparaître, tout comme a disparu le contenu du texte censé apporter un réconfort au deuil. Nous allons désormais aborder les Temps modernes comme ce moment historique où la référence aux ordres classiques de la nature, de la communauté ou du langage ne suffit plus à conférer un sens réconfortant à la souffrance humaine. Cette perspective suppose que le besoin de consolation n'est pas un invariant historique. Par là, elle contredit l'opinion répandue selon laquelle l'homme est un « animal » qui, du fait de sa nature, est en manque de réconfort. Il faut donc commencer par se demander si la consolation est une caractéristique anthropologique permanente ou si elle possède une histoire.

Une anthropologie de la consolation ?

Parmi les nombreux essais pour caractériser l'homme, le « souci » occupe une place à part. Affirmer que l'homme est un être soucieux tranche avec les définitions qui insistent sur la raison ou sur la liberté. L'accent est mis sur la finitude native de l'homme plutôt que sur sa puissance créatrice. Cela n'exclut pas de s'intéresser à ses réalisations positives : c'est précisément parce qu'il se soucie de lui-même que l'homme cherche à maîtriser sa conduite et son environnement. Le souci est une déficience qui fonde une aptitude car seul un être qui manque d'une assise solide dans l'existence recherche des justifications pour combler le vide. Cette équivoque du souci est structurelle, comme l'atteste le fait que ce terme désigne à la fois l'inquiétude et le soin qu'un individu porte aux autres. Le souci est une pratique autant qu'un état, un faire autant qu'un vécu. Cette dualité indique déjà un rapport avec la consolation : le besoin de réconfort émanant du souci est à l'origine de toute une série d'inventions techniques et culturelles qui singularisent l'homme dans la nature.

Le souci est une caractérisation qui, autant que celle de l'homme comme « animal raisonnable », traverse l'histoire occidentale. À ce titre, il semble désigner une nature (humaine) qui se perpétue en dépit des ruptures dans la manière dont l'homme perçoit sa propre condition. Lorsque Heidegger fait du souci le nom pour l'« intégralité du tout structurel du *Dasein* », il cite une « vieille fable » qui vaut comme un témoignage de ce que l'homme s'est toujours déjà saisi empiriquement comme un être soucieux[1]. Une fable d'Hygin raconte en effet comment Souci (*cura*) s'interroge sur la manière de nommer l'être qu'il vient de façonner à partir du limon argileux déposé au bord d'un fleuve. Un conflit éclate entre Jupiter qui a offert un esprit à cet être, la Terre qui lui a fourni la matière de son corps et Souci qui l'a créé, chacun réclamant le privilège de baptiser le nouveau venu. Ce conflit sera arbitré par Saturne : Jupiter recevra l'esprit du nouvel être au moment de sa mort, la Terre accueillera son corps, mais, « tant qu'il vit », c'est Souci qui le possédera. Puisqu'il faut lui donner un nom,

1. M. Heidegger, *Être et temps* (1927), § 42, trad. E. Martineau, Paris, Authentica, 1985, p. 162-164.

on l'appellera « homme » en référence à l'*humus* récolté au bord d'un fleuve.

Si Heidegger cite un témoignage mythologique, chose qui lui arrive rarement dans *Être et temps*, c'est parce que cette fable indique la prééminence du souci sur la définition classique de l'homme comme composition d'esprit et de matière. Que ce soit Saturne, le dieu du temps, qui baptise l'homme n'est pas anodin : le souci tel que Heidegger l'entend est la condition ontologique d'un étant qui est constamment « en avant de soi », toujours au-delà de lui-même du fait de la prééminence de l'avenir sur les autres dimensions du temps. Le souci est la marque d'un être en manque d'une intériorité stable à laquelle il pourrait se référer comme à une présence réconfortante. Cette analyse du souci dépend de la description de l'angoisse qui montre que le rapport originel du *Dasein* au monde est marqué par l'absence de « familiarité[1] ». Dans l'angoisse de mort, toutes les significations habituelles qui rendent le monde ambiant habitable s'effondrent en même temps que les « justifications » (sociales, psychologiques, culturelles) au fait d'être là. Seul demeure le souci comme inquiétude d'un soi qui ne possède ni essence ni destination auxquelles rattacher son existence. La transcendance du *Dasein* ne doit pas être comprise comme un mouvement hors de soi par lequel il se rapporterait au monde : cela supposerait la préexistence d'un soi depuis lequel l'homme s'exilerait. Le souci (et sa forme quotidienne : la préoccupation) désigne la condition *toujours ekstatique* d'un être qui ne peut reconstituer qu'*a posteriori* l'image d'un « chez-soi » dont il se croit exilé.

Peut-on dire que le besoin de consolation est aussi « naturel » à l'homme que le souci qui le fonde ? La consolation est-elle, en conséquence, une bonne voie d'entrée dans la théorie de l'homme ? Heidegger en doute, qui prend un soin extrême à

1. « Le hors de chez soi doit être conçu ontologico-existentialement comme le phénomène le plus originaire » (*ibid.*, § 40, p. 158).

distinguer l'analytique existentiale, dans laquelle s'inscrit sa description du souci, d'une anthropologie[1]. Le souci trouve son origine dans la condition temporelle de l'homme. Mais ce qui est décisif dans cette condition est ontologique plus qu'anthropologique : le souci caractérise un étant pour lequel il est question de son être dans le seul fait qu'il existe. Aucune « nature humaine », aucune disposition corporelle n'apporte le premier élément de réponse à cette question élaborée depuis un autre site que celui de la vie biologique. Le souci désigne plutôt la totalité à partir de laquelle il devient possible de reconstituer tous les sens que le mot « être » peut recevoir. Heidegger vise en particulier l'être comme « substance » (ce qui demeure, ce qui n'est altéré par rien de temporel) dont il veut montrer qu'il n'est jamais qu'une signification seconde, forgée pour répliquer à ce que le souci comporte d'angoissant. Derrière les significations métaphysiques les plus abstraites (« substance », « causalité », « éternité », etc.), on trouve l'inquiétude originelle du *Dasein* et les tentatives pour maîtriser cette inquiétude par des moyens conceptuels. Cette inquiétude est celle du *Dasein* et non pas simplement celle de l'« homme » : de ce dernier, il ne faut retenir que ce qui le met en rapport à la question de l'être puisque c'est uniquement pour rouvrir cette question que Heidegger procède à une description des modalités de l'existence humaine. Or, c'est le point décisif, ce qui rapporte (sur un mode inquiet) le *Dasein* à son propre être est sa condition temporelle, par exclusion de toute autre caractéristique. Non seulement le souci n'a rien à voir avec la constitution biologique du corps humain, mais il ne peut être élucidé qu'une fois neutralisé tout ce qui inscrit l'homme dans une « nature » ou dans la « vie »[2].

1. « L'analytique existentiale ne vise point une fondation ontologique de l'anthropologie » (*Être et temps*, § 42, *op. cit.*, p. 164 et *passim*).

2. Nous suivons Heidegger lorsqu'il affirme que la vie est d'essence « privative », c'est-à-dire que l'on ne peut avoir accès à ce qui, dans l'homme, est « vie »

On pourrait croire que ce refus de l'anthropologie explique l'attitude très critique de Heidegger à l'égard de l'idée de consolation. Suspecte de psychologisme, celle-ci est surtout liée à la possibilité d'opposer quelque chose de consistant à la mort. Or, il importe à Heidegger que la mort du *Dasein* singulier soit impartageable, tout comme l'être qu'il doit porter comme une charge est à chaque fois le « sien ». Ce faisant, l'ontologie fondamentale attaque la possibilité de la consolation à sa racine : le *Dasein* n'a jamais « perdu » l'assise dans l'existence dont il manque car il *est* lui-même ce manque. À cet égard, la consolation n'offre que des substituts qui occultent le fait que l'existence humaine est dépourvue de fondement. Nous reviendrons sur cette critique lorsqu'il sera question du lien entre la consolation et la singularité de l'« avoir à mourir ». Pour le moment, il faut concéder que cette exclusion de l'anthropologie ne semble pouvoir convaincre que ceux pour qui il n'y a de fondamental que le « sens de l'être ». Blumenberg réhabilite justement l'anthropologie contre le primat, qu'il juge exorbitant, de l'ontologie sur toute autre investigation philosophique[1]. Sa tentative consiste à aborder le souci à l'intérieur d'une réflexion sur ce qui, dans son vécu corporel, dispose l'homme à rechercher la consolation. Si la consolation fournit une « explication fondamentale de la réalité humaine », c'est parce que l'homme est un être qui exige une raison pour pouvoir exister, mais que cette raison ne lui est pas donnée dans sa nature d'être vivant. Plaçant ses pas dans ceux de Max Scheler, Blumenberg définit l'homme comme un être auquel manque la définition. Ce manque le contraint à recourir à des expédients qui lui permettent de donner, malgré tout, un sens à son aventure. La consolation

---

ou « animalité » qu'après avoir ôté de lui tout ce qui se rapporte à la temporalité spécifique de l'existence (voir *Être et temps*, § 10).

1. Blumenberg compare ironiquement l'être au « MacGuffin », un objet autour duquel s'organise le suspense dans les films de Hitchcock, et qui se révèle ne pas exister (« L'être, un MacGuffin », *Esprit*, janvier 2005).

désigne l'ensemble de ces expédients par lesquels l'homme forge un sens *à la place* d'une vérité indisponible. Ce qu'il ne trouve pas en lui-même, et dont l'absence le rend soucieux, il est condamné à l'inventer. On a vu plus haut que, dans une telle perspective, la culture ne s'oppose plus à la nature. Les arts, les mythes ou les techniques offrent un substitut à ce que son environnement immédiat ne donne pas à l'homme : des raisons d'exister.

Quelle différence, demandera-t-on, avec le souci tel que le thématise Heidegger ? Blumenberg n'associe pas l'absence de raison d'être là à une ontologie, il prétend au contraire lui donner une « base anthropologique empirique[1] ». Le caractère « indéfinissable » de l'homme est établi par comparaison avec les animaux. Ceux-ci disposent d'un instinct qui fixe par avance l'étendue de leurs capacités, en sorte que le rapport à leur milieu n'est jamais rendu problématique. *A contrario*, la « pauvreté instinctuelle » de l'homme constitue « le point de départ de la question centrale de toute anthropologie : comment cet être est-il capable d'exister en dépit de son défaut biologique de dispositions ? »[2]. Blumenberg fixe ici le programme d'une discipline dont les débuts datent du XVIIIe siècle, mais qui est demeurée relativement marginale : l'anthropologie philosophique. Par là, il faut entendre le projet de rendre compte de la finitude humaine par des concepts plus concrets que ceux dont use habituellement la philosophie. Plutôt que les conditions de possibilité transcendantales et formelles de l'existence (auxquelles Heidegger en est resté), l'anthropologie philosophique étudie les conditions *réelles* de possibilité d'un être dont les prestations cognitives et symboliques les plus positives sont liées à la déficience biologique. Blumenberg partage avec Heidegger l'ambition de rendre compte de l'intentionnalité de la conscience comme

1. H. Blumenberg, *Description de l'homme*, *op. cit.*, p. 590.
2. *Id.*, *L'Imitation de la nature et autres essais esthétiques*, *op. cit.*, p. 105.

d'une structure dérivée du souci. Mais, selon lui, le souci provient de la situation biologique précaire de l'homme : la conscience d'objet est une mise à distance du monde rendue nécessaire par les dangers que l'environnement naturel fait peser en permanence sur le corps humain.

Avant de tenter une critique de cette approche anthropologique, il faut indiquer ce qu'elle nous apprend sur la consolation. Être soucieux ou avoir besoin de consolation (c'est ici la même chose) revient pour l'homme à exiger une réponse positive à la fragilité qui le constitue biologiquement. La néoténie est l'exemple le plus souvent cité par l'anthropologie philosophique en faveur d'une dérivation du plus à partir du moins. On désigne par là une caractéristique propre à certains groupes d'êtres vivants de présenter à l'état adulte des caractères qui, pour des groupes voisins, seraient purement infantiles. L'homme est affecté par la néoténie de manière éminente, lui qui ne quitte jamais définitivement aucune des phases de son ontogenèse pour s'épanouir dans la phase suivante. Alors que son enfance réelle est marquée par un « besoin d'aide » beaucoup plus grand que celui des autres animaux, l'homme demeure toujours assez enfant pour pouvoir pleurer. En ce sens, il « garde tout au long de sa vie les caractères de sa jeunesse[1] ». Le fait que l'enfance de l'homme est interminable se manifeste dans les élans de tendresse confuse qui caractérisent la sénilité. Le besoin de consolation démontre sa constance anthropologique dans cette singulière retombée en enfance qui accompagne souvent les dernières années d'une vie.

Une perspective anthropologique permet de relier les deux sens du mot « souci » : la passivité de l'inquiétude et l'activité du soin. Blumenberg insiste sur la consolation parce que cette notion est à la jointure de ces deux sens. Elle renvoie en effet autant à une demande qui exprime la vulnérabilité

1. *Id.*, *Description de l'homme*, *op. cit.*, p. 591.

humaine qu'à l'ensemble des tentatives pour y répondre en entourant l'autre souffrant de sollicitude. Les deux faces du souci se distribuent respectivement dans le besoin de consolation et dans l'acte de consoler. Cela s'explique par le fait que l'homme tient à une chose dans la mesure où celle-ci ne lui est pas donnée inconditionnellement : on prend soin de ce que l'on ne possède pas de manière définitive. Par différence, un être autosuffisant n'aurait pas la ressource pour marquer une quelconque sollicitude à l'égard des autres. Étranger à l'inquiétude du souci, il le serait aussi au devoir d'entraide. Il ne faut pas rechercher ailleurs la difficulté de concilier le Dieu de la métaphysique (qui porte en lui la raison de son existence) avec le Dieu consolateur des religions révélées. L'attention que ce dernier porte à ses créatures présuppose qu'il soit exposé au risque de perdre leur amour, ce qui est le cas dans tous les monothéismes. Seul un Dieu « soucieux » peut envisager de consoler les hommes.

Si l'on en reste au cadre moins aventureux de l'anthropologie, il faut dire avec Blumenberg que la déficience organique de l'homme explique ses tentatives pour y répondre par des moyens techniques, discursifs ou symboliques. Le besoin de consolation est le propre d'un être exposé à des conditions biologiques initialement invivables. Sa tâche consiste à transformer son milieu hostile en espace habitable. De ce point de vue, une approche anthropologique semble mieux à même de valoriser la consolation qu'une enquête ontologique qui, dans le style de celle de Heidegger, renvoie le souci à la solitude du *Dasein* exposé à l'imminence d'une mort impartageable. L'anthropologie philosophique aborde l'humanité comme *espèce* parce que la déficience biologique est universellement partagée. C'est pourquoi le besoin de consolation s'exprime d'emblée sur un plan social. Fondée biologiquement, la solidarité entre les hommes institue la survie de chaque individu en un défi permanent qui ne peut être relevé dans la solitude : les tentatives pour maîtriser les déficiences du corps humain face à une nature hostile se font nécessairement à plusieurs. L'homme dispose de moins de prises naturelles sur le monde que les autres mammifères, mais ses lacunes sont à la source des efforts collectifs pour rendre le monde supportable. Au plus loin de tout pathos de la finitude, l'anthropologie philosophique aborde la vulnérabilité comme une catégorie dynamique qui est à la source d'inventions culturelles innombrables.

N'y a-t-il pas, néanmoins, dans ce genre d'approches un risque de naturalisation des conduites morales ? Dans *Description de l'homme*, Blumenberg se revendique de la lignée de penseurs allemands (Helmuth Plessner, Arthur Gehlen, Paul Alsberg) qui abordent les phénomènes culturels à partir de la définition de l'homme comme *Mängelwesen* (« être lacunaire »). Cette insistance sur la créativité liée au manque lui permet de définir positivement le concept de consolation dont il faut redire qu'il est le seul philosophe contemporain à avoir reconnu l'importance. Pour autant, la morphologie du corps humain et l'« indisposition biologique » qui le rend vulnérable à son milieu n'expliquent pas tout au besoin de consolation. En particulier, elles n'expliquent pas pourquoi ce besoin (et les manières d'y répondre) a reçu des manifestations si diverses dans l'histoire. Blumenberg remarque ainsi que la station verticale de l'homme, loin de manifester sa supériorité dans la nature, est la cause d'une vulnérabilité sans équivalent : « toujours, l'homme se trouve devant la possibilité de basculer et de retomber en arrière[1] ». La possibilité de chuter est inscrite dans le fait de vivre debout et, pour continuer dans cette veine métaphorique, il est clair que seul un être susceptible de tomber est en mesure d'être « relevé » (consolé) par le concours d'autrui.

On voit sur cet exemple à quel point l'imaginaire de la condition biologique de l'homme est entraînant. La transition

1. *Ibid.*

d'un fait morphologique à sa signification culturelle pour l'homme en général implique des interprétations : la station verticale de l'homme ne signifie rien indépendamment de la manière dont elle est symbolisée. Or, cette symbolisation est de part en part historique[1]. Avant les Temps modernes, la verticalité est vue comme un signe de la vocation métaphysique ou religieuse de l'homme : vivant debout, il est plus près des étoiles que son regard contemple. Cette interprétation est fondée sur la conception classique du cosmos qui veut que ce qui est le plus haut (en l'occurrence la tête comme siège de la raison) désigne aussi ce qu'il y a de plus noble. Dans le *Timée* (90a), Platon compare l'homme à une « plante, non point terrestre, mais céleste » : la structure verticale du corps humain est le miroir de l'ordre hiérarchique du cosmos. Ce n'est que dans les Temps modernes que la position verticale commence à être interprétée comme un signe de fragilité plutôt que de puissance. Avant même que Darwin n'explique que le fait d'être debout, loin d'être un attribut métaphysique, résulte d'une évolution biologique nécessaire, la révolution scientifique galiléenne rompt avec l'image d'un cosmos hiérarchisé dont le corps humain serait le miroir. La nature mathématisée ayant remplacé le cosmos, on ne peut plus dire que l'homme est debout parce qu'il est raisonnable, mais tout au plus qu'il est (devenu) raisonnable parce qu'il vit debout et que cette position le contraint à faire un usage instrumental de ses mains. De là naît une incertitude fondamentale sur le sens qu'il faut attribuer à la station verticale. Juste après avoir rappelé que « l'homme jouit de la prérogative royale de porter au loin ses regards dans l'espace », Herder ajoute de manière moins triomphale qu'il « faut avouer qu'il voit bien des choses plus obscurément et moins juste, souvent même il s'oublie en marchant, et ne se rappelle qu'en trébuchant

1. Voir K. Bayertz, « Marcher debout dans le monde moderne », *Revue germanique internationale*, 10, 2009, p. 111-123.

combien est étroite la base sur laquelle repose tout l'édifice des idées »[1]. Pour un Moderne, le redressement de l'homme traduit moins une élection qu'une insécurité permanente : l'apprentissage laborieux de la station verticale par l'enfant montre que la marche est une chute constamment interrompue. Dans la modernité, le privilège de se tenir debout se transforme en effort et en risque. Le même fait biologique peut donc symboliser la puissance ou la précarité de l'homme selon le cadre historique qui commande son interprétation.

Blumenberg ignore moins que quiconque l'importance des ruptures historiques pour aborder le concept de consolation. Lorsqu'il rapproche le souci de la station verticale du corps humain, le philosophe choisit la version moderne : voir les choses « d'en haut » implique aussi que l'individu devient *visible* au regard des autres, et par conséquent vulnérable à leurs attaques[2]. En recourant à des motifs biologiques, Blumenberg prend pourtant le risque de naturaliser le besoin de consolation et d'en faire une constante de l'« animal humain ». On ne peut pas se contenter de dire que ce besoin est permanent (puisqu'il trouve sa source dans la morphologie du corps humain) et que seule son interprétation est historique (puisqu'elle est liée aux « visions du monde » comme on vient de le voir à propos de la station verticale). Ce serait méconnaître une caractéristique centrale de la consolation à laquelle, par ailleurs, Blumenberg a été sensible : celle-ci est indissociable de l'expérience de la *perte*. Ni la néoténie, ni la possibilité de chuter du fait de la pesanteur, ni aucune autre caractéristique biologique humaine ne suffit à rendre compte du phénomène de la consolation car celui-ci implique, en plus de la fragilité, la conscience d'avoir été dépossédé de quelque chose d'inestimable.

1. J. G. von Herder, *Idées sur la philosophie de l'histoire de l'humanité* (1784), cité par K. Bayertz, art. cité, p. 121.
2. Voir H. Blumenberg, *Description de l'homme*, *op. cit.*, p. 290 *sq.*

Les éthiques, très en vogue aujourd'hui, du « soin », de la « sollicitude » ou du *care* procèdent d'une déshistoricisation souvent rédhibitoire du concept de vulnérabilité, comme si l'on pouvait déduire des prescriptions morales ou politiques de caractéristiques que l'on suppose permanentes de la « vie humaine ». En plus de ce que cette confusion du biologique et du normatif a de philosophiquement discutable, elle méconnaît totalement l'historicité (et donc la contingence) des appréciations éthiques sur la biologie humaine. Ce n'est pas un hasard si l'anthropologie philosophique est une discipline moderne dépendante de l'effondrement de l'image classique du cosmos où l'homme occupait une place éminente. Le désenchantement moderne du monde constitue une expérience de la perte à partir de laquelle, seulement, il devient possible de lire dans la biologie des signes de la fragilité essentielle de l'homme. En d'autres termes, la consolation, qui implique l'expérience de la perte, est un phénomène historiquement plus déterminé que le souci ou le soin. S'il est tentant de tenir ces derniers pour des caractéristiques génériques de l'homme (ou de la femme), indépendantes de toute histoire, la consolation désigne en revanche un besoin et une pratique qui se transforment dans le temps. Rien ne le montre davantage que l'affaiblissement moderne des paradigmes antiques du réconfort.

Puissances et impuissances de la mémoire

En étudiant sa « grammaire », on a vu que la consolation repose sur une certaine continuité de l'expérience. Dans l'épisode du *Voyage au bout de la nuit* mentionné au début de ce chapitre, une telle continuité manque (et avec elle tout espoir de réconfort) parce que les paroles supposées réconfortantes de Plutarque sont absentes du texte de Montaigne. À ce niveau, la continuité devrait être historique : ce qui, en guise de consolation, était efficace à l'époque de Plutarque aurait dû l'être encore pour Bardamu et le jeune Bébert. Apprendre que son malheur a été vécu autrefois épargne au sujet la peine supplémentaire de devoir affronter une perte inédite. Même si c'est finalement pour déplorer son absence, Bardamu mise sur une parole apaisante qui traverse les siècles et peut être réactivée à chaque fois que surgit un deuil singulier.

Ce qui vaut dans l'histoire vaut aussi pour une vie individuelle. Afin de consoler un être affligé par le dépit amoureux, on tâchera de le convaincre que l'amour qui se termine a existé, non seulement pour celui qui l'éprouve encore, mais aussi pour l'être aimé désormais lointain. La perte est irréversible, mais elle n'est pas irréparable si le sujet parvient à percevoir la continuité existentielle par-delà la séparation. Cette continuité n'est pas causale, il est même de la plus haute importance (on le vérifiera) que le sujet repère autre chose dans son passé que les raisons qui expliquent la perte. Pour être consolé, il s'agit plutôt de discerner des échos entre la douleur présente et un autre régime d'expérience. Ce fait s'éclaire si l'on rappelle que, en plus de la perte, le sujet souffre de l'impression de ne pas avoir réellement possédé ce qui a disparu. Consoler revient alors à donner à la rupture un autre sens que celui d'un abandon. Une séparation est irréparable lorsqu'elle décide du sens de l'intégralité de l'expérience amoureuse. *A contrario*, un désamour cesse d'être perçu comme une traîtrise pour autant qu'il ne dénature pas le sentiment qui le précède.

Dans le modèle classique et prémoderne de la consolation, ce lien temporel est systématiquement abordé en regard du passé. Michel Foucault a montré que, parmi les « techniques de soi » destinées à neutraliser les effets négatifs de la fortune, les stoïciens accordaient un rôle crucial à la réminiscence[1]. Dans un dispositif où l'accès à la vérité conditionne la maî-

1. M. Foucault, *L'Herméneutique du sujet*, Paris, Gallimard/Seuil, « Hautes études », 2001 (sur le statut éthique de la mémoire, voir en particulier p. 444-454).

trise sur soi, le souvenir permet de prémunir le sujet contre les aléas du présent. L'avenir est immaîtrisable, il s'approche même du néant dans la mesure où il n'est pas encore là et échappe à la plupart de nos prévisions. Le passé biographique, en revanche, semble toujours disponible pour la conscience qui s'y reporte[1]. Un souvenir rappelle dans l'élément de la représentation ce qui a été autrefois présent dans l'ordre de l'expérience. Grâce à lui, le passé est tout à la fois intériorisé et maîtrisé. Pour les stoïciens, la mémoire rend ainsi possible la souveraineté sur soi : il n'y a pas à craindre que ce qui a été effectivement vécu s'avère être un mirage. Le sujet peut se promener librement dans ses souvenirs comme dans un ensemble de représentations qui lui appartiennent vraiment, et que nul ne peut lui ôter. Le malheur actuel est sans prise sur la mémoire des jours heureux.

La réminiscence opère un *retour à soi* alors que le malheur est une perte qui éloigne le sujet de sa patrie véritable. En se rappelant (à lui-même), le sage ouvre « ses propres coffres[2] », prenant conscience d'une richesse que personne ne peut lui dérober puisqu'elle se trouve dans son âme. Le souvenir n'est pas, au sens strict, un nouveau savoir, mais une autre manière de savoir qui consiste à convoquer des bribes du passé afin d'en retirer un sens pour le présent. C'est la raison pour laquelle les stoïciens considèrent que la mémoire est consolante : sans apporter de connaissance nouvelle, elle rétablit le rapport apaisé à soi qui a été perturbé par le malheur.

Dans son étude sur l'histoire du *gnôthi seauton* (« connais-toi toi-même »), Foucault insiste sur ce qui sépare l'usage platonicien de l'usage stoïcien de la mémoire. Ouvrant un accès à l'être chez Platon, la réminiscence participerait davantage

1. Sur cette hiérarchie temporelle, voir par exemple la Lettre 99 de Sénèque à Lucilius.

2. Plutarque, *De la curiosité*, 520a, cité par M. Foucault, *L'Herméneutique du sujet*, *op. cit.*, p. 210.

du souci de soi éthique pour les stoïciens. De fait, c'est chez eux que l'on trouve l'idée que les exercices de la mémoire permettent au sujet de se rendre insensible aux malheurs présents et à la crainte de l'avenir. En regard de notre thème, cette différence est toutefois secondaire car Platon accorde déjà à la mémoire un pouvoir qui la relie directement à la consolation : celui de *rendre présent l'absent*. L'argument selon lequel « apprendre, c'est se ressouvenir » a certes pour but principal de démontrer la préexistence de l'âme par rapport au corps. La réminiscence enseigne que la vérité a été oubliée, ce qui implique que l'âme la possédait avant d'être incarnée. Mais ce genre de souvenir indique aussi que la vérité a été perdue : cette perte date de l'instant où l'âme a chuté dans un corps. La réminiscence conjure cette désolation en démontrant la continuité de l'âme par-delà l'épisode malheureux de son incarnation.

Un exemple de réminiscence choisi par Platon illustre ce lien entre mémoire et conjuration de la perte. Lorsqu'ils perçoivent une « lyre », les amants « forment dans leur pensée l'idée du garçon à qui la lyre appartient[1] ». Cela suppose que le regard de l'amoureux recherche l'être aimé : sans cela, il n'aurait aucune chance de reconnaître la figure (*eidos*) de l'aimé dans l'instrument de musique. En voyant la lyre, l'amant retrouve ce qui lui manque et il comprend par là même qu'il ne l'a pas perdu pour toujours. Platon considère que ce manque est toujours manque d'être : l'idée manifeste sa nécessité dans les insuffisances du sensible. Mais la réminiscence est déjà définie ici comme un effort de l'âme pour combler une absence dont elle souffre. Le point de départ du désir métaphysique se trouve dans le besoin de consolation : il faut souffrir du manque d'intelligibilité du sensible pour souhaiter le dépasser dans un savoir stable.

Foucault remarque que « dans la réminiscence platonicienne

1. Platon, *Phédon*, 73d, *op. cit.*, p. 230.

se trouvent, réunis et bloqués en un seul mouvement de l'âme, connaissance de soi et connaissance du vrai, souci de soi et retour à l'être[1] ». Si ce lien entre souci de soi et ontologie se trouve profondément remanié (au profit du premier) dans le stoïcisme, le *point de départ* de la réminiscence demeure le même : une expérience malheureuse dont le présent est la scène. L'exercice réglé de la mémoire permet de qualifier cette expérience comme une perte et d'y répondre en mobilisant le souvenir de la possession. Le réconfort qu'apporte le souvenir montre que ce dont l'âme souffre présentement n'est pas lié à sa nature, mais aux aléas du monde sensible ou de la Fortune.

Le rapport des Modernes à leur mémoire est-il marqué par autant de confiance ? On peut en douter, ne serait-ce qu'au regard des nombreuses critiques dont, de Descartes à Freud, cette faculté a fait l'objet dans la modernité. Avant même que le souvenir ne soit interprété comme un « écran » entre soi et soi-même, la mémoire a beaucoup perdu de sa puissance. Locke, certes, fait de l'activité de la mémoire le critère de l'identité personnelle : le sujet est propriétaire « de sa mémoire ou de la conscience de ses actes passés », en sorte que le souvenir atteste la permanence du soi à travers le temps[2]. C'est bien le même « moi » qui a vécu un événement et qui se rappelle l'avoir vécu. Mais le propos de Locke vise surtout à montrer que cette attestation de l'identité personnelle ne délivre aucun savoir métaphysique sur la nature de l'âme. Le souvenir (moderne) ne partage pas avec la réminiscence des Anciens le pouvoir de faire paraître des idées innées qui seraient déposées de toute éternité dans l'âme. Parodiant Platon, Locke reconnaît que celui qui se souvient d'un théo-

1. M. Foucault, *L'Herméneutique du sujet*, *op. cit.*, p. 244.

2. J. Locke, *Essai sur l'entendement humain*, livre II, chap. 26. Voir le commentaire d'Étienne Balibar dans *John Locke. Identité et différence*, Paris, Seuil, 1998, p. 211-218.

rème mathématique réactive en même temps la vérité de ce théorème. Mais ce n'est possible que parce que l'amateur de géométrie a *effectivement* appris ce théorème autrefois, non pas parce que son âme en serait le dépositaire éternel[1]. Le souvenir devient indissociable d'une représentation de la *distance temporelle* avec notre propre passé : au moment même où le sujet se souvient d'un événement, il prend conscience qu'il en est séparé. Contrairement à la réminiscence platonicienne, la mémoire moderne porte sur ce qui est révolu, elle ne renvoie pas à des vérités situées hors du temps.

Ce n'est pas un hasard si Locke fait de l'« inquiétude » (*uneasiness*) la caractéristique centrale de la conscience. À l'inverse de la plupart des Modernes, il ne doute pas des vertus épistémologiques de la mémoire, ni ne condamne ses intermittences. Il enregistre en revanche le fait que cette faculté n'ouvre plus d'accès à une éternité réconfortante. Plus encore que de sa vérité, c'est du pouvoir consolant de la mémoire que doutent les philosophes modernes, comme si les retrouvailles avec le passé avaient cessé d'être heureuses. À cela, il y a une raison simple : pour la plupart des Modernes[2], le passé est toujours un passé *humain*. À l'échelle d'une vie ou à celle de l'histoire, il comporte les malheurs autant que les joies, les défaites autant que les victoires. Du fait de cette ambivalence, rien ne garantit plus que le souvenir soit un instrument efficace de consolation.

On objectera que les Temps modernes n'ont pas inventé les équivoques de la mémoire et que les Anciens savaient fort bien que le souvenir est souvent un piège pour celui qui souffre du présent. Dans ce qui demeure le modèle de la consolation antique, Boèce se garde de conseiller à ceux qui exigent un

1. Voir J. Locke, *Essai sur l'entendement humain*, *op. cit.*, § IV, i, 9.

2. Il y a des exceptions, bien sûr, qui caractérisent celles des philosophies modernes qui prétendent abolir la consolation dans la réconciliation. Elles seront évoquées dans le dernier chapitre de ce livre.

réconfort de se souvenir des jours heureux : les bonheurs passés de ce monde sont encore trop instables en regard de la quiétude recherchée par l'âme. Mais cette disqualification de la mémoire humaine se fait au profit d'une autre mémoire qui, dans la réminiscence, regarde vers l'intelligible : « L'âme ne s'est pas vu ravir toute sa lumière / Par la masse d'oubli dont l'a recouverte le corps. / Sans nul doute une semence de vrai reste fixée à l'intérieur / Que vient ranimer un enseignement rafraîchissant [...] / Quand on apprend, on se souvient sans s'en rendre compte[1]. » Seul un « passé » situé au-delà du temps (celui de l'âme qui n'a pas encore chuté dans le monde) est consolant : cette vérité supratemporelle accompagnera le condamné à mort sur l'autre rive. Or, une mémoire de ce genre a déserté les Temps modernes, abandonnant les hommes à l'alternance des souvenirs heureux et des réminiscences affligeantes. La modernité proclame sa nouveauté par rapport à son propre passé : cette rupture implique déjà un doute sur les vertus réconfortantes du souvenir. Surtout, la conscience moderne est historique, ce qui signifie qu'il n'y a pas d'autre passé disponible que celui qui a été fait par les hommes. Ce passé devient le « nôtre », certes, et l'on peut espérer s'y reconnaître, comme l'attestent les nombreuses revendications identitaires dont il est devenu l'objet. Mais, à la différence du passé ouvert par la réminiscence platonicienne, le passé historique est trop humain pour être univoque. On s'y réfère aussi bien pour le déplorer (sur un mode victimaire) que pour se consoler des impasses du présent.

La modernité abandonne l'idée selon laquelle les souvenirs sont la seule chose que l'on ne peut jamais nous retirer : avec elle, le passé devient essentiellement fragile. À ce titre, elle ne rompt pas seulement avec la réminiscence platonicienne, mais aussi avec la thèse stoïcienne selon laquelle la mémoire est consolante parce que le souvenir est maîtrisable. Pour les

1. Boèce, *Consolation de la philosophie*, *op. cit.*, p. 141.

stoïciens, le sujet peut contrôler son passé en décidant de ne se souvenir que de ce qui le réconforte : un amour qui a été heureux alors même qu'il doit affronter une séparation, la vertu d'un être dont il doit faire le deuil. Cet usage consolant de la mémoire suppose l'indépendance ontologique du passé par rapport au présent. Autant le second est désolé, incertain et effrayant, autant le premier doit être plein, clair et rassurant. En d'autres termes, celui qui se console en se souvenant des beaux jours doit être sûr que ces beaux jours ont existé et que leur disparition présente ne retentit pas sur leur réalité passée. Opposée aux menaces du présent, la stabilité du passé érige l'âme en « citadelle ».

Cette altérité bienfaisante du passé par rapport au présent cesse d'être acquise dans la modernité. La tendance des Temps modernes est de tout juger à l'aune de ce qui est actuel : le passé ne trouve son sens véritable que dans le présent auquel il a préparé la voie. Il en résulte que l'individu n'est plus en mesure de chercher un refuge dans le passé : son goût pour l'explication l'incite plutôt à repérer dans le temps écoulé les signes ou les causes de ce qui lui arrive. En se souvenant de ce qui n'est plus, il relira le passé à la lumière de ce qui lui manque. Adorno évoque cette mutation lorsqu'il note que l'idée selon laquelle les souvenirs seraient notre bien propre appartient « à l'arsenal des consolations sentimentales et impuissantes[1] ». La consolation antique par le souvenir reposait sur la conviction que le passé est à l'abri des malédictions du présent. Adorno soutient, à l'inverse, que les souvenirs sont inévitablement contaminés par la détresse actuelle : « En eux le passé et le présent viennent s'entremêler inévitablement[2]. »

Adorno fait cette remarque à propos de la réminiscence proustienne. À ses yeux, celle-ci démontre que le souvenir

1. T. W. Adorno, *Minima Moralia*, trad. E. Kaufholz et J.-R. Ladmiral, Paris, Payot-Rivages, 2003, p. 222.
2. *Ibid.*

peut encore être consolant, mais seulement lorsqu'il est involontaire. Il faut ne rechercher aucun réconfort dans le passé pour expérimenter, parfois, le petit miracle de la reconnaissance. En revanche, celui qui recherche volontairement la consolation dans le souvenir s'expose au risque de découvrir que son passé ne sort pas indemne des malheurs du présent. Dans une rupture amoureuse, par exemple, le sujet est tenté de réinterpréter toute l'histoire à partir de sa fin : « Celui qui a aimé et qui trahit l'amour ne nuit pas seulement à l'image du passé, mais au passé lui-même[1]. » Les souvenirs les plus anodins (« un mouvement d'impatience au moment du réveil, une certaine absence dans la voix, une légère hypocrisie dans le plaisir ») seront réinterprétés comme des signes avant-coureurs d'un éloignement. Loin d'être consolante, la mémoire devient une torture puisque le désespoir entraîne le passé dans son abîme. La causalité menace sans cesse de devenir réciproque : si le passé explique l'échec du présent, celui-ci risque d'être la vérité de ce qui le précède. Dans le souvenir, le sujet ne trouve plus alors que des raisons de douter de ce qu'il a vécu.

Longtemps avant que l'on ne définisse la modernité par le « présentisme » et l'affaiblissement de la mémoire historique, les hommes sont devenus incrédules relativement aux vertus apaisantes du souvenir. Dès lors qu'elle est soumise à l'impératif de lucidité, la mémoire est requise pour expliquer, non pour consoler. En conséquence, le passé cesse d'apparaître comme une alternative au présent pour se présenter comme ce qui le rend inéluctable. Le savoir y gagne une forme de continuité temporelle, mais celle-ci est de nature purement théorique, plus précisément déterministe, le passé n'étant plus désigné que comme la somme des événements qui rendent raison de ce qui est advenu. Que peut bien faire l'endeuillé d'un tel savoir ? La consolation a moins à voir

1. *Ibid.*, p. 223.

avec la recherche des causes qu'avec la possibilité de modifier imaginairement le présent en le comparant à un passé intact. Pour rester un refuge, le passé doit être autre chose que l'explication de la détresse actuelle : il doit figurer une altérité étrangère à la perte.

La volonté de connaître

Cet exemple illustre l'émergence, dans la modernité, d'une opposition entre le désir de consolation et le projet de connaissance. La consolation est plus difficile pour un individu critique de lui-même, des autres et de son propre passé. La causalité établit une continuité seulement explicative entre le passé et le présent d'une vie. Cette explication par les causes fait souvent obstacle à la consolation que l'on peut alors identifier à la volonté de *ne pas* savoir.

« Le sujet moderne, inconsolable par excès d'objectivité ? » Il existe de bonnes raisons de douter d'un énoncé aussi massif qui, en plus de supposer connu le « sujet moderne », a contre lui mille démentis venus de l'expérience. Avant de porter un diagnostic sur la possibilité de la consolation chez les Modernes, la prudence impose d'éclairer un fait moins discutable : dans la modernité, la philosophie a renoncé à consoler.

Cet abandon n'est pas tant lié à une redéfinition de la vérité qu'à celle du rapport qui s'institue entre la vérité et le sujet. Platon et (plus encore) les stoïciens considéraient qu'une connaissance vraie constitue le meilleur rempart contre le malheur, mais à la condition d'être assimilée comme il convient par une âme exposée aux heurts de la vie dans le monde. Cette insistance sur la subjectivation de (et par) la vérité passe au second plan dans la philosophie moderne. Sans mentionner la consolation, Foucault oppose ainsi la « mémoire » et la « méthode » comme deux formes historiques majeures de la réflexivité en Occident[1]. Dans la première, l'accession à la vérité est rythmée par des actes qui transforment le sujet. Pour les stoïciens, le souvenir appartient aux « techniques de soi » que l'on peut tout à fait comprendre comme des exercices de pensée destinés à mettre le sujet à l'abri des aléas de la vie. Dans le modèle moderne de la méthode, en revanche, la pensée part en quête de certitudes objectives, elle n'est plus destinée à sécuriser le sujet face aux dangers de l'existence. Plutôt que de s'interroger sur ce que le sujet doit faire pour accéder à une vérité qui le libère, on se demandera quel chemin (*methodos*) l'entendement doit suivre pour lier systématiquement des vérités dans une connaissance.

Ce délaissement du souci de soi au profit de la volonté de connaître contribue à défaire le lien entre raison et consolation. Lorsqu'un philosophe moderne porte un regard dédaigneux sur la consolation, il abandonne généralement cette dernière à la « spiritualité » définie comme un mélange de croyances naïves et de normes comportementales. Contre ce désaveu moderne, Foucault a montré que, avant d'être séparée de la philosophie, la spiritualité appartenait de plein droit à l'exercice grec de la raison. On trouve dans cet exercice deux aspects qui intéressent directement notre thème : 1/ La spiritualité des Grecs désigne une forme de subjectivation où la vérité doit être assimilée de telle sorte que le sujet soit en mesure d'affronter les événements externes et les émotions intérieures. 2/ Les transformations que le sujet opère sur lui-même viennent généralement d'une injonction extérieure : l'individu s'en remet à un maître ou à un éducateur pour « devenir autre que lui-même [et] pour avoir droit à l'accès à la vérité[2] ». Or, transformation de soi par l'accès au vrai et altération du sujet

1. M. Foucault, *L'Herméneutique du sujet*, *op. cit.*, p. 441-442. Étrangement, Foucault évoque aussi la « méditation » comme forme spécifiquement stoïcienne (et non cartésienne) de l'exercice de la pensée.

2. *Ibid.*, p. 16-17.

par la parole d'un autre (deux éléments fondamentaux de la consolation) seront abandonnées par la philosophie moderne. D'une part, les Modernes décrivent moins la vérité comme un « événement » qui transforme les coordonnées de l'expérience que comme le résultat d'une « démonstration » menée de bout en bout par l'entendement[1]. D'autre part, l'accès à une vérité certaine ne présuppose pas, voire exclut, la médiation d'un autre. La solitude du sujet méditant garantit le savoir méthodique contre le risque d'hétéronomie.

La réflexivité moderne abandonne à l'art et aux morales religieuses ce que Foucault appelle la « vérité éthopoiétique ». Celle-ci renvoie d'abord à une pratique de l'écriture (on a vu l'importance du genre épistolaire dans la consolation) où la mémorisation des citations, l'évocation des faits moraux les plus anodins ou le résumé de ses propres lectures participent d'une lutte active contre les maux de l'existence[2]. Entendue en ce sens, la vérité abolit l'écart entre l'écriture et la vie : le *logos* manifeste sa puissance en animant un *ethos* repérable dans la conduite extérieure du sage. Ce n'est pas le corps de la doctrine qui intéresse ce type de spiritualité, mais le corps du philosophe lui-même qui se rend plus fort en assimilant une vérité taillée à la mesure des risques de la vie. La consolation s'inscrit tout naturellement à l'intérieur d'une telle problématique qui privilégie les effets subjectifs de la vérité sur sa consistance objective.

Comment expliquer, alors, l'abandon d'une telle ambition par la philosophie moderne ? L'analyse historique de Foucault qui nous sert de fil conducteur doit beaucoup à la conviction nietzschéenne selon laquelle c'est le corps qui philosophe ainsi qu'à la caractérisation heideggérienne de la

1. Sur le rapport entre « vérité-événement » et « vérité-démonstration », voir M. Foucault, *Le Pouvoir psychiatrique*, Paris, Gallimard/Seuil, « Hautes études », 2003, p. 238 *sq*.

2. Voir M. Foucault, « L'écriture de soi », in *Dits et écrits*, tome 4, Paris, Gallimard, 1994, p. 418.

vérité comme « événement » (*Ereignis*). Dans les deux cas, c'est le thème moderne du sujet transcendantal qui est visé, c'est-à-dire un sujet tel que sa constitution rend possible la connaissance. Dans une perspective transcendantale[1], il faut partir des structures déjà performantes de la subjectivité pour accéder au vrai. Que l'on situe l'origine de cette idée de la subjectivité chez Descartes ou chez Kant, il semble clair qu'elle implique l'effacement de la consolation de l'agenda de la philosophie. En effet, il n'y a pas de consolation par la philosophie là où le savoir ne modifie pas le sujet jusque dans l'intimité de son corps et là où la vérité ne fait pas événement pour celui qui la découvre. Or, le sujet transcendantal ne peut par principe être modifié par la connaissance puisqu'il est ce qui rend cette dernière possible. Au titre de condition de possibilité, il est donné « avant » la vérité qu'il peut atteindre, en sorte que l'accès à celle-ci le laisse intact dans ses structures essentielles. La vérité confirme le sujet dans ses pouvoirs théoriques, mais elle ne le rend pas pour autant capable de mieux supporter un « réel » dont il est désormais l'unique configurateur. Si l'on ajoute à cela (ce sera l'apport de Kant par rapport à Descartes) que les structures qui rendent possible la connaissance ne sont pas, elles-mêmes, connaissables, la boucle qui exclut la consolation du champ de la philosophie semble définitivement bouclée. Il ne suffit plus de dire que la vérité ne transforme (ou ne console) pas le sujet, *il faut qu'elle le laisse inchangé* afin que l'accès à la connaissance soit le même pour tous et en toute occurrence[2].

Dans une logique transcendantale, le sujet doit être soustrait au temps pour que la connaissance soit véritablement

1. L'adjectif « transcendantal » est utilisé ici dans le sens large : la méthode philosophique consistant à reconduire la connaissance à la subjectivité comme à sa source de droit. Si le terme est revendiqué pour la première fois en ce sens par Kant, il s'applique déjà à Descartes et qualifie la rupture moderne dans le champ de la théorie de la connaissance.

2. Voir M. Foucault, *L'Herméneutique du sujet*, *op. cit.*, p. 183.

universelle. Les nombreuses tentatives d'immunisation du transcendantal par rapport au psychologique viennent de ce souci de ne pas confondre les conditions *a priori* qui rendent possible la connaissance avec l'acquisition temporelle de tel ou tel savoir par un sujet déterminé. On comprend mieux pourquoi, autant qu'à la religion, la consolation est renvoyée à la psychologie. La théorie moderne de la connaissance s'intéresse aux fondements de l'objectivité scientifique, pas aux effets que l'accès à cette objectivité produit sur l'individu. Dit de manière plus directe, la certitude philosophique qu'aucun événement du monde n'a lieu sans causes n'apporte pas le moindre secours au sujet confronté à un événement traumatique particulier. Derrière le partage disciplinaire entre philosophie et psychologie se cache un désaveu des espérances rationnelles en matière de consolation. Dans la modernité, la philosophie s'est déjà tue lorsque la psychologie commence à étudier l'impact d'un fait singulier sur une vie singulière. Que ce soit pudeur ou indifférence, elle reconnaît par son silence que le chemin qui mène méthodiquement à l'objectivité ne constitue pas une promesse de réconfort.

Le sujet transcendantal dont part la philosophie moderne est devenu trop critique pour être consolé. Il est vrai que la spiritualité des Anciens était déjà un exercice permanent de la critique, mais celle-ci était centrée sur le soi, non sur une universalité anonyme. On a vu à propos des stoïciens que l'examen méticuleux de son propre passé devait permettre au sujet d'établir une distance consolante avec le présent. Le concept moderne de critique recouvre un tout autre sens : sur un plan théorique aussi bien que moral, il s'agit toujours de prendre une distance avec le présent, mais pour le *juger*, non pour le faire paraître sous un aspect moins désolant. La référence à une loi universelle permet d'évaluer le présent en l'identifiant à un état du monde. Si cette loi est naturelle, elle indique les causes qui expliquent l'advenue de tel ou tel événement ; si elle est morale ou juridique, elle stipule ce qui devrait être à la place de ce qui est. Dans les deux cas, elle ne délivre aucun savoir susceptible de consoler le sujet sur sa propre expérience. L'attitude critique moderne réside plutôt dans le refus de la consolation entendue comme une illusion de savoir. Entre la loi scientifique qui rend pleinement raison de ce qui est et la norme rationnelle qui prescrit avec le maximum de précision ce vers quoi il faut tendre, il n'y a plus que des chimères spiritualistes destinées à réconforter l'homme au détriment de toute rigueur démonstrative. Adopter une posture critique à l'égard du monde, c'est justement ne plus vouloir « raconter des histoires » sur son sens. La connaissance moderne se paie du prix de la consolation et de son appareil rhétorique.

Rêves d'immortalité

On trouve un signe de cet abandon dans la manière dont Descartes aborde la question de l'immortalité de l'âme, un attribut qui n'est évidemment pas étranger à ce que la philosophie peut apporter en guise de consolation. Le sous-titre de l'édition latine des *Méditations métaphysiques* annonce une « démonstration » de l'existence de Dieu et de l'immortalité de l'âme[1]. Il se trouvera des théologiens pour s'émouvoir du fait que, si les *Méditations* comportent bien des preuves de l'existence de Dieu (un Dieu qui n'a d'ailleurs plus rien de consolant), l'immortalité de l'âme ne s'y trouve pas même évoquée. Pour répliquer à ce reproche de promesse non tenue, Descartes répond que la démonstration de la substantialité de l'âme (*i.e.* de son indépendance ontologique par rapport au corps) vaut preuve de son immortalité : il n'y a aucune raison pour qu'une réalité séparée de la matière disparaisse

1. *Meditationes de prima philosophia, in qua Dei existentia et animae immortalitas demonstratur.*

au moment où le corps se décompose. Nous n'entrerons pas ici dans le débat sur la pertinence de cette réponse, ni dans la question de savoir si Descartes peut légitimement parler d'« immortalité » alors qu'il ne peut exclure que Dieu décide d'« annihiler » des âmes qu'il a créées. Il nous importe en revanche de relever la raison pour laquelle Descartes n'a pas produit une preuve en bonne et due forme dans le texte des *Méditations* : « ayant tâché de ne rien écrire dans ce traité dont [il n'eût] des démonstrations très exactes », l'auteur n'a pas voulu énoncer quoi que ce soit qui excède une connaissance absolument certaine[1].

Ne rien offrir de plus que ce que la rigueur démonstrative permet d'affirmer, fût-ce au prix de la consolation : telle est la déontologie du savoir moderne en tant qu'il prend modèle sur les mathématiques. Descartes considère que l'indépendance (démontrée) de l'âme par rapport au corps suffit à « établir la Religion[2] ». Pour le reste, c'est-à-dire tout de même pour ce qui intéresse l'homme dans son désir de salut, les dogmes de la Révélation doivent y pourvoir. Lorsque le besoin de consolation fait valoir ses droits, la philosophie a déjà accompli sa tâche.

Est-ce à dire que la moderne volonté de savoir laisse le réel inchangé ? Ne promet-elle rien de plus aux hommes qu'une connaissance sans effets sur ce qui les afflige ? Il n'en est rien. Descartes considère que, si la raison scientifique n'a rien à dire sur l'aspect consolateur de l'immortalité de l'âme, elle ne reste pas pour autant muette sur l'espérance de prolonger

1. R. Descartes, *Abrégé des Méditations métaphysiques*, in *Œuvres philosophiques*, tome 2, Paris, Garnier, 1967, p. 400.

2. « Pour ce que vous dites que je n'ai pas mis un mot de l'immortalité de l'âme, vous ne vous en devez pas étonner ; car je ne saurais pas démontrer que Dieu ne la puisse annihiler, mais seulement qu'elle est d'une nature entièrement distincte de celle du corps et par conséquent qu'elle n'est point sujette naturellement à mourir avec lui, qui est tout qui est requis pour établir la religion ; et c'est aussi tout ce que je me suis proposé de prouver » (Lettre à Mersenne du 24 décembre 1640, *ibid.*, p. 300).

indéfiniment la vie sur Terre. À Huygens (qui demeurera sceptique), Descartes confie sa conviction de parvenir à édifier une science qui le garantira de vivre « plus d'un siècle[1] ». Ce n'est pas encore la promesse d'une immortalité réelle : l'espérance de consacrer, si possible de notre vivant, « la mort de la mort » viendra plus tard dans l'histoire moderne[2]. Mais le projet de médicaliser l'existence au nom des bienfaits psychiques à attendre d'un corps sain est déjà présent chez Descartes : il n'est pas douteux que le philosophe voit dans l'espoir de prolonger la vie un moyen de dédramatiser le problème du devenir *post mortem* de l'âme. Le dessein de repousser la mort biologique le plus tard possible n'est borné par aucune limite de droit. L'homme peut donc travailler à se rendre effectivement immortel pour ne plus avoir à s'inquiéter de l'immortalité de l'âme : ici encore, la philosophie moderne se constitue contre la spiritualité.

Le désir de prolonger indéfiniment la vie terrestre participe d'un projet plus ample qui ne disparaîtra plus des Temps modernes : rendre *superflu* un besoin de consolation qui a toujours favorisé les croyances superstitieuses. Dans la philosophie cartésienne, ce projet ne prend pas l'aspect d'une transformation sociale ou d'une révolution de caractère politique. Il est néanmoins déjà lié au souci de libérer les hommes des représentations qui associent le monde à une « vallée de larmes ». En effet, ce qui doit permettre aux hommes de rendre la durée de leur vie égale à celle des patriarches de la Bible n'est pas une vaine consolation religieuse, mais le progrès ininterrompu de la science. Descartes ne veut pas la consolation, mais une guérison garantie par un savoir médical qui devrait régler tous les problèmes

1. Lettre à Huygens du 25 janvier 1638, A.T., vol. 1, p. 507 (cette lettre n'est pas reprise dans l'édition Alquié).

2. Pour un point de vue typique du « bioprogressisme » tapageur contemporain, voir L. Alexandre, *La Mort de la mort. Comment la technomédecine va bouleverser l'humanité*, Paris, Lattès, 2011.

moraux que l'humanité s'est posés à elle-même sans avoir encore réussi à les résoudre. Sans doute les progrès de la médecine apportent-ils un réconfort à celui qui y croit sans rien comprendre à leurs causes véritables. Mais ce n'est là qu'un aspect secondaire de l'ambition moderne. Seule importe à l'attitude scientifique l'étude rationnelle des mécanismes du corps humain en tant qu'elle est utile à la conservation de la vie. Le projet est clair : il s'agit de neutraliser les raisons qui incitent les hommes à désirer la consolation. La principale de ces raisons étant l'inévitabilité de la mort, il faut travailler à la vaincre par la science.

Le 2 février 1650, Descartes meurt prématurément d'une pneumonie attrapée en Suède où la reine Christine l'avait invité afin qu'il l'initie justement aux bienfaits de la science sur la vie. Quelques semaines plus tard, la *Gazette d'Anvers* rend compte de la nouvelle avec des accents sarcastiques que l'on retrouvera à chaque fois que le projet moderne de rendre vain le besoin de consolation échoue : « Il est mort en Suède un *fol* qui disait qu'il pourrait vivre aussi longtemps qu'il voudrait[1]. »

Ce reproche fait à Descartes, et à travers lui aux espérances scientistes de la modernité, est-il légitime ? Il est vrai que les Temps modernes sont une époque où triomphe la conviction qu'il vaut mieux prévenir que consoler. Descartes a considéré jusqu'au bout que la conservation de la santé était le but principal de la philosophie, métaphysique incluse. Selon lui, une bonne santé est un gage de bonheur plus sûr que les discours édifiants des consolateurs qui viennent toujours après que le mal a été fait. Si la science met ses découvertes au service du principe de conservation, c'est pour éviter à l'homme d'avoir à être réconforté lorsqu'il est déjà trop tard

1. Cité par M. Drazen Grmek, « Les idées de Descartes sur le prolongement de la vie et le mécanisme du vieillissement », *Revue d'histoire des sciences et de leur application*, 1968, vol. 21, n° 4, p. 285.

pour guérir. Il ne serait pourtant légitime de reprocher à Descartes ses ambitions médicales immodérées que s'il n'avait pas lui-même reconnu leur échec. Il faut citer cet aveu en entier tant il est symptomatique de la tendance de la philosophie moderne à jeter un regard désabusé sur son projet de rendre toute consolation inutile :

> Je vous dirai, en confidence, que la notion telle quelle de la physique, que j'ai tâché d'acquérir, m'a grandement servi pour établir les fondements de la morale ; et que je me suis plus aisément satisfait en ce point qu'en plusieurs autres touchant la médecine, auxquels j'ai néanmoins employé beaucoup plus de temps. De façon qu'au lieu de trouver les moyens de conserver la vie, j'en ai trouvé un autre, bien plus aisé et plus sûr, qui est de ne pas craindre la mort, sans toutefois être chagrin, comme sont ordinairement ceux dont la sagesse est toute tirée des enseignements d'autrui, et appuyée sur des fondements qui ne dépendent que de la prudence et de l'autorité des hommes[1].

Ce passage est exemplaire de la manière dont la philosophie moderne aborde le problème de la consolation. Extrait de la correspondance privée du philosophe et énoncé sur le mode de la « confidence », cet aveu ne figure pas dans un traité officiel. Il est un fait que, dans les Temps modernes, la consolation cesse d'être un genre philosophique à part entière. Pour autant, si la consolation n'est plus exhibée comme le but de la connaissance, elle n'en demeure pas moins l'horizon implicite d'une philosophie qui a pris la mesure de sa propre finitude. On verra dans le chapitre suivant que les Modernes évoquent la consolation comme en passant, sans toujours employer le mot et surtout sans qu'elle ne soit jamais plus présentée comme l'objectif du savoir rationnel. Mais l'absence du mot n'implique pas celle de la chose. Dans cette lettre, Descartes présente la morale comme un supplément à une médecine

1. R. Descartes, Lettre à Chanut du 16 juin 1646, in *Œuvres philosophiques*, tome 3, *op. cit.*, p. 657.

dont il reconnaît qu'elle ne débarrassera pas les hommes du désagrément d'avoir à mourir à une échéance plus ou moins brève (« *au lieu* de trouver les moyens de conserver la vie, j'en ai trouvé un *autre*... »). L'étude de la physique ne permettra pas de vaincre la mort, tout au plus donnera-t-elle les moyens de ne plus la « craindre ». Là où la médecine devait venir au secours de la morale, il semble finalement que ce soit la morale qui doive nous consoler de ne pas avoir de médecine. Encore cette morale ne relève-t-elle pas de la « physique », ni d'aucune autre science : Descartes reconnaissait un peu plus haut n'avoir pas pu fournir un savoir définitif sur « la nature particulière de l'homme[1] ». Si le fait de l'union de l'âme et du corps est évident, son fonctionnement ne l'est pas du tout. Les lettres (où Descartes se fait souvent consolateur) écrites à la princesse Élisabeth démontrent pourtant que la philosophie n'est pas condamnée à se taire au-delà du point où elle maîtrise parfaitement son discours.

À la fin du passage que nous venons de citer, Descartes donne une indication qui explique pourquoi il ne parle pas explicitement de consolation. Selon lui, ceux qui se vouent à la parole des autres pour devenir sages sont condamnés à être « chagrins » parce qu'ils ne disposent pas d'une base scientifique solide pour mener leur vie. On a vu que le recours à la « prudence » et à l'« autorité des hommes » constituait justement un lieu commun des écrits de consolation qui abondent en conseils et en exemples tirés de l'expérience ou de l'histoire. C'est de ce genre de savoir hérité que Descartes (et avec lui la philosophie moderne) ne veut plus parce qu'il ne lui semble pas en mesure d'apporter une réponse stable aux tourments auxquels la mort expose les hommes. L'impératif de lucidité ne s'oppose pas forcément à la consolation, il implique plutôt de forger un discours *qui console les hommes de ne plus pouvoir se consoler par la parole d'un autre*. Une

1. *Ibid.*, p. 656.

parole est donc bel et bien perdue dans les Temps modernes : celle qui réconforte parce qu'elle est énoncée par un autre (Dieu, sage, prêtre) auquel on prête un savoir qui échappe à la critique. Mais cette perte ne vaut pas abandon pur et simple de la consolation : elle invite plutôt à établir un lien entre le désir de sollicitude et l'exigence d'autonomie.

Intermède

Comme il existe une tristesse moderne, il y a des figures modernes de l'inconsolable. Le Faust *de Goethe met en scène les deux registres. D'un côté, Faust lui-même, représentant d'une tristesse d'un nouveau genre. Assis à son pupitre, il incrimine tout le savoir théorique (philosophie, théologie, droit, médecine) qu'il a amassé, et dont l'étude ne l'aura pas fait avancer d'un seul pas sur le chemin de la vie. Au terme d'années de labeur, le désir de Faust est de « danser sur le gazon pâle des prairies ». Le souhait d'« oublier toutes les misères de la science » émane d'une époque où le savoir n'est plus convertible dans l'expérience. Quoi de plus désespérant qu'une connaissance acquise au prix fort et qui ne délivre pas le moindre secours existentiel ?*

Ce n'est pas un hasard si, dans son monologue, Faust invoque une « mélancolique amie ». La célèbre gravure de Dürer représente la mélancolie sous la figure d'un ange assis, tenant un livre sur ses genoux, le regard perdu dans le vide, le menton appuyé sur un poing fermé. À ses pieds se trouve toute la vanité des sciences : des instruments de mesure sans emploi, une sphère et un polyèdre. Pas davantage que les sciences citées par Faust, la géométrie ne dispense un savoir capable d'apporter la sérénité à celui qui le détient.

La tristesse de Faust s'exprime dans son incapacité de consoler les autres à l'aide des vérités acquises par l'étude : « Je cherche vainement quel savoir véritable / Je pour-

rais enseigner à l'homme misérable / Pour le reconvertir et le rendre meilleur ! » La science accumulée par Faust est un « savoir de connaissance » (Foucault), c'est-à-dire un savoir qui laisse inchangé celui qui le possède, et ne fournit de consolation ni pour lui ni pour les autres. Pour les Modernes, la possibilité que la vérité soit triste s'est réalisée dans l'accumulation des livres. Ceux-ci explorent le monde avec plus de précision qu'on ne l'a jamais fait auparavant. Mais ils sont devenus si nombreux que personne ne peut les lire tous, à supposer qu'une connaissance intégrale de ce genre apporte autre chose que l'ennui. Depuis sa tristesse érudite, Faust demande davantage au savoir : une transfiguration de lui-même et un retour à la vie. En s'adressant à la « magie », il espère réactiver les pouvoirs consolants de la spiritualité à une époque qui les a exclus au profit de la rigueur objective. Il recherche un savoir qui le console de la science.

Le pacte avec Méphistophélès est censé rendre à Faust le rapport immédiat au monde qu'il imagine avoir perdu. Sur ce chemin, il échouera : il n'y a pas de retour à la naïveté pour celui qui a entraperçu que la vérité ne console pas. Malgré tous ses efforts pour devenir un séducteur, Faust ne parvient pas à s'abandonner à la sensualité. Si l'on excepte quelques étreintes éphémères, il doute trop pour jouir charnellement (« Je chancelle entre désir et jouissance / Et dans la jouissance implore le désir »). Le savoir de connaissance ne s'oublie pas : comment désapprendre que la vérité ne rend pas heureux ? Au milieu de son aventure amoureuse, alors même que la « magie » devrait opérer, Faust fait l'épreuve d'un savoir inquiet qui est celui de la finitude : « Ah ! que l'homme jamais n'atteindra le parfait, je le sais maintenant. » Assisté du diable, il ne retrouve pas l'« arbre d'or de la vie », dont il doute même que quelqu'un l'ait seulement approché. Dans la première version de la pièce de Goethe, son désir d'être consolé ici et maintenant demeurera inassouvi. À l'instar de beaucoup de Modernes, Faust paie ce désir de son espérance de salut dans l'au-delà.

Dans cette affaire, Faust est l'inconsolé, mais Marguerite est l'inconsolable. Séduite puis avilie, la jeune fille est écartelée entre l'innocence et le sérieux (« Le cœur moitié occupé des jeux de l'enfance, et moitié de l'amour de Dieu »). Ce mélange de naturel et de profondeur a tout pour plaire à Faust qui recherche l'immédiateté dans l'esprit (là où un Moderne ne peut plus la trouver). Mais il scelle aussi le destin de la jeune fille, trop exigeante en matière d'absolu pour admettre la moindre consolation.

À côté de Marie Beaumarchais et de Dona Elvire, Kierkegaard fait de Marguerite une des « trois fiancées de la tristesse » (« Silhouettes », Ou bien… Ou bien…*). Inconsolable, leur douleur est moderne car elle réside dans une réflexion permanente sur la souffrance. Niobé, Électre et Antigone appartenaient au tragique ancien : leur épreuve est celle de toute une lignée, non celle d'un individu singulier méditant sur son sort. Même maudite, la communauté familiale continue à être un refuge. Le malheur s'abat sur elles comme une fatalité, donc avec une certaine évidence. Ces femmes ne doutent pas qu'il leur faille aller jusqu'au bout de la malédiction parce que celle-ci est un destin dont elles sont solidaires du fait de leur naissance. Nulle réflexion dans ce genre de tristesse objective : pour ces héroïnes de l'Antiquité, le refus de la consolation est une manière naturelle et immédiate d'être fidèle aux liens du sang.*

Par un côté, Marguerite leur ressemble. « Tant que Faust a été près d'elle, écrit Kierkegaard, elle n'a pas découvert le doute. » La jeune fille n'a été que par Faust et par le savoir dont témoignaient ses discours et sa présence. Non moins que les héroïnes antiques, elle rejette les consolations de son entourage qu'elle perçoit comme un langage adressé à quelqu'un d'autre. Le renoncement à l'amour impliquerait le renoncement à soi : « La flèche, si rapide que soit son essor, peut-elle oublier la corde de l'arc ? [...] Et la goutte d'eau, si longtemps que dure sa chute, peut-elle oublier le ciel d'où elle tombe ? » (ibid.). *L'oublier lui, ce serait cesser d'être.*

Par un autre côté, pourtant, Marguerite est une héroïne moderne : elle entre dans le doute et devient inconsolable parce qu'elle ne sait pas ce qu'elle a vécu. Contrairement aux héroïnes antiques, elle ne dispose d'aucune des évidences qu'offre le destin (Faust aurait pu demeurer auprès d'elle) ou le sang (elle n'est pas la dépositaire d'un secret de famille). C'est pourquoi elle retient malgré tout une inquiétude des consolations qu'on lui adresse : puisque Faust a été un trompeur, ce qu'il a dit demeure-t-il vrai ? La trahison frappe d'ambivalence la plénitude qui l'a précédée : il devient littéralement impossible de savoir qui croire du monde qui condamne Faust ou de la mémoire amoureuse qui continue à témoigner en sa faveur.

Marguerite souhaiterait demeurer fidèle, cela lui permettrait au moins de se livrer à la tristesse, à l'instar de Niobé sur son rocher. Elle ignore cependant à quoi ou à qui être fidèle. Sa mémoire lui fait défaut, non parce que ses souvenirs seraient vagues, mais parce que l'abandon dont elle est la victime inscrit son passé dans l'indécidable. La fidélité est un attachement à l'affliction qui suppose un savoir sur sa propre tristesse. Or ce savoir manque à Marguerite qui, à chaque fois qu'elle s'afflige, se demande si Faust n'a été qu'un mirage. La fiancée de la tristesse ne choisit pas d'être inconsolable, elle l'est par l'impossibilité de se figurer sa propre désolation : « Elle n'est même pas capable de penser la perte qu'elle subit ; il n'est pas jusqu'à la force de se représenter son malheur qui ne lui soit ravie » (Kierkegaard, op. cit.).

Faust demeure inconsolé de ne pas pouvoir oublier ce qu'il sait (que la vérité ne rend pas heureux), Marguerite est inconsolable de ne pas savoir ce qu'elle a perdu. L'héroïne fait l'épreuve d'un état typiquement moderne : n'être que le souvenir de quelqu'un, et douter que ce souvenir ait été vrai. Maintenant que Faust est parti, tout lui apparaît douteux, à commencer par son âme ballottée entre une tristesse irrévocable et un scepticisme qui menace de la rendre folle. Le trouble identitaire de Marguerite est à la mesure de son amour. L'amante ne parvient pas à trancher entre la haine pour celui qui l'a abandonnée et la fidélité immédiate et définitive à son passé. Les deux possibilités sont exclues car elles supposeraient un savoir dont l'inconsolable ne dispose plus puisqu'il porte sur le sens intégral de l'expérience. Pour elle et, à travers elle, pour la modernité, la question « Qui suis-je ? » devient aussi irrésoluble que l'énigme qui la fonde : « Qu'ai-je perdu ? »

Chapitre 5

Affronter la désolation

> Ce qui est regagné, défendu pied à pied, repris, gagné
> N'est point le même que ce qui n'a jamais été perdu.
>
> Charles Péguy, *Le Mystère des Saints Innocents*

La méfiance que la philosophie moderne manifeste à l'égard de la consolation est liée à sa polémique antireligieuse. À partir du moment où l'on abandonne à la foi le soin d'offrir aux hommes des motifs pour supporter l'intolérable, le jugement négatif sur la religion s'applique à l'acte de consoler. Contre le christianisme, Nietzsche fait valoir, entre autres choses, que la promesse du salut n'est pas un signe de la vérité. Une affirmation ne devient pas vraie sous prétexte qu'elle apporte un réconfort à celui qui y adhère[1]. Être lucide, premier impératif d'une philosophie libérée de la théologie, c'est admettre que l'impossibilité de vivre sans consolation ne témoigne pas en faveur de la consolation. Il devient suspect de fonder une vérité sur une impuissance partagée. L'argument est similaire à celui que l'on oppose à la superstition qui doit être dénoncée précisément parce que la majorité des hommes s'y adonne. L'universalité du besoin de consolation est peut-être indiscutable, mais elle inciterait plutôt la philosophie à ne pas y répondre, du moins si elle refuse d'apparaître comme la servante de la naïveté des hommes.

1. Voir F. Nietzsche, *L'Antéchrist*, § 50.

Pour autant, l'abandon de l'acte de consoler à la religion est la conséquence, et non la cause, du désaveu dont cette notion fait l'objet dans toute une partie de la philosophie moderne. On connaît le texte dans lequel le jeune Marx définit la religion comme le « complément solennel » du monde moderne, autrement dit le « fondement universel de sa consolation et de sa justification (*ihr allgemeiner Trost-und Rechtfertigungsgrund*)[1] ». La consolation religieuse est assimilable à un narcotique (« l'opium du peuple ») qui, comme toute drogue, est une fausse réponse à une vraie question. Tout au plus peut-on partir du besoin de religion comme de l'expression spirituelle d'une misère réelle. L'espérance religieuse est rendue nécessaire par des rapports sociaux iniques, mais elle tend à pérenniser l'injustice du monde qu'elle promet de compenser seulement dans l'au-delà. Le schéma semble simple : la consolation est l'arme de ceux qui ne veulent rien changer au réel social. À l'instar de la religion, elle tombe sous le coup de ce qui, chez Marx lui-même, ne tardera pas à s'appeler « idéologie ».

Lorsqu'il rédige ce texte, Marx considère pourtant que la critique de la religion est déjà faite (par Feuerbach) et que c'est à une tout autre tâche que la philosophie doit désormais se consacrer. L'assimilation entre religion et consolation importe donc moins que l'idée de la philosophie au nom de laquelle Marx procède à cette assimilation. La nouvelle philosophie matérialiste s'assigne le but de produire la « vérité de *ce monde-ci*[2] », par différence avec la métaphysique allemande qui a consacré ses efforts à fonder spéculativement la légitimité de l'ordre social existant. La critique de Marx dénonce ce qu'il y a de consolant dans la philosophie idéaliste. Chez Hegel, l'armature logique aurait servi de justification à la perpétuation

1. K. Marx, *Critique du droit politique hégélien*, Introduction, trad. A. Baraquin, Paris, Éditions sociales, 1975, p. 197.

2. *Ibid.*, p. 198.

de l'Ancien Régime en Allemagne, alors même que le vent du renouveau soufflait (politiquement) en France et (économiquement) en Angleterre. L'idéalisme apparaît prémoderne à Marx en ce qu'il prétend consoler d'un monde où il y a besoin de consolations. Si le christianisme, dont Hegel ne cesse de dire qu'il a le même contenu que la philosophie, se prolonge par des voies rationnelles dans l'idéalisme, alors renoncer à l'idéalisme, c'est renoncer à ce que la philosophie nous console. Dévoiler la « vérité de ce *monde-ci* » doit s'entendre comme un objectif alternatif à celui que la philosophie a poursuivi jusqu'à ce jour : apporter un réconfort logique aux hommes malgré l'aliénation dont ils souffrent. Comme cette vérité est de nature révolutionnaire, Marx ne dira pas autre chose dans la dernière des *Thèses sur Feuerbach* selon laquelle « les philosophes n'ont fait qu'interpréter le monde de différentes manières, il s'agit maintenant de le transformer ». Une vérité qui transforme le monde est autre chose qu'un savoir qui console sans déraciner les causes profondes du mal.

Quoique célèbre, ce texte repose sur une confusion qui caractérise un grand nombre de critiques modernes de la consolation. Marx stigmatise le caractère conservateur de la consolation (critique de la religion) en même temps qu'il dénie à la philosophie le droit de consoler (critique de l'idéalisme). Les deux gestes coïncident dans la thèse selon laquelle la réalisation révolutionnaire de la philosophie entraînera à la fois l'abandon de sa gangue mystique et la disparition des motifs qui poussent les hommes à rechercher une consolation dans la croyance religieuse. Accéder au vrai et s'émanciper de ce qu'il y a d'aliénant dans l'expérience sociale sont les deux faces d'un même processus qui est le fait d'un unique sujet : le prolétariat.

S'il y a confusion, c'est parce que la thèse selon laquelle la philosophie ne console pas diffère de celle selon laquelle la consolation n'est pas un concept philosophique. On peut tout à fait soutenir, comme le fait ce livre, que, en tant que pratique et savoir spécifiques, la philosophie cesse de consoler dans la modernité et que, pour autant, la consolation constitue un thème philosophique à part entière. Bien plus, ce chapitre montrera que c'est parce que la philosophie moderne abandonne, au nom de l'idéal d'objectivité, le projet de consoler les hommes que certaines de ses catégories maîtresses témoignent, en en déplaçant le site, de la permanence de ce projet.

La philosophie moderne est traversée par la question de la consolation précisément parce qu'elle a renoncé à consoler par ses propres moyens. Il est exact que l'on ne trouve plus, après Hobbes ou Descartes, de traités philosophiques de la consolation ailleurs que dans le registre éminemment suspect des thérapies par la sagesse. C'est le fait de ce que nous avons appelé la « parole perdue » et qu'il nous reste à expliciter comme l'affaiblissement, typiquement moderne, des trois ordres traditionnels de la consolation : la nature comme cosmos, la communauté comme corps et le langage comme expression transparente de l'harmonie du monde. Les Temps modernes sont nés d'une remise en cause de ces ordres, il serait donc étonnant que leurs philosophes puissent s'en réclamer pour apporter un réconfort aux hommes. Mais les Temps modernes se caractérisent aussi par une série de répliques à la détresse dont ils sont issus : certaines de ces répliques, les plus significatives, relèvent de la logique de la consolation. Si cette hypothèse est avérée, il ne suffit pas de dire que la philosophie moderne médite une consolation qu'elle ne peut plus apporter *directement*, il faut ajouter qu'elle est la seule à disposer des ressources pour penser jusqu'au bout une pratique et un besoin dont on a vu à maintes reprises qu'ils impliquent un art du détour, de l'ajournement et de la délégation. Il faut donc assumer le paradoxe : la philosophie pense d'autant mieux la consolation qu'elle renonce à la dispenser par des moyens purement théoriques. Ce que, depuis Platon, et au moins jusqu'à Boèce, on nomme « consolation » reçoit son sens véritable seulement à partir du moment où la philosophie reconnaît qu'elle ne peut qu'en indiquer la condition sans la remplir elle-même.

Les Temps modernes sont l'époque où la consolation *par le savoir rationnel* devient plus difficile parce que les ordres sur lesquels on la faisait reposer sont perdus. Mais il n'y a de consolation authentique que dans la conscience, partagée par le consolateur et le consolé, du caractère définitif de la perte. Dans le meilleur des cas, cette conscience s'accompagne de la liberté d'inventer quelque chose de nouveau pour répliquer à la désolation. Les Temps modernes (*Neuzeit*, « temps nouveaux » en allemand) sont issus de cette désolation et, de ce fait, animés par le souci de substituer de nouvelles catégories aux codes anciens de la consolation. Parmi ces catégories, on trouve le « progrès » et la « représentation » sur lesquels pèsent un grand nombre des critiques de la modernité. La réhabilitation de la consolation dans la modernité implique donc une réhabilitation partielle des catégories majeures de la philosophie moderne avec lesquelles, de toutes parts, on nous invite aujourd'hui à rompre. Plutôt que de concepts, on parlera à propos du progrès et de la représentation d'*opérateurs métaphoriques*, tant il est vrai que la consolation est un acte qui incite son destinataire à porter son regard ailleurs que sur la perte qu'il a subie. Le déplacement sémantique que réalise une métaphore doit être interprété ici comme une tentative pour réorienter les attentes humaines en matière de sens. Dans des registres distincts, le progrès et la représentation résultent du constat qu'il est devenu impossible d'obtenir un réconfort d'un savoir métaphysique certain. Ils peuvent d'autant plus consoler qu'ils ne sont perçus *que* comme des consolations, et non pas comme un moyen de retourner en deçà de la perte dont la modernité est issue.

Progrès et solitude

Parmi les croyances mises en avant par les Temps modernes, celle qui porte sur un progrès universel et permanent de l'humanité vers le mieux est sans doute la plus affaiblie à l'époque contemporaine. Ni les inventions techniques, ni l'évolution morale des individus, ni le devenir des institutions politiques dans le monde ne permettent plus au présent de juger le passé au nom d'un avenir radieux dont il serait l'annonce. Il n'est pas nécessaire de s'attarder sur les événements qui, dans l'histoire récente, semblent réduire le progressisme à une idéologie funeste qui a justifié le pire au nom d'une foi démesurée dans l'avenir[1]. Mieux vaut se demander comment le concept de progrès a pu, au début des Temps modernes, recevoir une extension telle que les critiques de la modernité concentrent leurs attaques sur lui. Il se pourrait que, loin de l'*hybris* qu'on lui prête généralement, l'émergence historique du thème du progrès ait beaucoup à voir avec l'humble besoin de consolation.

La croyance dans le progrès est dogmatique pour autant qu'on la tient pour une sécularisation de la foi eschatologique dans l'accomplissement de la justice divine. Blumenberg a fait pièce de cette accusation en montrant que, dans la modernité, l'eschatologie devient davantage un motif d'effroi que d'espérance : le progrès réclame une confiance dans la permanence du monde qui est tout à fait étrangère aux croyances religieuses sur l'imminence de la fin[2]. Plutôt que de rechercher dans le christianisme un antécédent aux Temps

1. J'ai essayé de montrer ailleurs que le catastrophisme contemporain a substitué à la confiance dans l'avenir un doute sur le fait qu'il y ait un avenir pour les hommes. Ce doute est évidemment rédhibitoire pour toute pensée du progrès (voir M. Fœssel, *Après la fin du monde. Critique de la raison apocalyptique*, Paris, Seuil, 2012, p. 57-72).

2. Voir H. Blumenberg, *La Légitimité des Temps modernes*, Paris, Gallimard, 1999, p. 35-45.

modernes qui les dépossède de leur prétention à l'originalité, il faut se demander comment le progrès a pu devenir une catégorie universelle à un moment déterminé de l'histoire.

Les progrès ont certainement « toujours existé en tant qu'expérience[1] ». En revanche, c'est seulement au début des Temps modernes que *le* progrès a été projeté sur l'histoire dans son ensemble pour qualifier sa direction. À cet égard, la construction de certains instruments techniques a joué un rôle déterminant : avec l'invention du télescope, un horizon indéfini de découvertes s'est ouvert dont on a fait l'expérience concrète qu'il ne se refermerait jamais. Les étoiles sont devenues, à partir de Galilée, un immense champ d'exploration pour la connaissance mathématique de la nature. De là à croire que cette connaissance ne rencontrerait pas davantage de limite que l'espace n'en comporte, il n'y a qu'un pas que l'idée moderne de progrès devait permettre de franchir.

Il reste que cette idée repose sur une conception de l'espace et du temps qui n'a, en elle-même, rien de réconfortant. Avant que la découverte scientifique de l'infinité de l'espace n'autorise des hypothèses consolantes sur la possibilité que d'autres mondes soient habitables, elle a suscité plus d'angoisse que d'espérances. La thèse freudienne sur l'« humiliation narcissique » subie par l'humanité à la suite de la découverte de Copernic n'est qu'une expression parmi d'autres de ce que l'élan moderne en faveur de la science ne s'est pas produit dans une atmosphère particulièrement optimiste[2]. On vérifiera dans un instant à propos du progrès que l'« infini » ne doit pas être compris d'abord comme un attribut de la supériorité de l'homme dans l'univers, mais comme le symbole de la distance incommensurable entre l'individu et les objectifs les plus hauts qu'il se fixe. Si le sage antique trouvait dans la

1. *Ibid.*, p. 39.

2. S. Freud, « Une difficulté de la psychanalyse » (1917), in *L'Inquiétante Étrangeté et autres essais*, Paris, Gallimard, 1985.

contemplation des étoiles une consolation à la vie terrestre, c'est parce que l'ordre *fini* du monde était censé se refléter dans la voûte céleste. La nature comme cosmos dans lequel chaque événement et chaque destinée individuelle peut être vu comme un élément nécessaire du Tout constituait le premier ordre de la consolation classique. En regard de cette conception apaisante de l'appartenance, l'infini des Modernes est « plus un prédicat de l'indétermination que de la dignité, plus une expression de la déception que de la prétention[1] ». Même mathématisable, l'infinité de l'univers se paie de la perte d'un savoir sur une hiérarchie cosmique à l'intérieur de laquelle l'homme pouvait prétendre à une place de choix.

Ce qui vaut de l'espace vaut davantage encore du temps dont on devine l'importance pour l'idée de progrès. Avant la certitude d'un état final vers lequel l'histoire s'orienterait nécessairement, celle-ci implique l'indétermination de l'avenir. Le temps linéaire et vectoriel de la physique moderne échappe à la temporalité cyclique dans laquelle les croyances prémodernes avaient retenu le monde. Certes, ce temps « en progrès » est ouvert à l'action des hommes. Mais la croyance selon laquelle l'humanité fait l'histoire n'implique encore aucune confiance dans l'avenir. À ce niveau, on se trouve plutôt confronté à l'hiatus typiquement moderne entre le désir de l'individu solitaire de voir ses aspirations réalisées de son vivant et le fait que cette réalisation soit sans cesse reportée dans l'avenir. On peut suivre Blumenberg lorsqu'il suggère que c'est à la suite de la déception des attentes initiales ouvertes par la science que les Modernes ont commencé à parler de progrès *infini*[2]. La nécessité de remettre à plus tard la satisfaction d'un désir est d'autant plus décevante que rien ne garantit que celui qui s'y soumet sera encore présent au

1. H. Blumenberg, *La Légitimité des Temps modernes*, *op. cit.*, p. 95.
2. Le chapitre précédent a commenté la manière dont Descartes expérimente ce genre de déception à propos des attentes qu'il avait placées dans la médecine.

moment de la réussite. La mortalité du chercheur solitaire accompagne comme une ombre la croyance dans un progrès sans limites.

Appliquée au progrès, l'infinité ne désigne donc pas l'appropriation par l'homme d'un attribut jusqu'ici réservé à Dieu, mais une « forme de résignation[1] ». La question de savoir si l'on peut supporter quelque chose ne se pose sérieusement qu'à partir du moment où il devient envisageable que cette chose soit sans fin. En deçà de toute affirmation triomphale sur le sens de l'avenir, l'idée de progrès à l'infini a pour but de rendre humainement supportable une histoire qui ne reçoit plus de terme assigné.

Le progrès, une catégorie de la consolation ? L'hypothèse est si peu farfelue qu'elle a été explicitement avancée par un philosophe dont l'assentiment aux idéaux des Lumières est au-dessus de tout soupçon. Kant envisage la possibilité d'écrire l'histoire de l'humanité en suivant le « fil conducteur » du progrès juridique avec un luxe de précautions. Le « projet étrange » de raconter cette histoire selon une « Idée du cours que le monde devrait suivre » semble ne pouvoir aboutir qu'à la composition d'un « roman »[2]. L'écart entre l'Idée de la raison morale et le temps des événements apparaît d'autant plus infranchissable que le ressort de l'histoire est celui des passions et de la méchanceté humaines. Qu'est-ce qui, dans ces conditions, autorise Kant à faire l'hypothèse du progrès de l'histoire universelle en direction du cosmopolitisme ? Rien d'autre que le caractère consolant de cette représentation. En effet, ce fil conducteur

> ne sera pas seulement utile à l'explication du jeu confus des affaires humaines, ou à la prophétie politique des transformations futures [...], mais il ouvrira (ce que l'on ne peut avoir des raisons d'espé-

1. *Ibid.*, p. 44.
2. E. Kant, *Idée d'une histoire universelle d'un point de vue cosmopolitique* (1783), IXe Proposition, Ak VIII, p. 29.

> rer si l'on ne présuppose pas un plan de la nature) une perspective consolante sur l'avenir (*eine tröstende Aussicht in die Zukunft*), où l'espèce humaine est représentée dans une ère très lointaine comme travaillant cependant à s'élever enfin à un état où tous les germes que la nature a placés en elle pourront être complètement développés, et sa destination ici-bas pleinement accomplie[1].

À la différence du métaphysicien, le philosophe critique ne dispose d'aucun savoir qui lui permette de réconcilier la raison et le temps. Sa situation est encore plus précaire lorsque ce temps est celui de l'histoire, et qu'il est fait par des individus qui ne se soucient pas collectivement de la moralité de leurs actions. La seule issue réside dans le bénéfice pratique que l'on peut retirer de la contemplation du devenir de l'espèce humaine selon le fil conducteur du progrès. Celui-ci est consolant dans l'exacte mesure où il permet de *voir* l'action des hommes *comme* si elle suivait un cours providentiel. On retrouve la dimension métaphorique qui caractérise toute consolation en ce que celle-ci offre la représentation d'un sens à la place d'une certitude perdue. Le progrès historique est moins qu'un savoir et davantage qu'un pari arbitraire : il vient en supplément d'une connaissance, dont la philosophie moderne ne dispose plus, sur le caractère providentiel de la Création. Par là s'éclaire aussi la désolation dont l'hypothèse d'un progrès infini nous console. Le temps de l'histoire dont parle Kant est celui de l'espèce humaine, autrement dit celui de la nature. Il ne se fonde pas sur un temps théologique rythmé par la volonté divine et dont on pourrait légitimement attendre une certitude sur le salut universel. L'hypothèse moderne du progrès console d'abord de la perte du paradigme religieux de la consolation.

Le plus surprenant dans le texte que l'on vient de citer est que Kant fait porter la consolation sur l'avenir et non sur le passé. Le point de vue cosmopolitique permet bien d'espérer

1. *Ibid.*, Ak VIII, p. 30.

que la multiplication des guerres, du fait de la lassitude qu'elles engendrent, contraindra les hommes à s'unir sous des principes cosmopolitiques. Mais ce point de vue ne justifie pas la violence du passé, il permet plutôt d'espérer dans ce qui se produira, même si nous n'en serons pas les témoins directs. Kant est un philosophe moderne dans la mesure où son désir de consoler n'implique pas la défense inconditionnelle de ce qui est advenu. *Il n'envisage pas de sauver quoi que ce soit qui ne puisse être transformé.* La consolation, si elle agit sur les vivants, demeure à la charge d'une liberté à venir : « Mais comment une histoire *a priori* est-elle possible ? Réponse : lorsque le devin fait lui-même et organise les événements qu'il prédit[1]. » Il n'y a une chance de saisir un sens réconfortant dans l'avenir que parce que le sujet qui cherche à se consoler est en même temps l'acteur de sa propre histoire. On conclurait trop vite en disant que cette promotion de l'homme au rang d'agent historique manifeste l'optimisme des Lumières. Elle implique en vérité deux conséquences qui, jusqu'à nos jours, demeureront intimement mêlées dans les diagnostics sur l'histoire. D'abord, nous pouvons « sauver » l'histoire parce que celle-ci est faite des actions que nous y menons : rien n'est d'ores et déjà décidé. Ensuite, l'avenir est à notre charge et, comme tout ce qui intègre la sphère du souci humain, il faut se préparer à devoir nous en consoler. L'hypothèse du progrès infini de l'histoire console par avance les hommes d'un avenir qu'il ne leur est plus loisible de déléguer à Dieu ou au destin.

Dans la modernité, la croyance dans le progrès remplace la consolation que les Anciens déléguaient à la mémoire. Au cours de son analyse des techniques de soi stoïciennes, Foucault remarque en passant qu'une des grandes mutations dans la philosophie occidentale aura lieu « le jour où on pourra penser que la réflexion sur la mémoire est en même temps

1. E. Kant, *Conflit des facultés*, II, 2, Ak VII, p. 79-80.

une attitude à l'égard de l'avenir[1] ». C'est très exactement ce qui se passe dans le texte de Kant que nous avons cité. Si la sagesse antique préconisait la conjuration de l'avenir (figure du néant) au profit du souvenir consolateur, l'attitude moderne pose que le regard sur le passé est en même temps un regard sur le futur.

On touche par là au cœur de ce qu'est une conscience historique et du drame qu'elle doit affronter. Cette conscience est structurellement inquiète puisqu'elle contemple le passé avec le souci de l'avenir. Comme cet avenir est ouvert, il n'y a plus, pour elle, d'origine stable vers laquelle il serait toujours possible de se retourner lorsque le présent est désolé. C'est le sens de l'abandon du modèle de la réminiscence dont il a déjà été question : aucun souvenir n'apporte une consolation définitive là où le passé (celui d'une vie comme celui d'un peuple) cesse d'être dissociable du présent. Dès lors, le seul regard sur le passé qui puisse encore être consolant est celui qui le rattache à l'éventualité d'un progrès futur. En reprenant la terminologie de Kant, on dira qu'il faut pouvoir lire ce qui est advenu selon le « fil conducteur de l'Idée » pour sauver le passé de l'absurdité et du mal. Mais si le passé devient dépendant de l'avenir, il épouse l'incertitude de ce dernier. Il n'est plus possible pour une conscience devenue historique de se consoler par ses souvenirs car le sens de ce qui s'est produit autrefois n'est *pas encore* donné : il ne deviendra accessible que dans un avenir auquel nous ne sommes pas assurés de prendre part à titre individuel.

Le progrès à l'infini console les hommes de ne plus disposer d'une mémoire absolument certaine. Aucune tradition, aucune origine, aucune révélation ne demeure hors de doute quant à sa signification ou, même, quant à son existence. En orientant le regard vers l'avenir plutôt que vers le révolu, Kant suggère que nous ne sommes plus en mesure de savoir si ce

1. M. Foucault, *L'Herméneutique du sujet*, *op. cit.*, p. 446.

qui a été perdu a été réellement possédé. La consolation des Modernes passe par ce scepticisme sur la réalité des ordres anciens (nature, communauté, langage) qui permettaient justement aux hommes d'affronter le présent avec une certaine assurance. Sa tâche est plus rude, sa réussite plus incertaine que les traités classiques de la consolation ne le laissaient entendre puisque c'est à l'avenir qu'est déléguée la fonction de racheter le passé.

Rompant avec tout savoir objectif, la consolation des Modernes devient espérance. Encore faut-il s'entendre sur le statut de cette dernière. L'espérance est une vertu théologale de la foi chrétienne qui considère, elle aussi, que l'avenir console à la mesure de la promesse contenue dans la Révélation. On a souvent dit qu'en élevant l'espérance à la dignité d'un concept philosophique à part entière Kant avait inscrit le christianisme dans la raison pure. Il n'en est rien. Ce qu'il y a de consolant dans l'espérance rationnelle n'a en effet plus rien à voir avec une révélation : en parfaite conformité avec sa méthode transcendantale, Kant expulse la consolation du champ de *l'expérience*. Ce point est capital dans l'élaboration d'un concept moderne de consolation. Il est davantage marqué lorsque le philosophe traite non plus du progrès juridique de l'espèce humaine, mais du progrès moral de l'individu. C'est justement à ce niveau que Kant semble le plus près de la religion chrétienne puisqu'il affirme que l'« immortalité de l'âme » constitue un prérequis de l'espérance dans une amélioration morale du sujet. L'accomplissement de la vie humaine, que Kant nomme « souverain bien », est inaccessible dans les conditions du temps naturel qui sont indifférentes à la liberté morale. Face à la brièveté de la vie, il n'est guère possible de faire plus que de postuler une immortalité qui donne un sens aux efforts nécessairement inaboutis de l'individu pour se rendre meilleur. Objet d'une démonstration pour la métaphysique, l'immortalité est ramenée par Kant au rang de postulat de la raison pratique : il faut admettre sans preuve cette immortalité parce qu'un être fini ne peut accéder à la perfection morale que dans un « progrès allant à l'infini[1] ».

S'agit-il, pour autant, d'une consolation comparable à celle qu'offre la foi religieuse ? À propos du postulat kantien de l'immortalité de l'âme, Levinas parle d'un « espoir réfractaire à toute connaissance, à toute gnose[2] ». Cette formule exprime parfaitement le caractère *agnostique* de la consolation tel qu'il vient au premier plan dans la philosophie moderne. On cherche à consoler lorsque l'on ne dispose pas d'une vérité qui serait monnayable ici et maintenant, dans le champ de l'expérience. À propos de la nature de l'âme, Kant se place au niveau du défaut d'évidence qui, à ses yeux, caractérise tous les jugements métaphysiques. C'est pourquoi l'immortalité dont il parle ne ressemble pas à un prolongement de la vie : le temps en est absent. Elle ne ressemble d'ailleurs à rien de ce que nous pouvons expérimenter ici-bas, en sorte que le sujet ne peut s'y référer comme à un savoir ou à une croyance qui viendraient relativiser les épreuves du présent. La mort demeure la limite de ce qui peut être connu : l'espérance qui porte sur ce qui adviendra « après » elle n'est pas semblable à l'attente de quelque chose qui doit arriver.

Pour citer à nouveau Levinas, l'immortalité appartient à « ces significations que l'ontologie n'épuise pas[3] ». L'« après » qu'elle désigne n'est pas identique à celui qu'espère la volonté de survivre car il n'*est* pas sur le mode de ce que nous pouvons désirer dans le temps. Ce pas au-delà de l'être (*i.e.* de ce qui se maintient identique à soi, de ce qui demeure le même) est décisif pour comprendre la consolation par le progrès. Que l'âme soit immortelle ne veut pas dire, pour

1. E. Kant, *Critique de la raison pratique*, Ak V, p. 122.
2. E. Levinas, *La Mort et le Temps*, Paris, L'Herne, 1991, p. 71.
3. *Ibid.*, p. 65.

Kant, que la vie sera prolongée dans les termes et suivant les coordonnées où elle a été vécue. L'espérance ne serait pas consolation, mais certitude, si l'objet de la perte devait être restitué à l'identique. L'immortalité n'est pas présentée non plus comme l'accomplissement de ce dont la vie vécue n'aura été que l'ébauche : infini, le progrès moral ne mène à aucune béatitude qui parachèverait le bonheur recherché ici-bas. L'autre vie est plutôt un « autrement que vivre », c'est-à-dire une manière d'articuler la subjectivité à l'excès de toute réalisation possible. Davantage que dans le cas de l'histoire, le progrès à l'infini désigne un avenir qui n'est encore advenu d'aucune façon dans l'expérience, pas même sous la forme d'une utopie. Le consolateur qui use d'une telle arme n'a rien à offrir, sinon le témoignage d'un autre régime de significations que celui auquel est soumis un être mortel arrimé au vouloir vivre.

Le temps que la consolation moderne fait paraître est pourtant rien moins qu'abstrait. Voir le monde selon un progrès authentiquement infini, c'est opérer une trouée dans l'expérience où les choses sont généralement perçues à l'aune de ce que nous pouvons en connaître ou en faire. Pour un être fini, voir selon cette espérance-là revient à se laisser surprendre par ce qui excède la désolation du présent. Italo Calvino a donné une expression concise de cet apprentissage lorsqu'il fait avouer à Marco Polo l'espérance qui anime ses voyages vers des villes dont il n'a aucune idée : « Chercher et savoir reconnaître qui et quoi, au milieu de l'enfer, n'est pas l'enfer[1]. » La tâche d'un consolateur agnostique est de susciter chez l'autre souffrant un étonnement où le monde n'est plus interrogé d'après l'essence qu'il manifeste ou selon la jouissance qu'il promet. Il s'agit de trouver une consolation, c'est-à-dire un ailleurs radical, « dans la façon dont une

1. I. Calvino, *Les Villes invisibles*, trad. J. Thibaudeau, Paris, Seuil, rééd. « Points », 1996, p. 189.

feuille est remuée par le vent, dans la beauté d'une mélodie, le visage d'une jeune fille, un sourire d'enfant, un mot[1] ».

À la place du corps : la représentation

Avant de poursuivre, il faut préciser en quel sens il est légitime d'affirmer que certains thèmes directeurs de la philosophie moderne fonctionnent comme des « catégories de la consolation ». Chez Kant, le progrès vient en lieu et place d'une conception du temps comme totalité cosmique ou providentielle où chaque destinée individuelle occupe une place nécessaire. Le progrès à l'infini console de la perte de ce qui a longtemps constitué un ordre de la consolation : l'appartenance au monde comme à un Tout finalisé. « Consoler d'une consolation devenue impossible » serait un projet désespéré s'il n'existait qu'un seul modèle de la consolation, toujours identique dans l'histoire. Or, ce n'est pas le cas : les Temps modernes ouvrent une carrière inédite à l'idée de consolation parce qu'ils naissent d'une désolation d'un nouveau genre. Celle-ci résulte de la mise en concurrence des croyances religieuses et des savoirs scientifiques. Dans la modernité, l'écart entre, d'une part, ce qui sauve et, d'autre part, la vérité objective constitue une donnée de l'expérience. Malgré la puissance et l'exactitude qu'elles ont acquises, les sciences modernes ne suffisent pas à combler les attentes individuelles en matière de sens. De toute façon, la profusion des connaissances spécialisées rend leur appropriation subjective impossible. L'autonomisation des savoirs scientifiques par rapport aux exigences qu'il faut bien appeler « spirituelles » de la subjectivité constitue un trait dominant de notre époque.

Suffit-il de dire que la modernité oppose un modèle de

1. E. Levinas, *La Mort et le Temps*, *op. cit.*, p. 117.

consolation (tourné vers l'avenir) à un autre (davantage axé sur la mémoire, le savoir métaphysique ou la certitude religieuse) ? En réalité, elle fait plus. Comme il appartient à l'acte de consoler d'offrir un savoir *à la place* d'une vérité indisponible, on peut dire que les Temps modernes, même si leurs philosophes emploient rarement le terme, sont l'époque où l'idée de consolation reçoit son sens adéquat. Envisagé comme catégorie de la consolation, le progrès nomme à bon escient ce que l'ancienne métaphysique confondait avec un savoir certain, par exemple sur l'immortalité de l'âme, l'existence de Dieu ou l'ordre du monde.

L'ambition de la modernité est d'accéder à la signification authentique des concepts dont la métaphysique ou la religion usaient de manière imprudente. Pour en rester à la pensée de l'histoire, c'est le cas de l'idée de « Révélation » que Lessing interprète rétroactivement comme « éducation du genre humain ». L'accès à la vérité que la religion a défini comme un don de Dieu résulte en réalité d'un apprentissage progressif dans le temps : la révélation est au genre humain ce que l'éducation est à l'individu[1]. Ce genre de redéfinition ne va pas sans une rectification critique où la raison moderne prétend délivrer le sens véritable des thèmes investis par la religion chrétienne. En l'espèce, le besoin de consolation auquel la tradition répondait par la foi ou par la connaissance doit être ramené à sa véritable dimension qui est celle d'une espérance sans preuve. Parce qu'il est lui-même assujetti à la perte qu'il affronte, le consolateur sait désormais qu'il n'apporte rien de plus qu'une consolation. C'est pourquoi la promesse relative à l'avenir ne prend pas la forme d'une injonction : plutôt qu'un devoir, l'espérance désigne une attitude conforme à la finitude de la connaissance humaine.

Cet aveu n'implique pas l'abandon de la métaphysique au registre des accessoires dépassés. Ici encore, Kant constitue un

1. Voir G. E. Lessing, *De l'éducation du genre humain* (1785), § 1.

excellent témoin puisqu'il n'annule pas les questions traditionnelles de la métaphysique, mais les *déplace* en direction de la philosophie morale et politique. La consolation était présentée comme le résultat d'un savoir théorique (sur le monde, l'âme ou Dieu), elle devient l'objet d'une espérance pratique qui appartient au registre de l'action. Cette deuxième remarque est essentielle à l'examen des catégories modernes de la consolation. L'exemple du progrès dans l'histoire montre que ces catégories ne sont pas nécessairement d'ordre psychologique, ni même individuel. Il peut sembler surprenant de rechercher une consolation dans la sphère pratique, et *a fortiori* politique, lorsque l'on s'attendrait à voir cette notion à l'œuvre dans les parages de l'intime. Mais, de même qu'il n'est pas sûr que l'intime soit étranger au politique, il n'y a aucune raison de limiter l'expérience du malheur à la conscience privée. La désolation à laquelle s'affrontent les Temps modernes recèle une dimension politique pour autant que l'on ne réduit pas ce terme à son sens trivial. En évoquant l'exigence (jamais acquise) d'un « être-avec », le terme de *con*-solation fait signe vers un aspect politique du problème que les Temps modernes placeront au premier plan.

Cette dimension apparaît en toute clarté lorsque l'on traite, après le progrès, du second opérateur de la consolation des Modernes : la représentation. Ce terme excède le champ juridique en direction de la théorie de la connaissance et de l'ontologie. Depuis Heidegger, on a l'habitude de dire (généralement pour le déplorer) que les Temps modernes sont l'époque de la représentation entendue comme une caractérisation de l'être articulée à la séparation du sujet et de l'objet ainsi qu'à une vision scientifique du monde[1]. Cet aspect ne nous intéresse ici que pour autant que la représentation définit au plus près l'acte de consoler. Le consolateur travaille sur

1. Voir M. Heidegger, « L'époque des conceptions du monde », *Chemins qui ne mènent nulle part* (1950), Paris, Gallimard, 1962.

les représentations plutôt que sur les choses : faute de pouvoir annuler le malheur, il tente de lui adjoindre des images ou des jugements qui permettent à l'affligé de considérer sa situation avec moins de dépit. Plus précisément, le consolateur re-présente l'objet de la perte qu'il ne peut restituer à l'identique, mais seulement évoquer afin que son absence apparaisse moins irréparable. La représentation prend le sens de lieutenance : la parole du consolateur tient lieu, occupe la place, supplée ce qui manque et ne reviendra pas. Cette activité offre des mots ou des gestes à la place des choses : elle suggère une *identité* par-delà la *différence* qui sépare le discours du consolateur de l'expérience du consolé.

Formellement, cette structure identité/différence correspond à celle de la représentation qui, au début des Temps modernes, s'impose comme la procédure politique par excellence. À ceux qui s'étonneraient de ce rapprochement entre une notion d'allure psychologisante et une technique juridique, on peut d'abord répondre par les effets déceptifs engendrés par la représentation. Dès l'origine, et de manière toujours plus marquée dans l'histoire de la modernité, on a insisté sur l'écart entre le représentant et le représenté, comme si le système représentatif n'était jamais qu'un tenant lieu, voire un lot de consolation, par rapport à un exercice authentiquement démocratique du pouvoir[1]. Les critiques de la représentation politique partagent avec celles de la consolation le souci de ne pas renoncer à la présence *effective* de ce qui manque (en l'occurrence le peuple). On dit des délégués du peuple qu'ils ne sont « que » des représentants comme l'on dit des discours de réconfort qu'ils ne sont « que » des consolations. Dans les deux cas, ils habillent de mots et de procédures une absence à laquelle il faudrait remédier par une participation concrète.

1. Sur cette tension entre régime représentatif et démocratie, on ne peut mieux faire que de renvoyer à l'ouvrage de B. Manin, *Principes du gouvernement représentatif*, Paris, Flammarion, rééd. « Champs », 2012.

Il n'y a rien d'étonnant à ce que l'usage de la rhétorique soit commun à ces deux pratiques où il s'agit de convaincre qu'un individu peut parler à la place d'un autre, et pour son bien.

Il ne s'agit, jusqu'ici, que d'un rapprochement formel entre deux « techniques » qui visent à faire paraître une identité par-delà la différence. Afin d'ancrer l'hypothèse selon laquelle, au lieu de son émergence moderne, la représentation politique est bel et bien une catégorie de la consolation, il faut encore déterminer de quelle désolation elle résulte. Pour cela, la grammaire construite dans la première partie de ce livre offre une indication précieuse : l'un des principaux ordres de la consolation classique était la communauté. Pleurer avec, compatir à la souffrance de l'autre, mais aussi le ramener dans le droit chemin de l'ordre social : tout cela suppose l'existence d'un « commun » originaire auquel l'individu appartient quelle que soit l'intensité de sa douleur. La consolation est un démenti apporté à la solitude au moment même où celle-ci semble rendue définitive par le malheur.

Or, le penseur moderne qui a le plus contribué à détruire la thèse d'une communauté ou d'une sociabilité originaires de l'espèce humaine est aussi celui qui a fait de la représentation l'élément constitutif de l'unité politique. Thomas Hobbes n'est pas un théoricien de la consolation *stricto sensu*, à notre connaissance le mot n'apparaît pas dans son œuvre. Néanmoins, personne n'a plus que lui pris la mesure de ce que la rupture moderne s'apparente plutôt à une perte qu'à un gain. Il savait, par exemple, que l'attribut « infini » ne garantit aucune intelligibilité, mais désigne une marque d'impuissance[1]. Surtout, Hobbes est le penseur d'une tristesse universelle puisque c'est à une passion triste (la peur de la

1. « Lorsque nous disons qu'une chose est infinie, nous ne signifions rien de ce qu'est la chose en elle-même, mais nous témoignons de l'impuissance de notre esprit ; comme si nous disions que nous ne savons pas si et où elle est limitée » (T. Hobbes, *Le Citoyen*, XV, 14, trad. Sorbière [mod.], Paris, Flammarion, « GF », 1982, p. 269).

mort violente) qu'il délègue le soin de contraindre les hommes à s'unir sous des lois et sous un commandement communs. L'identification de l'état de nature à un état de guerre généralisé ruine totalement le principe des consolations classiques fondées sur l'ordre naturel comme lieu d'une appartenance pacifique. Selon Hobbes, l'absence d'un État souverain capable de tenir les hommes en respect entraîne au contraire le déchaînement violent des passions. Paradoxalement, l'état de nature est tel que « la nature, par lui, est détruite[1] » : une vie sans lois juridiques communes serait littéralement impossible puisqu'elle s'identifierait à un suicide perpétuellement recommencé de l'espèce humaine.

Le génie de Hobbes est d'élargir cette « destruction » de la nature comme norme morale à l'idée de communauté. L'être-ensemble n'est rien de *donné*, c'est-à-dire rien à quoi l'on puisse se référer comme à une évidence pour consoler des tourments de la vie. Le monde d'avant la politique est un lieu de désolation, en aucune manière une alternative au désespoir comme c'était, par exemple, le cas dans l'idée stoïcienne d'une « communauté des sages ». Plus que leur méchanceté naturelle, c'est leur irrationalité foncière qui condamne les hommes à une guerre perpétuelle : à l'état de nature, ils préfèrent la satisfaction immédiate de leurs ambitions plutôt que la soumission à des lois qui leur garantissent la survie. Dès lors, l'être (*i.e.* la nature) cesse de figurer un refuge et la connaissance qui porte sur lui prend l'allure d'un exercice de lucidité sans compromis. Aucun savoir de type métaphysique ou religieux n'est susceptible d'apporter le moindre réconfort : la vérité scientifique que Hobbes prétend avoir découverte (il se présente comme le « Galilée de la politique ») est justement ce qui interdit l'espoir de voir les hommes se comporter spontanément de manière raisonnable. Loin de consoler, la vérité oblige à inventer autre chose que

1. T. Hobbes, *Éléments de la loi*, I, XIV, 12.

ce que l'on a tenu dans l'histoire pour de bonnes raisons de ne pas désespérer de la vie.

Le concept de représentation intervient justement pour fonder autrement la communauté : non plus sur la nature, mais sur un artifice. L'originalité de Hobbes dans le *Léviathan* réside dans le fait que le représentant (*i.e.* le souverain, qu'il s'agisse d'un roi ou d'une assemblée) n'est pas un délégué du peuple pour cette raison qu'il n'y a pas de peuple avant que les hommes ne désignent un représentant. Ce qui règne à l'état de nature, on vient de le rappeler, c'est une multitude sans forme ni volonté qu'il est exclu de présenter comme une communauté. Il faut donc adopter la position radicale selon laquelle c'est le souverain qui constitue le peuple : « C'est l'unité du représentant, non l'unité du représenté, qui rend la personne *une* [...]. L'unité dans une multitude ne peut s'entendre d'une autre manière[1]. » La logique de la représentation s'identifie à celle de la personne dont Hobbes rappelle l'origine théâtrale : la *persona* est un « masque » auquel l'acteur recourt sur scène pour jouer son rôle. À ceci près qu'ici l'acteur (le souverain) écrit son texte et que l'auteur (le peuple) reconnaît qu'il est pleinement engagé par lui. Le pacte social est un engagement réciproque par lequel chacun autorise le souverain à agir et à parler à sa place, de telle sorte que l'unité du peuple réside tout entière dans celle de son représentant[2]. Suivant la grammaire de l'attribution métaphorique que nous avons étudiée à propos de la consolation, il faut pouvoir dire que le souverain *est* et *n'est pas* le peuple. Il l'est au sens où il le constitue comme peuple

1. *Id.*, *Léviathan* (1651), chap. XVI, trad. G. Mairet, Paris, Gallimard, « Folio », 2000, p. 276.

2. Le contrat social comme pacte d'autorisation et, simultanément, de soumission s'énonce ainsi : « J'autorise cet homme ou cette assemblée d'hommes, et je lui abandonne mon droit de me gouverner moi-même, à cette condition que tu lui abandonnes ton droit et autorises toutes ses actions de la même manière » (*ibid.*, chap. XVII, p. 288).

unifié, mais il ne l'est pas dans la mesure où cette identité est construite sur le mode de la séparation. Même s'il agit au nom du peuple, le souverain le fait de sa propre initiative et sans qu'il soit possible pour les citoyens de protester. Jusqu'à nos jours, la plupart des critiques de la représentation dénonceront cette équivoque.

Les conséquences de cette théorie artificielle de la représentation politique sont immenses, et elles ont été largement commentées. Pour notre propos, nous retiendrons seulement que, selon Hobbes, l'être-commun est *médiatisé* par la personne du souverain : les hommes ne sont durablement ensemble que par l'action d'un tiers qu'ils ont eux-mêmes institué. Le politique répond à la désolation de l'état de nature parce qu'il désigne l'instance à partir de laquelle quelque chose comme un monde humain devient possible. En ce sens, la représentation remédie à l'impossibilité de survivre tant qu'il n'existe pas de lois qui s'imposent à tous. Hobbes considère que ces lois ne valent pas en vertu de leur vérité intrinsèque, mais du fait de l'autorité de celui qui les édicte. Elles doivent être considérées comme justes parce qu'elles émanent du seul souverain légitime. Ce qui fait de Hobbes un fondateur de la philosophie moderne est qu'il part du manque d'évidence normative à l'œuvre dans la nature en général et dans la nature humaine en particulier. Il assigne un rôle consolateur à un État que, dans une veine qui ne lui est nullement étrangère, on pourra sans paradoxe nommer l'« État-providence ».

Par tous ces traits, la représentation supplée la perte d'une croyance prémoderne selon laquelle l'humanité désigne une unité substantielle. En effet, la réflexion de Hobbes sur ce qui fait qu'un peuple est un peuple s'oppose, en le remplaçant, au modèle théologico-politique de l'incarnation[1]. Suivant ce dernier, une communauté humaine doit être pensée selon

1. Sur ce point, je suis l'analyse remarquable de P. Crignon dans *De l'incarnation à la représentation. L'ontologie de Thomas Hobbes*, Paris, Garnier, 2012.

le schéma corps/tête (*corpus/caput*) où chaque individu est membre d'un Tout dont le chef incarne l'unité. Ce modèle renvoie au mystère chrétien de l'incarnation par lequel Dieu s'est fait homme dans la personne du Christ. Comme celui de la Trinité, ce dogme pose le problème de la communauté puisqu'il articule l'identité (de la nature divine) et la différence (entre les personnes du Père et du Fils). Le Christ peut être considéré comme le représentant de Dieu, mais à l'intérieur d'un dispositif où, malgré la différence, on insistera sur l'identité entre les termes. L'incarnation implique qu'il n'y a aucun caractère « artificiel » dans l'unité de Dieu : le Christ est doué d'un corps mystique qui atteste de sa divinité pleine et entière.

Au-delà de sa portée théologique, le schéma incarnationnel a fourni la réponse chrétienne à la question de ce que signifie, pour les hommes, « être ensemble ». Comme chef de l'Église universelle, le Christ incarne son unité, chaque fidèle devant être considéré comme un membre d'une totalité qui le dépasse. Avant que Hobbes n'y mette un terme, la théologie politique occidentale a exploité ce modèle pour définir l'État comme un corps parfaitement unifié par sa tête. Par analogie avec le Christ, le roi se voit attribuer deux corps : le premier est humain et mortel, le second mystique et éternel[1]. La communauté politique est semblable à un corps où l'appartenance de chacun au Tout est garantie théologiquement par l'amour de Dieu révélé dans l'Incarnation. « Être ensemble » prend ici un sens maximal puisque la communauté trouve son origine dans l'appartenance de chaque membre (baptisé) de l'humanité à une unité où, comme dans un corps vivant, les parties sont indissociables de l'ensemble. On comprend pourquoi ce modèle communautaire a pu être convoqué à chaque fois qu'il s'est agi de consoler : quelle que soit sa cause, la

1. Voir l'étude classique d'E. Kantorowicz sur la théologie politique médiévale : *Les Deux Corps du roi*, dans *Œuvres*, Paris, Gallimard, 2000.

solitude d'un fidèle touché par le malheur ne peut être que temporaire. L'appartenance au grand corps de l'Église ou de l'État est une condition ontologique de l'homme qu'aucune épreuve terrestre n'est en mesure de remettre en cause.

La théorie de la représentation de Hobbes rompt avec toutes les dimensions de ce schéma incarnationnel : christologique, ecclésiologique et bien sûr politique[1]. D'une manière générale, il montre qu'une communauté ne doit pas être pensée comme un corps, mais comme le résultat d'une convention humaine qui ne reçoit plus d'assise théologique. Cela vaut même de l'Église dont il faut affirmer que le souverain politique est le seul chef légitime. Celui-ci est le représentant de Dieu sur Terre, certes, mais parce que les hommes ont choisi de lui conférer cette autorité, non parce que Dieu lui-même l'aurait voulu. Toute autorité émane d'un contrat, or « il n'existe pas de convention avec Dieu, si ce n'est par la médiation de quelque corps qui représente la personne de Dieu, ce que personne ne fait, sauf le *lieutenant* de Dieu[2] ». Même Moïse ne devient le chef du peuple d'Israël, et par là le représentant de Dieu, qu'à partir du moment où les Hébreux lui reconnaissent cette fonction. Le souverain représente Dieu, non pas au sens fort où il en émane directement, mais seulement à la suite d'une convention arbitraire entre des volontés humaines.

Il n'existe donc pas de communauté qui ne soit médiatisée par un accord. Les hommes sont réunis du fait de l'existence d'un tiers (monarque, loi, contrat, institution) qu'ils ont eux-mêmes érigé, en sorte que la recherche de l'origine d'une société bute inévitablement sur un artifice. Cette artificialisation du lien communautaire implique une fragilisation de l'être-ensemble qui retentit sur ce qu'il y a de social dans toute consolation. Hobbes est conscient de cette fragilité, c'est

1. Pour le détail de ces ruptures, voir P. Crignon, *De l'incarnation à la représentation*, *op. cit.*, p. 351-374.

2. T. Hobbes, *Léviathan*, chap. XVIII, *op. cit.*, p. 292 (je souligne).

pourquoi il stipule, avec le pacte politique, l'exigence d'une représentation infinie où les hommes renoncent *définitivement* à leur indépendance au profit du souverain. Avec l'instauration d'un État, il s'agit de faire en sorte que les hommes vivent pacifiquement une fois pour toutes en déléguant au souverain, sans reprise possible, le droit de parler et d'agir à leur place. Une telle représentation infinie est incompatible avec l'idéal démocratique qui sera promu après Hobbes, mais à l'intérieur de coordonnées qui doivent beaucoup à sa conception minimaliste du « commun ». Les citoyens admettront de moins en moins facilement que l'on décide à leur place pour un temps indéfini : la limitation des mandats dans le temps s'imposera peu à peu comme une garantie démocratique. De même que le consolateur moderne ne peut plus se réclamer d'une autorité naturelle, le représentant devra toujours apporter de nouveaux arguments qui justifient son rôle. Dans les deux cas, l'impossibilité d'assigner une origine stable à la communauté affaiblit la confiance dans l'échange des paroles.

Cette fragilité vient de ce que la représentation prend la place du corps politique sans que l'on retrouve le caractère immédiat (et réconfortant) de l'appartenance à une communauté mystique ou naturelle. En dépit de son absolutisme, Hobbes inaugure un processus de *désincorporation* du lien politique qui se poursuivra, non sans heurts, tout au long de la modernité. L'État souverain s'impose comme la seule autorité légitime au prix de l'expulsion du (corps du) Christ de l'histoire humaine : le politique cesse de participer à l'économie divine. Le fait que Hobbes cantonne la foi dans la sphère privée résulte de cette rupture par rapport à la théologie chrétienne traditionnelle. Comme il n'y a plus d'immanence du Verbe au temps de l'histoire, l'incarnation divine devient un objet de croyance individuelle qui ne doit pas interférer avec les affaires de l'État. On comprend pourquoi l'ancien régime de la consolation, fondé sur la certitude d'une appartenance universelle à une histoire sainte, se trouve abrogé. La nature, en raison de sa violence, et la communauté, du fait de son caractère artificiel, ne peuvent plus être convoquées comme des signes incontestables de la Providence divine. La crise provient de l'absentement de Dieu de l'histoire : elle définit à elle seule la conception séculière que la modernité se fait du temps[1].

Pour répondre à cette crise, Hobbes imagine le dispositif de la représentation que l'on peut interpréter comme une consolation face à la perte du corps communautaire. Comme tout ce qui n'est que consolation, l'unité par la médiation d'un tiers ne tardera pas à apparaître insatisfaisante : avec Rousseau commence le procès de la représentation au nom de la présence pleine et entière du peuple dans chacun des actes qui manifestent sa volonté. Nous n'en avons pas fini avec cette histoire où l'être-ensemble, le commun, voire le peuple lui-même désignent ce qui a été perdu, ce à quoi la représentation supplée et ce que l'on est régulièrement tenté de faire reparaître dans sa présence. Le prochain chapitre examinera, pour les critiquer, les tentatives modernes de se soustraire au régime de la consolation en revitalisant le corps comme paradigme de l'être-ensemble. Avant cela, il faut encore montrer comment la logique de la représentation, bien loin de se limiter à la politique, s'immisce dans les discours intimes de la consolation.

Représenter la mort ?

À côté de la nature comme cosmos et de la communauté comme corps, le langage constitue le troisième ordre de la consolation classique. Cet ordre est lié aux deux autres : pour consoler, le discours doit replacer l'expérience singulière du

1. Sur l'importance de Hobbes dans cette laïcisation du temps, je me permets une nouvelle fois de renvoyer à *Après la fin du monde*, *op. cit.*, p. 32-48.

malheur à l'intérieur d'une totalité naturelle, humaine ou divine où il trouve sa place. Une parole console pour autant que l'affligé lui prête le pouvoir de dire ce qui est et reconnaît ce pouvoir dans la personne du consolateur. Chez Platon comme chez les stoïciens (pour ne rien dire du Verbe dans le christianisme), le *logos* est à la fois le garant d'un ordre et le moyen de rendre cet ordre accessible dans le langage. Dans les traités antiques de la consolation, les arguments (*logoï*) sont déployés contre un malheur qui, laissé à lui seul, ne trouve pas les moyens de se dire.

Avec des nuances, cette capacité qu'a le langage de dire l'être n'est pas moins remise en cause par la modernité que les deux autres ordres de la consolation. C'est particulièrement le cas chez les penseurs de la représentation qui substituent les idées ou les conventions aux mots pour dégager un accès au « réel ». Une nouvelle fois, Hobbes constitue un révélateur de la rupture moderne : son nominalisme intransigeant stipule que les mots ne sont que des appellations conventionnelles des choses, en aucune façon leur expression fidèle[1]. Le langage est fait des *signes* que les hommes émettent pour communiquer afin de satisfaire leurs désirs. Dès lors, la destination naturelle du *logos* n'est pas la quête désintéressée de la vérité, mais la recherche permanente du pouvoir : plus un individu émet de signes, plus il est en état de dominer les autres. La détresse partout présente à l'état de nature n'est pas étrangère à cette profusion des discours : chacun se sert du langage comme d'un instrument pour accroître sa puissance individuelle, sans considération de la vérité. L'inflation anarchique des signes explique pourquoi le souverain doit mettre un terme à la guerre des mots en fixant une fois pour toutes (mais de manière arbitraire) le sens de chaque terme. La loi du représentant

1. « Les noms ordonnés dans le discours sont les signes des concepts, il est donc manifeste qu'ils ne sont pas les signes des choses elles-mêmes » (T. Hobbes, *De Corpore*, II, 5).

est aussi une police du langage qui doit organiser le partage entre le dicible et l'indicible[1].

Le doute moderne sur le langage s'applique plus précisément à la consolation lorsqu'il se concentre sur la prétention des discours *publics* à accéder aux événements *intimes*. Chaque fois que l'on reproche au consolateur de recourir à des « lieux communs », on avalise le jugement selon lequel le « commun » ne constitue pas une évidence sur laquelle appuyer un discours légitime. La différence est grande avec les lettres de consolation de l'âge classique où la référence aux lieux communs de la morale aristocratique devait permettre à l'affligé d'adopter une conduite digne de son rang. Sous la forme d'une injonction à la bienséance, le langage public fonctionnait alors comme un baume capable d'apaiser les pires tourments[2]. Mais, dès l'instant où le langage dominant de la société n'est plus considéré comme l'écho de l'ordre naturel des choses, il cesse de consoler. Sa généralité comme son caractère artificiel le rendent incapable de rejoindre un sentiment par nature singulier, et que l'on a tendance, pour cela, à croire ineffable.

Une telle défiance à l'égard du langage public rend la consolation d'autant plus improbable qu'elle insiste sur ce qu'il y a de proprement impartageable dans la perte. Dans son analyse du phénomène de la mort, Heidegger rapproche les limites de la sollicitude à l'égard des mourants de celles du langage. Certes, la société dispose de tout un arsenal de lieux communs sur la mort qui se laissent ramener au fait que l'« on finit toujours par mourir un jour[3] ». Mais ces discours relèvent du « bavardage » dans la mesure où ils émanent d'un espace public qui constitue l'horizon où toute expérience

1. De là la nécessaire publicité des lois qui sont « des règles que l'État a commandées à tout sujet, par des mots ou par écrit » (*Léviathan*, chap. XXVI).

2. Voir ici même, p. 43-50.

3. M. Heidegger, *Être et temps*, § 51, *op. cit.*, p. 186.

authentique du mourir manque essentiellement. « On meurt », cela veut dire autant et aussi peu que « personne ne meurt ». Avoir à mourir est en effet une expérience absolument singulière qui ne tombe sous le coup d'aucune légalité universelle. Bien plus, le bavardage sur la mort dénature le trait central du mourir : cette épreuve sera la « mienne », radicalement inappropriable par le langage des autres. Selon Heidegger, il ne suffit pas de reconnaître, trivialement, que le *Dasein* meurt seul, il faut comprendre que l'avoir à mourir désigne une possibilité d'un genre unique puisqu'elle ne s'accomplit dans aucun événement réel. Il est possible à chaque instant que je meure, mais ce possible « se réalisera » dans un néant, et non dans un fait qu'il me sera loisible de constater. Mourir désigne la possibilité constante que tout devienne subitement impossible pour un existant singulier. Le discours du « on » présente, quant à lui, la mort comme une effectivité à laquelle il faut bien se soumettre : il énonce des statistiques, convoque des expériences passées ou des morales qui ont fait leurs preuves. Dans tous les cas, il réalise la mort sous la forme d'un fait objectif universel alors que « mourir » est un événement qui n'est jamais autre chose que possible et échoit à chaque *Dasein* en première personne[1].

De l'hétérogénéité entre le langage du « on » et l'expérience solitaire de la mortalité, Heidegger conclut au caractère factice de toute consolation adressée au mourant. Selon lui, la fonction sociale du consolateur jette un soupçon sur la motivation de son discours : « Le On se préoccupe d'un *constant rassurement sur la mort* – d'un rassurement qui, au fond, s'adresse non seulement au "mourant", mais tout aussi bien aux "consolateurs" (*Tröstenden*)[2]. » La parole que

1. « Le On recouvre cette spécificité de la certitude de la mort : être possible à tout instant [...] la mort comme fin du *Dasein* est la possibilité la plus propre, absolue, certaine et comme telle indéterminée, indépassable du *Dasein* » (*ibid.*, § 52, p. 189).

2. *Ibid.*, § 51, p. 187.

l'« on » adresse au mourant, il semble qu'on la prononce d'abord pour soi-même, afin d'esquiver, en l'universalisant à bon compte, une épreuve unique qui attend chaque *Dasein*. Certes le « on » concède quelque chose comme une certitude de la mort (« il faut bien mourir »), mais il dégrade cette certitude en une opinion qui porte sur un fait d'expérience. Les discours réconfortants sur le mourir font comme si chacun savait à quoi s'attendre, confondant la mort avec quelque chose à quoi il est possible de se préparer[1]. En ce sens, la consolation adressée au mourant se rapproche davantage d'un vol que d'un don : le langage public « *interdit au courage de l'angoisse de mort de se faire jour*[2] ».

Au-delà du poids ontologique considérable que Heidegger accorde à l'expérience de l'angoisse, son analyse procède sans justification à une dérivation entre deux caractéristiques de la mortalité. Elle est impartageable, *donc* inconsolable. La première de ces caractéristiques constitue un acquis définitif de la description menée dans *Être et temps* : puisque nous n'expérimentons jamais le mourir des autres, aucune parole ni aucun acte de sollicitude ne pourra se substituer à lui. Heidegger convoque ici le registre de la représentation : « Cette possibilité de représentation (*Vertretungsmöglichkeit*) échoue totalement lorsqu'il s'agit de représenter (*vertreten*) la possibilité d'être qui constitue la venue-à-la-fin du *Dasein* [...]. *Nul ne peut prendre son mourir à un autre*[3]. » Le terme allemand *vertreten* a le sens de « tenir lieu », « prendre la place », « substituer ». Tout au long de son analyse des structures de l'existence humaine, Heidegger insiste sur la propension du *Dasein* à se faire représenter sous de mul-

1. Pour autant qu'elle s'applique aussi à la mort, la technique de soi d'origine stoïcienne qui consiste à anticiper le pire (*paremeditatio malorum*) tombe sous le coup de la critique heideggérienne du « on ».

2. Heidegger, *Être et temps*, § 51, *op. cit.*, p. 187.

3. *Ibid.*, § 47, p. 178.

tiples guises[1]. C'est là un aspect central de l'« être-avec » qui spécifie l'existence humaine : dans le régime ordinaire de la préoccupation, l'individu se consacre au monde au point de s'identifier aux êtres et aux choses avec lesquels il commerce. Le pouvoir de se faire représenter par quelqu'un ou par quelque chose s'ancre dans la condition ontologique du *Dasein* qui est précisément de n'être rien « par lui-même », de n'avoir ni essence ni destination prédéterminée. Exister dans un monde ambiant, cela revient à se situer hors de soi, auprès des étants (proches, amis, peuple, etc.) avec lesquels nous avons tendance à nous confondre.

Si cette interchangeabilité des rôles démontre l'appartenance de l'homme à un monde ambiant, elle se brise sur le phénomène de la mort propre. Je peux tout donner à un autre, sauf mourir pour lui. Je peux me sacrifier, lui permettre de prolonger sa vie durant un certain temps, sans jamais pouvoir le délivrer de sa mort entendue comme épreuve de l'impossible. La mort est un rendez-vous auquel deux êtres n'arrivent jamais ensemble. Contrairement à tous les autres rendez-vous, elle n'est pas la rencontre entre un individu et un lieu, mais l'expérience de l'impossibilité de tout lieu, l'abolition du monde et de l'être-avec de celui qui meurt.

Heidegger a raison lorsqu'il affirme que le *Dasein* meurt toujours pour la première et la dernière fois. La mort n'est pas un genre sous lequel on pourrait ranger à la fois ma propre fin et celle de tous les autres. De ce point de vue, cette analyse de la mortalité participe de la destruction typiquement moderne de l'idée de communauté : avoir à mourir (seul) constitue une brèche dans la certitude d'être ensemble qui a si souvent servi de moyen de consolation. Sans que Heidegger précise ce point, la thèse selon laquelle personne ne peut mourir « à ma place » est par exemple rédhibitoire pour

1. « Au nombre des possibilités de l'être-ensemble dans le monde se trouve incontestablement la représentabilité d'un *Dasein* par un autre » (*ibid.*).

le dogme religieux du sacrifice vicaire du Christ et l'ontologie du corps communautaire qui en dérive. On peut aussi accorder au philosophe que, quand nous pleurons les morts, c'est toujours en partie sur nous-mêmes que nous pleurons. Le deuil moderne n'est pas la réminiscence des Anciens puisque, comme l'écrit Françoise Dastur à propos de Heidegger, « dans l'expérience du ressouvenir, je fais à la fois l'expérience de ma mort comme moi passé et de ma survivance comme moi remémorant, je suis à la fois mort et survivant à ma propre mort, laquelle se dit alors dans le ressouvenir[1] ». Le souvenir des morts est le fait des survivants, ce qui établit une distance infinie entre le deuil et l'événement qu'il affronte.

Faut-il en conclure à l'impossibilité de toute consolation ? Heidegger semble penser que, puisque la mort n'est rien qui arrive effectivement dans le monde, je ne peux rien donner au mourant *en échange* d'elle. Ici, le langage est impuissant puisqu'il peut tout au plus accompagner le mourant jusqu'au seuil de ce qui demeure indicible. Mais, en recourant au vocabulaire de la « substitution » (*Versetzung*), Heidegger se réfère à une conception prémoderne de la consolation : celle où le consolateur est tenu d'offrir au mourant un *savoir* qui comble pleinement la perte qu'il va devoir affronter. Étrangement, c'est à propos de la mort qu'il retrouve le langage de la métaphysique : pour le *Dasein* angoissé, elle est une certitude « indépassable », « absolue », « apodictique »[2]. Il est clair que seul un savoir absolu pourrait se situer à la hauteur d'une telle certitude, par exemple un savoir similaire à celui de l'immortalité de l'âme expérimentée dans la réminiscence platonicienne. C'est précisément avec ce type de savoir que la modernité a rompu, sans pour autant abandonner le projet

1. F. Dastur, *La Mort. Essai sur la finitude*, Paris, PUF, 2007, p. 115.
2. Dans un cours contemporain de la rédaction d'*Être et temps*, Heidegger proposera de substituer à la certitude du *cogito* cartésien celle du « *sum moribundus* » (*Prolégomènes à l'histoire du concept de temps*, Paris, Gallimard, 2006, p. 457).

de consoler. Le langage du consolateur moderne n'est plus celui d'une métaphysique qui prétend totaliser l'expérience dans un discours. Mais il n'exclut pas une sollicitude qui témoigne d'une *communauté dans l'ignorance* plutôt que dans le partage d'un savoir.

Heidegger le reconnaît à sa manière lorsqu'il envisage la sollicitude autrement que comme une substitution où le langage devrait répliquer à l'indicible. Face au mourant, il est possible de témoigner une « sollicitude (*Fürsorge*) qui ne se substitue pas tant à l'autre qu'elle ne le *devance* en son pouvoir-être existentiel, non point pour lui ôter le “souci”, mais au contraire et proprement pour le lui restituer[1] ». Quoi que l'on pense de cette éthique volontariste centrée sur l'angoisse du *Dasein* affrontant librement la mort, une sollicitude authentique semble possible qui passe par la mise en commun paradoxale de ce qu'il y a de plus individualisant, à savoir le souci. Si Heidegger refuse d'appeler ce type de sollicitude « consolation », c'est seulement parce qu'il ne considère celle-ci que comme un substitut dérisoire à l'angoisse de mort. À ce niveau, son axiomatique est toute proche de celle du divertissement pascalien dont il a été question plus haut. Il reste qu'une sollicitude qui ne passe pas par la restitution de l'objet de la perte, mais par celle du « souci », c'est-à-dire du caractère indéterminé de l'avenir, a tous les traits d'une consolation consciente de ses propres limites. Le consolateur n'offre pas un savoir à autrui en échange de sa peur de mourir, mais il avoue sa finitude pour répliquer à une finitude vécue par l'autre comme un maléfice. L'offrande d'un « pouvoir être », même borné par la mort, participe de la reconquête d'un horizon sans lequel, du moins pour les Modernes, il n'y a pas de consolation.

La méfiance de Heidegger à l'égard de la consolation s'explique sans doute par sa théorie du langage social. On

1. M. Heidegger, *Être et temps*, § 26, *op. cit.*, p. 105.

l'a vu, c'est parce que ce dernier est incapable de représenter (au sens de signifier de manière parfaitement adéquate) le mourir qu'il est toujours pris en défaut face à l'angoisse. Mais rien n'oblige à assimiler le langage de la consolation à un discours prédicatif qui assignerait un sens explicite à la mort qui vient pour autrui. Comme le note Paul Ricœur, la sollicitude pour le mourant s'exprime dans le silence, le chuchotement et le toucher autant que dans une parole articulée : « C'est peut-être là l'épreuve suprême de la sollicitude, que l'inégalité de puissance vienne à être compensée par une authentique réciprocité dans l'échange, laquelle à l'heure de l'agonie, se réfugie dans le murmure partagé des voix ou l'étreinte débile des mains qui se serrent[1]. » Le point central de cette description est que, dans la sollicitude, le mourant n'est pas seulement celui qui reçoit, mais aussi celui qui offre. Ce sentiment procède à un « échange du donner et du recevoir[2] » où la réciprocité entre le consolateur et le consolé est conquise en dépit de la séparation entre leurs corps. Du côté du consolateur, la puissance de vie est d'abord inentamée, tout comme, du côté de l'agonisant, la détresse s'apparente à une complète exténuation de la capacité d'agir. Le lieu de la rencontre n'est certes pas l'avoir à mourir (pour lequel il n'y a en effet pas de substitution possible), mais l'aveu commun d'une ignorance face à ce qui fait alternative entre la vie et la mort. Dans cette situation extrême, la sollicitude réalise une mutualité malgré la distance puisque la présence qu'offre le consolateur est compensée par le don qui émane de la faiblesse du mourant. Ricœur explique que le soi du consolateur est « rappelé à sa condition mortelle » par le fait qu'il est affecté par la vulnérabilité de l'autre[3] : non moins

1. P. Ricœur, *Soi-même comme un autre*, Paris, Seuil, 1990, p. 223. La conclusion de ce livre reviendra sur le rapport entre la consolation et le toucher.
2. *Ibid.*
3. *Ibid.*, p. 224

que l'angoisse solitaire, la sollicitude est un sentiment révélant à l'égard de notre propre mortalité.

Le langage de la sollicitude devient-il, à l'heure de la mort, le garant d'une nouvelle communauté ? Rien n'est moins sûr. Dans l'échange entre le consolateur et l'agonisant, la « réversibilité des rôles » attestée par la substitution, toujours possible, du « je » au « tu » est relativisée par l'« insubstituabilité des personnes ». La sollicitude n'abolit pas la différence entre l'ici du consolateur et le là-bas du mourant. Par le silence et le frôlement des corps, elle constituerait plutôt une épreuve de ce qu'il y a d'irremplaçable dans chaque personne confrontée à son propre mourir ou à celui de l'autre. Ricœur est parfaitement conscient de cette limite éprouvée au lieu même où s'ébauche un dialogue : « C'est dans l'expérience du caractère irréparable de la perte de l'autre aimé que nous apprenons, par transfert d'autrui sur nous-même, le caractère irremplaçable de notre propre vie[1]. » Au moment où je perds l'autre, je comprends que, *comme lui*, je suis irremplaçable. Contrairement à ce qui se passe chez Heidegger, la « mienneté » radicale de la mort n'exclut pas l'autre de son horizon, elle est bien plutôt révélée dans la sollicitude. Ce sentiment ne débouche jamais sur une fusion des expériences : il demeure entre celui qui meurt et celui qui tente de le consoler un abîme infranchissable par le discours. Mais une réciprocité entre l'agir et le pâtir ou entre le consolateur et le consolé vient en lieu et place de la communauté. La perte de l'autre est la face intime de la disparition d'un « être avec » qui perdurerait par-delà la mort, et dont les Modernes ne disposent plus pour se consoler.

1. *Ibid.*, p. 226.

Intermède

Une légende raconte qu'il existe en Angleterre une tombe sur laquelle est gravée l'inscription : « Le plus malheureux ». Cette épitaphe est faite pour susciter les désirs et l'on a tout naturellement ouvert cette sépulture pour savoir qui méritait un tel titre. À l'instar du Saint des Saints au contenu si convoité, cette tombe était vide. Profitant de cette absence, nombre de prétendants défilent devant la tombe pour réclamer le titre du plus grand malheur. Puisque l'énigme de l'inscription n'a pas été résolue par la fouille du tombeau, « chacun des infortunés nourrit la pensée qu'elle lui est destinée » (Kierkegaard, « Le plus malheureux », Ou bien… Ou bien…*).*

*Parmi les prétendants, le jury imaginé par Kierkegaard exclut d'emblée ceux qui considèrent que la mort désigne le malheur suprême. Il arrive que la mort soit une consolation, en sorte que, dans certaines circonstances, le plus malheureux serait plutôt « celui qui ne peut mourir » (*ibid.*). C'est vrai depuis toujours de celui dont la douleur est telle que la mort serait pour lui un soulagement. Mais c'est devenu plus vrai encore au terme du* XX*e* *siècle dont les expériences les plus terribles ont montré qu'il était possible de dérober aux hommes jusqu'à leur propre mort. Un auteur qui a médité la leçon de Kierkegaard a remarqué que « depuis Auschwitz, la mort signifie avoir peur de quelque chose de pire que la mort » (Adorno,* Dialectique négative*). Pire que* *la mort est le constat désœuvré que la vie lui ressemble. Le plus malheureux a perdu ce qui rendait la mort supportable : qu'elle puisse apparaître comme un apaisement après une vie de tortures.*

Devant le tombeau vide défilent alors ceux qui ont abandonné toute espérance, même dans leur propre mort. Parmi eux, on trouve Antigone, Job et, bien sûr, Niobé qui « a tout perdu à la fois, les êtres auxquels elle a donné vie et qui étaient sa vie » (Kierkegaard, op. cit.*). La joie désigne un sentiment où le sujet est le contemporain de lui-même, où il n'y a pas d'écart entre son désir et le temps de sa vie. Or, ces personnages sont privés d'avenir : ils ne disposent plus de la possibilité de redevenir présents à eux-mêmes dans l'espérance. Ils ont pourtant conservé la capacité de demeurer présents par le « ressouvenir ». Antigone témoigne pour son frère mort, Job se souvient d'avoir possédé et Niobé fixe dans la pierre un passé auquel elle veut demeurer attachée. Ces personnages sont inconsolables, mais le titre du plus malheureux leur échappe parce qu'ils font corps avec une mémoire qui est celle de leur gloire.*

S'avance ensuite le père du fils prodigue des Évangiles qui, lui, ne peut se ressouvenir puisque son enfant préféré est parti avant de faire la preuve de sa valeur. À celui-là, il reste pourtant ce que les premiers ont perdu, c'est-à-dire l'espérance d'un retour. La présence du fils est à venir, le malheur durera tout le temps que cet avenir refusera au père trahi d'être le contemporain de son fils. Mais il lui est possible de se consoler dans l'espérance que ce qui n'a pas encore eu lieu adviendra un jour. Celui pour qui la présence à soi demeure malgré tout un horizon n'est pas le plus malheureux.

Paraît devant le jury la « jeune fille » qui, comme la Marguerite de Faust*, a été trompée par son amant. Elle ne peut pas espérer car celui qu'elle a aimé l'a abandonnée, ce qui rend douteux qu'il revienne un jour. Elle ne peut* *pas non plus se ressouvenir, c'est-à-dire s'attrister, car son bien-aimé ne lui a peut-être pas été infidèle. « Il était une énigme » (*ibid.*) et le demeurera, condamnant la jeune fille à osciller entre deux impossibles. Le temps, sans lequel il n'y a pas de bonheur humain, devient son pire ennemi : le souvenir l'empêche de devenir présente à elle-même dans l'espoir ; l'espoir l'empêche de devenir présente à elle-même dans le souvenir. Ce que la jeune fille espère (la sincérité de son bien-aimé) se trouve derrière elle et ce dont elle se ressouvient (sa trahison) est devant elle. La jeune fille ignore ce qui a été vécu aussi bien que ce qui aurait dû l'être. Elle n'est contemporaine d'elle-même « ni dans l'instant, ni dans l'avenir, car l'avenir est vécu, ni dans le passé, car le passé n'est pas encore arrivé » (*ibid.*). N'étant détentrice d'aucune certitude même sur sa propre affliction, la jeune fille est perdue pour le monde. À cette figure du désespoir moderne, le jury décerne un « accessit ».*

*C'est à un jeune homme que Kierkegaard, à rebours de la tradition féminine de l'inconsolable, confère le titre tant convoité. « Voici l'envoyé du pays des soupirs, le favori, l'élu des souffrances, l'apôtre de la tristesse, troublé dans son ressouvenir par la lumière de l'espérance, déçu dans son espérance par les ombres du ressouvenir » (*ibid.*). Au-delà de ces titres pathétiques, on ne saura pas le nom de ce « grand inconnu » face auquel « le langage devient impuissant ». À l'instar de Kierkegaard lui-même, le plus malheureux reçoit plusieurs patronymes au cours de son histoire, manifestant par cette pseudonymie l'impossibilité d'identifier une fois pour toutes l'inconsolable. Ne parvenant jamais à être le contemporain de lui-même, il n'a pas de nom qui attesterait sa présence.*

*Du plus malheureux, on apprendra seulement qu'il est toujours absent à lui-même parce que son désir est d'être présent aux autres. « On dirait que ses yeux n'ont pas versé, mais bu beaucoup de larmes » (*ibid.*). Il est une* *figure religieuse si la foi est une « folie » qui renverse les ordres du monde, associe le plus grand malheur au plus grand bonheur, transforme la faiblesse en puissance et offre sa tristesse en guise de réconfort. L'inconsolable tente de consoler ceux qui souffrent sans être les plus malheureux : « Puissent les mères espérer en toi, le mourant chercher en toi sa consolation » (*ibid.*). Il veut être le témoin de la vérité, mais son malheur vient de ce qu'il appartient à une époque où il n'est plus d'usage de se faire tuer pour elle. Le plus malheureux est un martyr qui survit parce qu'il a croisé le doute moderne.*

L'inconsolable s'afflige avec les autres sans que cette sympathie établisse une communauté comparable à celle de ceux qui étaient contemporains dans la certitude que conférait une foi sans faille. Il lui arrive d'avoir de l'humour si le comique réside dans un échange des rôles où le plus malheureux console ceux qui, aujourd'hui, se lamentent et, demain, se réjouiront à nouveau. Le plus malheureux encourage les autres à s'accommoder du fini, par exemple en acceptant le prosaïsme d'un nouvel amour. Pour lui-même, en revanche, il est incapable de ce genre d'accommodement qu'il prêche uniquement parce qu'il sait qu'il n'y a pas d'autre issue dans un monde désenchanté.

La principale caractéristique de l'inconsolable s'inscrit dans l'écart entre son sentiment intérieur et les discours qu'il adresse au monde. Il est l'éternel retardataire. Il s'afflige avec les autres et pense par là devenir leur contemporain. Mais, très vite, il s'étonne de voir que les autres ne sont plus dans l'affliction alors que lui s'y trouve encore. À ses yeux, tout dans le monde (moderne) va trop vite, à commencer par le discours spéculatif (pour Kierkegaard, hégélien) qui abolit d'un coup une négativité dans laquelle il est installé pour toujours. Le plus malheureux ne peut se figer dans la pierre car il vit dans une société où tout est devenu liquide et où le fait de s'attarder sur une perte est perçu comme une faiblesse. La consolation qu'il offre aux autres est faite d'une fidélité dont personne ne se sent plus capable. En retard sur tout, son destin est de témoigner en faveur de failles que les autres sont pressés d'oublier.

Chapitre 6

Finitude et réconciliation

> Ma philosophie est sans consolation ; et cela simplement parce que je dis la vérité.
>
> Arthur Schopenhauer, *Pensées et fragments*

L'un des principaux arguments contre la consolation est de nature politique : ceux qui sont consolés ont déjà renoncé. La pratique de la consolation est humble, circonscrite et limitée, ce qui contribue beaucoup à la rendre insatisfaisante. Les consolateurs semblent donner quelque chose aux hommes afin de leur faire abdiquer l'essentiel. Cette pratique apparaît en outre démobilisatrice parce qu'elle se rapproche de l'injonction au deuil dont les effets ne se limitent nullement à la psychologie individuelle. Ce genre d'injonction suppose un savoir sur la « réalité » dont les sujets devraient se résigner à faire l'épreuve. C'est la raison pour laquelle la définition du réel est tant débattue politiquement : elle confère à celui qui peut s'en prévaloir l'avantage de décréter ce qui a été perdu et à quoi il est impératif de renoncer.

Rien n'est moins sûr, pourtant, que cette lucidité du sujet vis-à-vis de l'objet perdu. Freud la remet explicitement en cause à propos de la mélancolie : face à elle, le thérapeute « se croit obligé de maintenir l'hypothèse d'une telle perte [de l'objet d'amour], mais on ne peut pas clairement reconnaître ce qui a été perdu, et l'on peut admettre à plus forte raison que le malade lui non plus ne peut pas saisir consciemment ce qui a été perdu[1] ». L'évidence de la perte n'implique pas un savoir exact sur ce qui a été perdu, en sorte que l'intransigeance psychique du mélancolique (« L'objet d'amour et rien d'autre ! ») repose sur le déni d'une incertitude. Qu'en est-il du deuil que l'on présente souvent comme la réaction normale, et à ce titre exigible, à la perte de l'objet d'amour ? En dépit des vertus qu'il reconnaît au travail de deuil, Freud rappelle l'indétermination qui caractérise là aussi l'objet de la perte : « Le deuil est régulièrement la réaction à la perte d'une personne aimée ou d'une abstraction *mise à sa place* telle que : la patrie, la liberté, un idéal, etc.[2]. » Cette définition autorise un passage entre le psychisme individuel et l'attachement à des principes collectifs : la libido investit des idéaux politiques auxquels elle est parfois contrainte de renoncer. Mais la remarque de Freud s'élève aussi par avance contre ceux qui sont pressés d'en finir avec la perte. Une blessure intime se cache souvent derrière les « abstractions » (progrès, égalité, démocratie, etc.) avec lesquelles les individus sont fermement invités à rompre.

L'obstacle à une politique de la consolation se trouve donc dans les usages idéologiques qui sont faits de la perte. De ce point de vue, la figure mélancolique de l'inconsolable, celui qui ne veut pas renoncer, a au moins le mérite d'élever une protestation à l'encontre des discours « réalistes » qui exigent le deuil à n'importe quel prix. Même sur un mode pathologique, l'inconsolable exprime quelque chose de l'idée défendue dans ce livre : la tristesse constitue une puissance de contestation de l'ordre établi. Les chapitres précédents ont déjà partiellement illustré cette thèse : les Temps modernes sont le lieu d'une tristesse qui motive un nouveau commencement. L'âge de la critique est celui d'un désœuvrement transformé

1. S. Freud, « Deuil et mélancolie », trad. J. Laplanche et J.-B. Pontalis, in *Métapsychologie*, Paris, Gallimard, 1968, p. 149.
2. *Ibid.*, p. 146 (je souligne).

en énergie. La consolation y joue un rôle positif puisque les significations qu'elle invente ne sont pas de simples substituts à la perte des anciens ordres, mais des manières de porter un regard exigeant sur ce qui existe. Issus d'une désolation, les concepts de progrès et de représentation configurent le réel de telle sorte que celui-ci apparaît inabouti et, pour cette raison, transformable.

La tristesse moderne est mobilisatrice dans la mesure où elle appelle des consolations qui ne reproduisent pas les modèles anciens, qu'ils soient naturels, communautaires ou discursifs. Mais il demeure que cette tristesse mobilise sur le fond d'une insatisfaction sans terme assignable (le progrès est à l'infini, la représentation politique ne comble pas l'absence du peuple). C'est pourquoi la modernité a engendré une exigence plus haute que celle de la consolation : la réconciliation. Nous appelons « réconciliation » le projet philosophique, mais aussi politique, de triompher de ce que l'on a perdu. Si ce projet est moderne, c'est parce qu'il prend acte de la perte dont la modernité est issue. Pour autant, il ne l'accepte pas. À l'inverse de la consolation, la réconciliation ne propose pas autre chose (d'autres mots, d'autres désirs, d'autres institutions) à la place de ce qui est perdu, elle entend dépasser cette perte en l'intégrant à un savoir. Là où la consolation devient possible par l'aveu d'une certaine ignorance, la réconciliation prétend connaître ce qui manque et disposer des moyens de combler l'absence.

Par ses discours ou ses actions, la réconciliation rejette la tristesse comme toutes les autres expressions de la finitude. Elle n'ignore pas le négatif, mais prétend le vaincre, même s'il faut pour cela consentir à s'y installer pour un temps. Avant de tenter une critique de ce projet, il faut prendre la mesure de sa grandeur. Celle-ci réside dans le refus des consolations obtenues à trop bon compte. Celui qui recherche la réconciliation ne se satisfait ni d'être inconsolable ni d'être consolé (deux figures symétriques de la finitude) : tout ce qui fait obstacle à son désir de plénitude doit être vaincu dans un savoir d'un nouveau genre.

L'opposition entre consolation et réconciliation est d'abord historique : elle dessine une alternative qui traverse toute la modernité[1]. S'il faut parler d'alternative, c'est du fait de l'exclusion d'un troisième terme qui consisterait dans un pur et simple « retour » au cosmos, à la communauté ou au *logos* des Anciens. Contrairement à ce que l'on dit parfois, ce type de retour n'a jamais eu lieu dans les Temps modernes, sauf peut-être sur un mode utopique. Ce qui est advenu en revanche, c'est le projet de se réconcilier avec ce qui a été perdu, c'est-à-dire de reconstituer, *dans les conditions de la modernité*, un ou plusieurs des paradigmes qui fournissaient un fondement stable à l'existence humaine. Il n'y aurait nul besoin de se réconcilier avec le négatif si la nature, la communauté ou le langage pouvaient à nouveau fonctionner comme des modèles immédiatement disponibles. Sur un plan philosophique, les pensées modernes de la réconciliation entérinent le désenchantement de la nature, le caractère institué de la communauté et les obstacles considérables que rencontre le langage pour accéder à l'être. Il leur arrive même d'avaliser la « mort de Dieu », mais seulement au sens où cette mort est celle du Dieu sensible, accessible au cœur ou à la représentation. Là réside la principale différence avec les pensées de la consolation : la réconciliation n'offre pas autre chose que ce qui a été perdu, elle offre, si l'on ose dire, la même chose *en mieux*. Non pas le cosmos, mais l'ordre de l'esprit ou de la vie ; non pas la communauté naturelle, mais l'État rationnel ; non pas l'échange précaire

1. Je reprends ici l'exploration des « deux voies de la modernité » amorcée dans *Après la fin du monde* (*op. cit.*). Dans ce livre, la première voie était schématiquement articulée à l'idée de monde, la seconde à l'idée de vie. L'opposition entre consolation et réconciliation épouse les mêmes contours et engage les mêmes décisions philosophiques.

des *logoï*, mais la véritable dialectique. On aura reconnu dans cette triple évocation le grand penseur moderne de la réconciliation qu'est Hegel.

Ce projet est pourtant loin de se cantonner à l'histoire de la philosophie. Le désir de dépasser la tristesse du fini a pris des formes concrètes dans l'histoire : bien plus que les philosophies de la réconciliation, ce sont ces tentatives historiques qui feront l'objet d'une critique. Réinstaurer la nature, la communauté ou le langage comme des puissances ontologiques est une tendance récurrente de la modernité, notamment quand celle-ci ne s'accommode plus des pertes dont elle est issue. Notre difficulté actuelle à nommer le présent (« seconde modernité », « modernité tardive », « postmodernité », etc.) montre que nous vivons une période de ce genre. L'idée de consolation permettra d'y voir plus clair dans ces difficultés à nommer le présent. Il s'agit de faire de la consolation comme condition des Temps modernes une *instance critique* par rapport aux tentatives réconciliatrices (*i.e.* fondées sur le déni de la finitude) qui les traversent.

Au-delà de la tristesse

« Les Anciens, comme c'est bien connu, saisissaient la nécessité comme *destin*, alors que le point de vue moderne est celui de la *consolation*[1]. » Selon Hegel, l'invention moderne de la consolation résulte de la perte de la croyance dans un destin qui justifie le sacrifice du bonheur individuel à l'ordre cosmique. Chez les Anciens, cette soumission au cosmos pouvait être anonyme ou cruelle, elle n'en restait pas moins légitime en raison du peu de cas que la pensée antique faisait du bonheur individuel. L'idée de destin privait les hommes de

1. G. W. F. Hegel, *Encyclopédie des sciences philosophiques. Science de la logique*, additif au § 147, trad. B. Bourgeois, Paris, Vrin, 1970, p. 582.

consolation, mais « leur mentalité n'avait pas non plus besoin de la consolation[1] ». C'est seulement pour les Modernes que l'identité entre l'être et le devoir être ne va plus de soi : la nécessité des événements devient injuste lorsqu'elle ne s'accorde pas avec le droit des individus.

À première vue, cette affirmation est contestable : c'est justement dans l'Antiquité que la consolation a fait l'objet de traités philosophiques. Le diagnostic hégélien ne vaudrait que pour l'idée du destin à l'œuvre dans la tragédie. En revanche, les *Consolations* antiques constituent bien des tentatives pour donner un sens providentiel (et donc moralement positif pour l'individu) au destin. Pourtant, Hegel voit parfaitement que ce que les Anciens appellent « consolation » signifie davantage le consentement à la nécessité que la satisfaction, même différée, des désirs individuels. Or, la consolation véritable suppose que ces désirs possèdent, *en tant que tels*, une valeur qu'il est toujours possible d'opposer à l'ordre des choses. La modernité installe la conviction selon laquelle, si « nous renonçons à nos buts, nous le faisons avec la perspective de recevoir en échange une compensation[2] ». Cette conviction suppose que l'on reconnaisse à la subjectivité une « signification infinie », c'est-à-dire un droit à contester la nécessité des événements au nom d'une idée personnelle de la liberté ou du bonheur. La consolation devient un droit en même temps que la conscience subjective se pose comme l'origine du sens et de toute légitimité. Dans l'histoire de la philosophie, cette double position émerge à partir de Descartes et de Kant. La perspective transcendantale dont il a déjà été question sépare l'expérience et l'idéal en soumettant la nécessité factuelle de la première à celle, rationnelle, du second. Elle désigne le point de vue de la consolation pour autant qu'elle ne confond plus la subjectivité avec la somme

1. *Ibid.*
2. *Ibid.*

contingente des particularités individuelles, mais l'instaure en fondement de toute norme légitime. La raison moderne décrète que ce qui devrait être, et qui pourtant n'arrive pas, mérite une compensation.

Hegel, c'est un point très important pour comprendre la suite, associe modernité et consolation parce qu'il fait du christianisme l'origine véritable des Temps modernes. La religion chrétienne est celle de « l'absolue consolation[1] » : l'Incarnation et le sacrifice du Christ manifestent la reconnaissance par Dieu lui-même du droit infini de la subjectivité. À la différence des dieux païens qui n'étaient que des personnifications anthropomorphes, le Dieu chrétien est une authentique personne qui se sait comme telle et épouse la finitude humaine jusque dans la mort. S'il se soumet au destin, c'est pour mieux le vaincre dans la Résurrection qui devient par là une promesse adressée à tous les hommes de bonne volonté. Traversant le négatif, faisant jusque dans sa chair l'épreuve du mal, le Dieu chrétien avalise le besoin de consolation que les Anciens prenaient pour une expression trop humaine de la finitude.

Mais, selon Hegel, ce besoin ne devient légitime que pour autant qu'il y a été répondu une fois pour toutes par le sacrifice et la résurrection du Fils. Du christianisme et de ses effets sur la modernité, le philosophe ne retient pas la valorisation de la finitude humaine, mais son dépassement dans un savoir qui en traverse triomphalement les abîmes. À ses yeux, la foi chrétienne ne légitime pas tant le besoin de consolation (il a été entendu par Dieu) qu'elle ne lui apporte une solution définitive (la mort que Dieu a endurée est vaincue pour toujours). De là, sans doute, la formule quasiment contradictoire de « consolation absolue » censée définir ce qu'il y a de chrétien dans les Temps modernes. Par principe, une consolation ne peut être absolue puisqu'elle ne guérit pas du mal,

1. *Ibid.*, p. 583.

ni ne restitue l'objet de la perte. Elle supplée seulement au malheur par l'offrande d'une nouvelle représentation du réel. Toute la pensée de Hegel est tournée contre ce que ce genre de représentation « idéale » comporte d'insatisfaisant pour la raison. C'est pourquoi, plutôt que de consolation absolue, il convient de parler de « réconciliation » pour définir le but de la philosophie moderne :

> La consolation (*Trost*) est une compensation factice d'un mal qui n'aurait pas dû se produire ; son domaine est celui des choses finies. Aussi bien la philosophie n'est pas une consolation, elle est quelque chose de plus. Elle réconcilie (*versöhnt*) ; elle transfigure le réel qui paraît injuste et l'élève jusqu'au rationnel, en montrant qu'il est fondé sur l'idée elle-même et en mesure de donner satisfaction à la raison. Car c'est dans la raison que réside le divin[1].

La « consolation absolue » envisagée par Hegel comme un héritage chrétien positif de la modernité se nomme plus justement « réconciliation ». Celle-ci se distingue de la consolation au sens courant du terme par le fait qu'elle n'offre pas une simple compensation au sujet, mais un véritable savoir sur ce qui le constitue[2].

Il est très instructif que l'opposition entre *Trost* et *Versöhnung* soit avancée dans le contexte des leçons sur la philosophie de l'histoire. Hegel sait que « l'histoire du monde n'est pas le lieu du bonheur[3] » : ses pages heureuses demeurent des pages blanches. Il va même jusqu'à comparer l'histoire à un

1. G. W. F. Hegel, *La Raison dans l'histoire*, trad. K. Papaioannou, Paris, 10/18, p. 101.

2. Dans *De l'Allemagne*, Henri Heine raconte que, alors qu'il s'extasiait devant la beauté du « ciel étoilé » devant Hegel, celui-ci aurait répondu que « les étoiles ne sont qu'une lèpre lumineuse du ciel ». Devant cette manifestation adolescente (et kantienne) du besoin de consolation, Hegel aurait ajouté : « Vous désirez donc un pourboire pour avoir soigné votre mère malade et n'avoir pas empoisonné Monsieur votre frère. » Réel ou imaginaire, l'échange est en tout cas parfaitement fidèle à l'intention du système hégélien.

3. G. W. F. Hegel, *La Raison dans l'histoire*, *op. cit.*, p. 116.

« abattoir auquel sont conduits, pour être sacrifiés, le bonheur des peuples, la sagesse des États et la vertu des individus[1] ». L'étude du passé, surtout lorsqu'elle se concentre sur l'activité politique des hommes, est un objet d'affliction perpétuelle. Le jeu des ambitions, la mesquinerie des passions sociales, les guerres et les massacres constituent l'ordinaire de la vie des peuples. Pourquoi faudrait-il se réconcilier avec ce qui est si évidemment contraire à la morale ? Qu'est-ce qu'une réconciliation apporte de plus que la consolation adressée aux victimes de l'histoire ?

La consolation refusée par Hegel repose sur l'idée que le mal dans l'histoire n'aurait pas dû avoir lieu et que *donc* il faut lui trouver une compensation. Elle est, par exemple, à l'œuvre dans les discours où l'on déplore le malheur des victimes tout en les invitant à porter leur regard ailleurs que sur la scène des faits, vers un au-delà où toutes les souffrances seront compensées. Un tel réconfort s'adresse à ce qu'il y a de fini en l'homme : son corps, son espérance, son désir de voir ses droits reconnus dans un autre monde. Selon Hegel, la philosophie de l'histoire n'a rien à répondre à ce genre de désirs : « Si nous disons que la raison universelle se réalise dans le monde, nous ne nous référons certainement pas à tel ou tel individu empirique[2]. » Les morts sont morts et ils ont souffert : vouloir justifier cette souffrance, ce serait mettre la raison au service de la finitude. L'erreur de la consolation est d'exiger un sens taillé à la mesure de chaque homme singulier. Or, une signification ne devient historique qu'à partir du moment où elle excède le jugement de l'individu pour acquérir une dimension universelle.

Si la philosophie hégélienne de l'histoire n'a pas pour vis-à-vis le malheur des hommes, elle prétend pourtant être

1. *Id.*, « Introduction manuscrite de 1830 », *La Philosophie de l'histoire*, Paris, La Pochothèque, 2009, p. 67.
2. *Id.*, *La Raison dans l'histoire*, *op. cit.*, p. 99.

la « *véritable* théodicée[1] ». Ses prédécesseurs en la matière se sont contentés de justifier Dieu en comparant le mal particulier à l'harmonie de l'univers entier, à un avenir de bonheur situé hors du temps ou à une injustice qui pourrait être pire encore. Même dans leurs versions métaphysiques (par exemple chez Leibniz) vient un moment où les anciennes théodicées valorisent l'ignorance pour mieux consoler : à la question « pourquoi moi ? », elles répondent par le caractère impénétrable, au moins dans le détail, des voies suivies par la Providence. La réconciliation se distingue de ce type de consolations par le fait qu'elle refuse de faire d'un aveu d'ignorance un préalable pour accéder au sens de l'histoire. Le mal existe, certes, mais il n'est injustifiable que *du point de vue de la subjectivité finie*. La seule question qui vaille est de savoir si ce point de vue est celui qu'il faut adopter afin d'accéder à la signification philosophique de l'histoire.

Pour montrer que ce n'est pas le cas, Hegel s'appuie sur une constatation banale : les actions des hommes échappent pour une part déterminante à leurs buts conscients. Or, ce que les individus font sans l'avoir vraiment voulu constitue leur principal apport à l'histoire. Ce simple fait explique pourquoi l'histoire ne peut être le lieu de la consolation, ni pour les peuples qui la vivent, ni pour les personnages qui la font. César n'a pas espéré la civilisation impériale, mais le pouvoir absolu ; Napoléon a moins désiré imposer le Code civil à l'Europe qu'asseoir sa domination jusqu'aux plaines de Russie. C'est pourquoi, en regard de leurs objectifs personnels, même les « grands hommes » demeurent inconsolés : « Ce n'est pas le bonheur qu'ils ont choisi, mais la peine, le combat et le travail pour leur but [...]. Leurs buts atteints, ils sont tombés comme des douilles vides[2]. » À travers la figure du « grand homme » apparaît l'objet de la réconciliation :

1. *Ibid.*, p. 67.
2. *Ibid.*, p. 124.

non le mal moral ou la souffrance (qui sont toujours liés à la finitude), mais le *négatif*. Le grand homme symbolise la part irréductible de violence que comporte l'histoire : ses buts portent plus loin que ceux de ses contemporains, c'est la raison pour laquelle il les impose le plus souvent par la force. Mais s'agit-il bien de « ses » buts ? Aussi longtemps qu'on le juge sur son œuvre (c'est-à-dire sur l'adéquation entre ses projets et leurs réalisations), le grand homme sera en dessous de l'idée qu'il se fait de lui-même. Du point de vue du monde, il échouera, et nombreux sont ceux qui trouveront une « affreuse consolation » dans le fait de voir César assassiné par son fils adoptif ou Napoléon condamné à l'exil[1].

Si, en revanche, on adopte avec Hegel le point de vue de l'*agir* et non celui de l'œuvre, les échecs historiques pourront être compris comme des signes du dynamisme de l'esprit. Visible chez les grands hommes, le décalage entre les intentions et les réalisations effectives s'impose à tous les hommes. Il est donc nécessaire que l'histoire soit faite de désœuvrements : projets en ruine, espoirs déçus, civilisations englouties. Selon Hegel, seuls s'en affligeront ceux qui rêvent d'une histoire qui se fige dans des œuvres pérennes. Mais une histoire de ce genre cesserait d'être historique. Plus conséquent, le philosophe échappe à la tristesse parce qu'il comprend que les défaites humaines manifestent l'insatisfaction de l'esprit par rapport aux formes finies dans lesquelles il s'incarne. Aucune œuvre (culture, institution, peuple, État) n'est susceptible d'arrêter l'action de l'esprit qui recherche la coïncidence avec lui-même, mais ne la trouve nulle part réalisée dans le monde. La réconciliation avec le négatif commence lorsque l'on comprend que cette insatisfaction par rapport à tout ce qui est sensible est justement une marque de liberté. L'esprit ne trouve pas la paix avant de savoir ce qu'il est, c'est pourquoi il se manifeste en niant (souvent

1. *Ibid.*

avec violence) les formations spirituelles qu'il avait lui-même édifiées. Plutôt que de s'attrister devant les décombres de l'histoire, la raison y voit la liberté qui se fraye un chemin.

Dans ce regard réside la différence entre consolation et réconciliation. La première se situe du côté du désœuvrement auquel elle tente d'apporter un correctif, la seconde du côté d'un agir qui n'épouse aucune des formes de l'espérance humaine parce qu'il est absolu. Le consolateur partage avec les victimes de l'histoire l'affliction devant les ruines, le réconciliateur invite à surmonter la tristesse en ne voyant dans ces décombres que les débris d'un âge qui a fait son temps. La différence ne réside pas dans le plus ou moins grand « optimisme » de ces regards (la réconciliation n'apporte pas de réponse aux questions que se pose une conscience finie), mais dans la manière dont ils contemplent la perte. Avant d'imaginer une réponse, le consolateur fixe la désolation dont il est le témoin : s'il n'avouait pas son ébranlement, il n'aurait aucune chance d'être entendu par son destinataire. Le consolateur s'immobilise devant le malheur des autres, s'attriste à son tour avant de proposer une représentation réconfortante en échange d'une représentation désolée. C'est justement cette halte dans la représentation que Hegel reproche aux penseurs modernes de la consolation qui, à l'instar de Kant, ne voient pas que la pensée partage avec la vie le fait de ne s'arrêter nulle part, du moins dans le monde. Contre cette pratique, Hegel considère que le progrès à l'infini appartient à la logique de la finitude : il reporte dans un avenir incertain un « idéal de jeunesse » qui s'échoue sur la froide réalité. Or, la philosophie « ne peut pas s'éterniser auprès des blessures infligées aux individus[1] » : ces blessures sont bien trop nombreuses pour que la raison puisse forger une réponse satisfaisante pour chacune d'entre elles.

1. *Ibid.*, p. 68.

Comment, alors, la réconciliation envisage-t-elle la perte ? Ce que dit Hegel à propos du christianisme comme origine lointaine, mais déterminante, des Temps modernes délivre la réponse à cette question. Certes, quelque chose de la foi chrétienne se perd dans la modernité : l'attente naïve dans les bienfaits de la Providence et toutes les représentations de Dieu comme d'un « sage ouvrier » qui travaille en secret au bonheur des hommes. L'esprit moderne a dû abandonner le Dieu moral et bienveillant, en un mot : le Dieu consolateur, parce qu'il ne s'ajuste pas à une raison devenue soucieuse de scientificité. La vision morale du monde ne résiste pas à l'examen scrupuleux de la nature et de l'histoire : il n'y a rien qui témoigne dans le monde en faveur d'une finalité qui ferait des hommes de chair le but de la Création. Hegel considère que le christianisme qui disparaît dans la modernité se situe du côté de la finitude. Cette perte est douloureuse en regard des attentes individuelles des hommes, mais elle constitue un gain en regard de l'exigence d'absolu de la raison. Que ni la nature, ni la communauté, ni le langage ordinaire ne suffisent plus à consoler devient le signe d'une exigence de plus haut rang : celle de se réconcilier avec la perte en tant qu'elle est la condition d'un nouveau départ.

C'est pourquoi, aux yeux de Hegel, le christianisme accède à sa propre maturité dans les Temps modernes, une époque que l'on interprète pourtant en général comme un affaiblissement du religieux. La Réforme luthérienne abandonne l'ensemble des pratiques (par exemple les sacrements) qui garantissaient le salut dans le domaine du sensible, c'est-à-dire à trop bon compte. Plutôt que ces consolations institutionnelles, le protestantisme fait de la liberté du croyant le socle de son rapport à Dieu. Cela ne va pas sans l'apparition d'une nouvelle angoisse : l'Église (ni aucune autre institution terrestre) n'est plus en droit d'offrir un dédommagement à l'absence de rapport immédiat avec l'absolu. Hegel considère que cette perte n'est pas compensée du point de vue du sujet sensible, mais du point de vue infiniment plus élevé de la *vérité*. La philosophie de l'histoire enseigne, par exemple, que l'action de Dieu (*i.e.* de l'esprit) ne répond pas aux désirs des individus, mais manifeste une liberté continuellement insatisfaite de ses réalisations. Plus cruelle pour les espérances finies, cette liberté est surtout plus vraie en regard de son concept qui est justement de n'admettre aucune borne.

Il y a réconciliation lorsque la perte n'est plus interprétée comme une privation, mais comme l'origine d'un accomplissement. On se réconcilie avec le négatif, c'est-à-dire avec la perte, lorsque l'on a abandonné l'espoir de s'en consoler. Compris spéculativement, le deuil est une nouvelle naissance : après avoir rappelé que « tout degré dans l'histoire est bâti sur les ruines du passé », Hegel ajoute que « le déclin est en même temps la naissance et le surgissement d'une nouvelle vie, une nouvelle vie ressuscite de la mort »[1]. Cette résurrection suppose évidemment que le deuil soit mené à son terme et que, à l'inverse de ce que tente le consolateur, on ne réplique pas à la perte en avalisant ce qu'elle a d'intolérable. De là, le fait que la philosophie de Hegel n'a rien à offrir aux victimes, pas même une histoire qui serait écrite de leur point de vue. L'image biblique selon laquelle il serait possible pour un homme de mourir « rassasié de jours » n'est plus crédible dans la modernité où l'esprit a pris conscience de son insatisfaction permanente. S'il ne faut pas s'en désoler, c'est parce que le christianisme philosophique de Hegel n'a que faire des images, même bibliques. La douleur du fini, l'impossibilité où il se trouve de se concilier avec lui-même, est devenue la preuve de son insignifiance. La réconciliation est le but d'une métaphysique qui se serait enfin rendue *insensible au sensible*. Cette insensibilité-là est la marque de la vraie liberté. La réconciliation se situe aux antipodes de

1. *Id.*, *La Philosophie de l'histoire*, *op. cit.*, p. 125.

la « tendresse pour les choses du monde » qui rendait Kant si épris de consolation[1].

Le dire et le récit

Le choix de la philosophie hégélienne de l'histoire pour montrer l'actualité de l'alternative entre consolation et réconciliation peut sembler étrange. Qui croit encore, aujourd'hui, à la possibilité d'accéder à un sens total sur le terrain de l'histoire ? Évoquant la nécessité de « renoncer à Hegel » et à son projet d'une « réconciliation sans consolation », Ricœur parle d'un « *événement de pensée* » dont il est impossible de maîtriser toutes les dimensions[2]. Dans le domaine de la philosophie de l'histoire, la sortie hors de l'hégélianisme est elle-même un fait historique. Elle articule des arguments en bonne et due forme avec la conscience éthique qu'il n'est plus possible, après les catastrophes du XXe siècle, de sacrifier l'intérêt des individus à la manifestation de la liberté de l'esprit. Cette manifestation que Hegel voulait sans entraves échoue devant le nombre de ceux qui, au cours du siècle dernier, ont été victimes des croyances trop fortes dans un sens univoque de l'histoire. Tout se passe comme si l'abolition de la finitude ne pouvait plus être interprétée comme une bonne nouvelle parce qu'elle est devenue elle-même infinie, mais dans l'horreur.

Par une étrange ironie, il faudrait aujourd'hui se consoler d'avoir perdu l'espoir, ou plutôt le savoir, d'une réconciliation. Le projet hégélien reposait sur la possibilité de transformer l'advenu en conçu : pour se réconcilier pleinement avec le passé historique, il faut être capable de le saisir selon le concept dont il est la manifestation. Or, c'est plutôt la perpétuation de

1. *Id.*, *Science de la logique* de l'*Encyclopédie*, § 48, Remarque, *op. cit.*, p. 308.
2. P. Ricœur, *Temps et récit III*, Paris, Seuil, 1985, rééd. « Points », p. 365.

l'énigme du mal qui ressort de l'histoire contemporaine. Cette dernière s'écrit de plus en plus souvent du point de vue des vaincus *en tant que vaincus* : les historiens ont abandonné le projet de ressusciter les morts en montrant que leurs sacrifices ont été nécessaires à l'édification d'un monde plus libre. Si la consolation par le progrès à venir s'est beaucoup affaiblie, une réconciliation totale avec le passé semble avoir purement et simplement disparu.

Pourtant, cet « exode » contemporain hors de l'hégélianisme n'implique pas le renoncement au désir de réconciliation. L'aspect de la philosophie hégélienne qui s'est éloigné de nous est celui qui demeure le plus proche de l'idée consolante du progrès : c'est la croyance selon laquelle le temps humain est l'allié de la liberté. Hegel soutient que chaque époque de l'histoire universelle se définit par le degré de conscience que les peuples ont acquis de leur propre liberté : « un seul est libre » dans le despotisme asiatique, « quelques-uns sont libres » dans l'Antiquité gréco-romaine, « tous sont libres » dans les Temps modernes initiés par la Réforme et institués à partir de la Révolution française. Au-delà de ce que cette scansion comporte d'européocentré, elle suffit à dédouaner Hegel du reproche qu'on lui adresse parfois d'avoir fourni par avance une base métaphysique aux systèmes totalitaires. Il ne s'agit pas, pour lui, de « forcer » la réconciliation autour de n'importe quel principe (un principe qui, comme la race, appartient à la nature est exclu d'emblée), mais de montrer que le passé prend un sens total à partir de l'universalisation progressive de la liberté de l'esprit. Cette insistance sur le concept d'autonomie inscrit Hegel dans la lignée de l'idéalisme moderne : quelles que soient les nuances dans la définition du concept de liberté, il n'y a pas sur ce point d'opposition majeure avec Kant. Se réconcilier avec le passé ou se consoler avec la représentation du progrès ne devient possible qu'à partir du moment où l'histoire est définie comme une scène dont la liberté constitue l'actrice principale. Cette croyance dans l'entrelacs du temps et de la liberté s'est absentée du présent, non seulement à cause des tragédies historiques contemporaines, mais en raison des menaces de plus en plus lourdes que la technique et les dégradations liées à la surexploitation de la nature font peser sur l'avenir de la Terre comme espace habitable.

Afin de comprendre pourquoi la réconciliation demeure, aujourd'hui encore, un projet opposé à la consolation, revenons aux ordres traditionnels de la consolation avec lesquels la modernité a rompu. Il est clair que Hegel n'envisage pas la réconciliation comme le réinvestissement de l'ordre de la nature ou du cosmos. Si l'histoire est violente, c'est parce qu'elle se distingue du caractère pacifique de l'existence naturelle : « Le développement [historique] n'est pas une simple éclosion, sans peine et sans lutte, comme celle de la vie organique, mais le dur labeur, à contre-gré, contre soi-même[1]. » La temporalité de la nature est beaucoup moins heurtée que celle de l'histoire. La fleur est la réalisation de ce qui est déjà en germe dans la graine, elle ne rencontre pas d'autres obstacles dans son évolution que ceux que lui oppose son milieu naturel. Il en va tout autrement de l'esprit qui, parce qu'il est libre, doit d'abord combattre *contre lui-même.* Ce ne sont pas tant les conditions naturelles qui entravent son déploiement que les institutions, les cultures ou les mœurs qui résistent désespérément à la nouveauté. Dans cette lutte, le monde ancien joue sa survie, recourant à une violence qui n'a aucun équivalent dans la nature. Celle-ci ne connaît ni événement révolutionnaire, ni tentative de restauration. Or, c'est avec l'histoire qu'il faut se réconcilier, et non avec la nature. Par là, Hegel confirme que la réconciliation est un projet moderne qui entérine la perte de l'ordre naturel comme principe de réconfort. Pour une conscience devenue historique, la contemplation des étoiles n'agit plus comme un

1. G. W. F. Hegel, *La Raison dans l'histoire*, *op. cit.*, p. 180.

baume : c'est dans le « monde d'en bas », celui des fracas de l'histoire, qu'il faut parvenir à déceler un sens.

Peut-on dire, alors, que la réconciliation réinvestit l'ordre de la communauté ? L'hypothèse est plus crédible dans la mesure où Hegel considère que l'État rationnel moderne est l'institution vers laquelle s'achemine toute l'histoire universelle. Cet État réussit le prodige de concilier le « principe de la subjectivité » avec l'« unité substantielle » qui marque la supériorité de l'institution sur l'individu[1]. Les intérêts et les droits de la personne y sont garantis constitutionnellement, mais ils ne s'opposent plus à l'intérêt universel incarné dans la volonté de l'État. Si la « société civile » est le lieu d'une certaine « détresse » liée à la concurrence économique entre les individus et à l'atomisation des expériences sociales, l'État répond à cette détresse en ramenant les individus à la conscience de leur citoyenneté. Hegel voit dans les institutions de la monarchie constitutionnelle la réconciliation en acte des deux éléments que la modernité libérale avait séparés : la liberté individuelle et le bonheur collectif. L'État moderne institutionnalise les droits subjectifs tout en agissant socialement, de telle sorte que l'*ethos* communautaire ne se perde pas dans la promotion unilatérale de l'individu.

Le maître mot de cette réconciliation politique est « reconnaissance ». Déjà chez Hegel, ce concept est introduit contre la dévalorisation moderne de l'« être ensemble ». Là où Hobbes situait l'origine de la vie sociale dans une violence improductive et voyait dans l'artifice de la représentation le seul moyen d'y échapper, Hegel fait de l'exigence d'être reconnu dans sa valeur et ses droits le point de départ positif des relations intersubjectives. Certes, la société est traversée par des luttes pour la reconnaissance qui menacent l'unité collective : il n'est plus question, après la rupture moderne, d'en appeler à

1. *Id.*, *Principes de la philosophie du droit*, § 260, trad. J.-F. Kervégan, Paris, PUF, « Quadrige », 2013, p. 431-432.

une communauté naturelle entre les hommes qui les rendrait solidaires dans tous les instants de leur vie. L'État moderne parvient pourtant là encore à réconcilier ce que la dynamique sociale moderne tendait à séparer. En garantissant des statuts, en corrigeant des inégalités sociales, mais aussi (on l'oublie souvent) en disposant d'un pouvoir de mobilisation communautaire grâce au « patriotisme », l'État institutionnalise la reconnaissance mutuelle. Les structures traditionnelles de l'être-ensemble (familles ou églises) ne disparaissent pas dans l'État moderne, elles sont en revanche subordonnées à la réconciliation effective entre les diverses aspirations humaines que permet la politique. Les théories contemporaines de la reconnaissance abandonnent le rôle éminent que Hegel conférait à l'État. Mais elles s'inscrivent dans le même projet de répliquer à la perte moderne de la communauté autrement que par la procédure (consolatrice) de la représentation. C'est pourquoi il ne suffit sans doute pas de pratiquer une lecture « post-métaphysique » de Hegel[1] pour ôter au concept de reconnaissance ce qu'il possède d'irréductiblement spéculatif. Le désir de reconnaissance, c'est sa grandeur et peut-être aussi sa démesure, est un désir de réconciliation qui suppose possible l'édification d'un univers social où toutes les revendications identitaires seront harmonisées. Chez Hegel comme chez ses continuateurs contemporains, le thème de la reconnaissance accueille le négatif (la lutte) dans la politique pour mieux en expulser le tragique.

Il reste que, même sous la forme aboutie de l'État rationnel, la communauté ne constitue pas pour Hegel le principal vecteur de la réconciliation. La raison ne s'accomplit pas dans l'État car celui-ci appartient encore au monde et que la vocation de l'esprit n'est pas d'être objectif, mais absolu. La perpétuation des guerres démontre qu'aucune réalité institutionnelle – aussi

1. Voir, en dernier lieu, A. Honneth, *Le Droit de la liberté. Esquisse d'une éthicité démocratique*, Paris, Gallimard, 2015.

aboutie soit-elle – n'est éternelle, en sorte que c'est à un autre ordre que celui de la communauté politique qu'il faut recourir pour répliquer définitivement à la tristesse moderne. Cet ordre correspond au troisième modèle de la consolation antique que nous avons repéré : le langage. Hegel est à la recherche d'un *dire* qui permette aux hommes de se savoir d'ores et déjà réconciliés. Cette langue n'est pas métaphorique comme celle du consolateur qui cherche à comparer le malheur du passé à l'ouverture de l'avenir. Elle n'est, du reste, la langue de personne en particulier puisque le philosophe qui la tient ne fait qu'expliciter en mots l'essence de l'esprit qui est de faire retour à soi en se temporalisant. Le langage de la réconciliation ne juge pas l'histoire d'un point de vue extérieur, il prétend délivrer le sens déjà présent dans ce qui est advenu. À propos de Hegel, Merleau-Ponty remarque que « l'appel au jugement [de l'histoire] se confond avec la certitude d'avoir dit ce qui, dans les choses, attendait d'être dit[1] ». Tout le projet d'une dialectique qui va jusqu'à son terme est de laisser les « choses » parler jusqu'au moment où elles se contredisent pour manifester leur signification véritable. Cette idée d'un langage immanent aux événements implique l'effacement du locuteur qui renonce à juger (et même à parler) depuis son point de vue fini. La conviction hégélienne est que ce qui est advenu dans l'histoire est non seulement susceptible d'être dit, mais *réclame de l'être* dans un sens univoque que le philosophe se contente de rassembler.

En quoi ce dire dialectique s'oppose-t-il au langage de la consolation ? Le consolateur n'a pas d'autre choix que de se reporter à la différence entre un passé révolu, un présent douloureux et un futur ouvert. La souffrance, le mal ou la perte ont bel et bien eu lieu et il n'y a rien d'autre à leur opposer que la possibilité d'un avenir. Le consolateur mise sur l'hétérogénéité entre les temps : contrairement à ce que

1. M. Merleau-Ponty, *Signes*, Paris, Gallimard, 1960, p. 93.

croit l'affligé, la désolation du présent n'est la vérité ni du passé ni surtout de l'avenir. La consolation s'adresse toujours à un vivant en situation auquel on offre la possibilité de se représenter ce qui est advenu *autrement* que comme un destin. Le langage de la réconciliation obéit à une tout autre grammaire. À l'instar de la réminiscence platonicienne, il s'adresse à une mémoire spéculative qui ramène le temps à l'unité du savoir. Ce qui importe ici n'est pas la différence entre le passé et l'avenir, mais celle entre le « passé mort » et le « passé vif »[1]. Le « passé mort » est justement celui des victimes de l'histoire que le philosophe, même à regret, abandonne à l'inessentiel.

Le présent éternel de l'esprit permet une unification totale du temps par rapport à laquelle les heurts de l'histoire ne sont que contingences. « Ce que l'esprit est maintenant, il l'était depuis toujours[2] » : son essence est intemporelle, même s'il lui faut franchir plusieurs étapes pour manifester sa liberté dans le monde. La philosophie dispose d'un savoir depuis lequel la différence entre le présent, le passé et l'avenir se trouve abolie. À celui qui dispose de ce savoir, il devient possible de dire que, y compris dans les pires tourments de l'histoire, c'est la raison qui agit. En regard de ce dire, il n'y a plus de place pour la parole des « perdants » qui, depuis le passé, réclament un droit pour l'avenir. Le consolateur entend cette parole parce que, faute de disposer d'un savoir sur ce qui est vraiment « effectif » et « présent », il fait lui-même l'épreuve de la différence des temps. Cela signifie qu'il admet la perte *comme perte* et que c'est seulement à partir de cet

1. P. Ricœur, *Temps et récit III*, *op. cit.*, p. 363.

2. G. W. F. Hegel, *La Raison dans l'histoire*, *op. cit.*, p. 215. Cette affirmation indique que, contrairement à ce que l'on dit parfois, Hegel n'est pas un penseur du progrès, encore moins du progrès à l'infini. Sa conception du temps est adossée à une définition de l'esprit comme « cercle des cercles » qui ne fait pas porter le sens sur l'avenir, mais sur la remémoration à partir de l'éternel présent du concept.

aveu qu'il peut tenir un discours en direction de l'avenir. Le langage de la réconciliation, lui, n'avoue aucune perte définitive parce que l'esprit ne laisse rien d'essentiel derrière lui[1]. La dialectique réalise la suppression des événements les plus douloureux dans un dire qui récapitule le sens de l'histoire à partir de son centre.

L'opposition entre le discours de la consolation et celui de la réconciliation se précise lorsque, avec Ricœur, on insiste sur la manière dont Hegel écrit l'histoire. Si la philosophie n'a affaire qu'à ce qui est présent et effectif (*i.e.* au concept), il n'y a plus vraiment de place pour le récit : l'« équation de l'effectivité et de la présence marque l'abolition de la narrativité dans la considération pensante de l'histoire[2] ». Hegel ne raconte pas le négatif (violence, guerres, révolutions, etc.), ce qui impliquerait de s'y attarder, au risque de sombrer dans la tristesse. Il laisse plutôt le négatif se dire jusqu'au point où il se nie lui-même à son tour afin que l'esprit manifeste sa liberté. L'histoire spéculative a un auteur, mais pas de narrateur. Que reste-t-il en effet à raconter dès lors que tout est déjà joué du point de vue de la raison ? Le récit suppose un agencement entre les événements qui rend ces derniers plus intelligibles. Or, la réconciliation n'a pas pour objet les événements, dont la plupart demeurent irrationnels, mais le sens qui se manifeste à travers eux. Suivant le geste classique de la métaphysique, le désir de réconciliation repère sous la temporalité événementielle une signification qui n'appartient plus à l'histoire empirique puisqu'elle est posée souverainement par la raison. De ce point de vue, la pluralité des récits sur le passé apparaît comme une marque de finitude. Aucune narration singulière, surtout si elle est celle d'une souffrance, ne demeure

1. « Les moments que l'esprit paraît avoir laissés derrière lui, il les possède toujours dans son actuelle profondeur » (*ibid.*).

2. P. Ricœur, *Temps et récit III*, *op. cit.*, p. 360.

philosophiquement légitime comparée à cette « intrigue des intrigues » qu'est l'effectuation de la liberté[1].

Par différence avec ce dire sans imagination, le récit est le principal discours moderne de la consolation. La réconciliation abolit la souffrance dans la rétrospection ; la consolation réplique à la souffrance de la souffrance en lui donnant les moyens de se raconter. Le lien entre récit et consolation est d'abord confirmé par la modalité qui caractérise ces deux gestes. Même lorsqu'il est pratiqué par la science historique, le récit demeure une fiction qui agence des personnages et des événements à l'intérieur d'une intrigue dont le dénouement est susceptible d'être réécrit. La « configuration » des agents, des actions et de leurs effets est marquée par la *contingence* : aucun métarécit n'est en mesure de fournir le dernier mot de l'histoire. Certes, un récit n'a de chance d'être consolateur que s'il répond à l'exigence d'une fin. En un sens, un dénouement est toujours heureux puisqu'il garantit une certaine unité au temps qui le précède et constitue une victoire sur le caractère inachevé et précaire des vies humaines[2]. Mais, à l'inverse de ce qui se produit dans la réconciliation, cette victoire est seulement provisoire. Le récit du passé appelle la possibilité d'une réécriture, ne serait-ce que parce que le narrateur appartient lui-même à l'histoire qu'il raconte : il ne dispose pas du dernier mot. Si le récit humanise le temps, l'intelligibilité qu'il lui confère est toujours sujette à reprise et réécriture.

Des événements rendus plus intelligibles par le récit deviennent-ils aussi plus supportables ? C'est l'hypothèse de Ricœur qui insiste sur une faculté du récit qui l'apparente à la grammaire de la consolation : il rend *présent l'absent*. Dans le domaine historiographique, où l'absent prend la

1. *Ibid.*, p. 371.

2. Ce modèle est à l'œuvre dans la technique scénaristique hollywoodienne du *happy end* : « *Boy meets girl, boy loses girl, boy gets girl.* »

figure du passé, la fiction a le pouvoir de « susciter l'illusion de présence, mais contrôlée par la distanciation critique[1] ». Cette « illusion » n'a rien de trompeur puisqu'elle n'est pas contraposée à une vérité de présence que ni l'historien ni le philosophe ne sont en mesure de réaliser par leur écriture. Le récit historique procède à une représentation du passé par la médiation de l'imaginaire, c'est-à-dire sans certitude absolue relativement au sens de ce qui est advenu. Ricœur explique que cet « imaginaire de représentance » met sous les yeux du lecteur les intrigues singulières et les aventures collectives qui constituent la trame pour ainsi dire charnelle de l'histoire mondiale. Le point important est que le récit acquiert une dimension éthique lorsqu'il ne s'agit plus seulement de narrer les événements du passé, mais de donner un visage aux victimes de l'histoire. Ces dernières sont précisément absentes des restitutions glorieuses de l'histoire monumentale. La fonction du récit est de rappeler ces figures, de les nommer et de donner à leurs existences une réalité qui leur a été déniée de leur vivant.

C'est donc à propos de ce que Ricœur nomme le « *tremendum horrendum* » que le récit manifeste le mieux son pouvoir de représentation. Lorsqu'il s'agit d'événements comme le génocide du peuple juif durant la Seconde Guerre mondiale, la « neutralisation éthique » qui caractérise en règle générale le travail de l'histoire n'est ni possible ni souhaitable. L'horrible n'est pas l'espèce d'un genre intemporel qui serait le mal. Il n'est pas davantage un moment négatif dans le déploiement du sens. C'est pourquoi l'individuation des événements par l'horreur constitue un défi permanent au projet explicatif de l'historien. Sans rien ôter à la légitimité du désir de comprendre, le récit contribue à cette individuation en lui conférant la « quasi-intuitivité de la fiction[2] ». Les vies

1. *Ibid.*, p. 341.
2. *Ibid.*, p. 342.

qui, englouties par l'histoire, menaçaient d'être oubliées sont vues *comme ayant été vécues* grâce à la narration qui en est faite par l'historien.

Ce « voir comme » est au cœur de la consolation par le récit. L'historien-narrateur n'a pas vécu la vie des victimes. Comme le consolateur, il est séparé de l'affligé par l'épaisseur du temps. Mais l'imagination narrative qu'il déploie à partir de l'étude des traces et des documents lui permet de se faire le témoin (aux deux sens du terme) de ce qu'il n'a pas vu directement. Retrouvant le thème du « don des larmes », Ricœur écrit ainsi que « la fiction donne au narrateur horrifié des yeux. Des yeux pour voir et pour pleurer[1] ». Le but n'est plus, comme chez Michelet, d'intégrer les vies jusque-là invisibles dans le grand corps unifié de l'histoire nationale, mais de faire paraître les destins singuliers de l'histoire comme autant d'obstacles au projet de totalisation. Le passé qui demande à être raconté est justement celui qui ne se laisse pas résoudre dans un sens total. En dépit de cette irréductibilité, les yeux du narrateur permettent de « voir » : la configuration des événements dans le récit rend présent, sur le mode d'un imaginaire ordonné, un passé absent. Il ne s'agit donc pas uniquement de consoler les victimes en leur offrant un tombeau scripturaire, mais d'offrir à leurs descendants (en droit, tous les hommes) un supplément de présence. Le récit historique console en donnant figures vivantes à des pertes qui, sans lui, seraient condamnées à l'irreprésentable.

En exergue du chapitre de la *Condition de l'homme moderne* consacré à l'action, Hannah Arendt cite une phrase de Karen Blixen : « Tous les chagrins sont supportables, si on en fait un récit, si on les raconte. » Ce qui vaut en histoire vaut plus généralement de la narration de la tristesse. Le récit ne console pas parce qu'il maintient la perte à distance, ni même parce qu'il apporte une cohérence à ce qui apparaît

1. *Ibid.*, p. 342-343.

tout d'abord chaotique. Il console parce qu'il met la tristesse en intrigue. Par là, le chagrin perd l'apparence d'absolu qui empêche le sujet de relier son malheur à d'autres dimensions temporelles de son expérience. En proposant une narration de ce qui semble figé hors du temps, le consolateur invite son destinataire à fictionnaliser sa propre existence, et cela jusqu'au point où son présent ne lui apparaîtra plus comme une fatalité, mais comme une variante réalisée au milieu d'une multitude d'autres possibles.

La fiction narrative ne serait tromperie que si un langage était capable de produire cet au-delà de la consolation qu'est la réconciliation. À cette langue, il reviendrait d'expliciter avec exactitude le contenu de la perte, le moment précis où elle a eu lieu et les conditions objectives qui rendront inévitable son dépassement. De Hegel, notre époque n'a certes pas retenu l'ambition d'une dialectique qui identifie liberté et nécessité au travers des soubresauts de l'histoire. C'est le prix à payer de l'abandon supposé « réaliste » de sa « métaphysique ». En revanche, elle a retenu le fantasme d'une langue qui s'emparerait intégralement de la subjectivité. À la place des récits, on exige des chiffres, des événements neuronaux, des performances comportementales. Le désir d'une médiation totale entre l'histoire (personnelle ou collective) et la vérité motive les injonctions contemporaines à présenter une identité sans faille. L'impératif de transparence produit et suscite des discours en première personne qui n'admettent plus la lenteur des récits : l'imaginaire, avec ce qu'il comporte d'incertitudes, est tendanciellement exclu des définitions de soi jugées socialement légitimes. Dans des sociétés concurrentielles et marquées par la technique, le sujet n'est plus envisagé comme le résultat d'une pluralité d'intrigues, mais comme l'expression provisoire d'un programme (par exemple génétique) dont la nécessité est hors de doute. Le langage de la réconciliation est celui des choses, non celui de ce que nous percevons des choses. Il est tenu à chaque fois que l'expérience personnelle est tenue pour la simple apparence sensible d'une nécessité objective.

En quoi l'alternative entre réconciliation et consolation éclaire-t-elle les pressions sociales à faire valoir une identité close ? Tout ici gravite autour de la perte et de la manière dont il est ou non jugé légitime d'en faire l'aveu. On retrouve même dans certaines injonctions contemporaines au récit l'exigence de ne faire paraître aucune perte, comme si l'histoire que l'on est autorisé à raconter sur soi devait ne comporter qu'une série ininterrompue de performances accumulées[1]. Une histoire personnelle qui n'est faite que de deuils surmontés est une histoire qui n'admet pas de « blancs » parce que celui qui la raconte est censé avoir été présent à chacun des événements de sa vie. Il y a une logique commune à l'assimilation d'une vie à un *curriculum vitæ* sans période blanche et à la réduction de l'identité subjective à une somme des « données » algorithmiques. Cette logique est celle de la réconciliation où le sujet est défini comme *rien de moins* que ses prestations objectives. Tenu d'être présent à lui-même sans intermittences, il doit assumer le négatif en démontrant qu'il n'a rien perdu. À l'inverse, un récit offre une consolation seulement si l'on admet que le narrateur d'une vie n'est pas son auteur omniscient. À cette condition, le récit de soi aménage une place pour l'inénarrable : pas plus qu'il n'est présent au commencement de son histoire, le sujet n'en connaît par avance le terme. C'est pourquoi il existe plusieurs récits possibles qui sont autant de versions de soi-même dont aucune n'est définitive. Le droit à faire paraître une pluralité de récits autobiographiques équivaut au droit de perdre le fil de sa propre existence. Il constitue un acquis de la modernité

1. Sur la dérive disciplinaire de certaines éthiques narratives, voir J. Butler, *Le Récit de soi*, Paris, PUF, 2007. L'auteur montre en s'appuyant sur la psychanalyse que l'identité sexuelle ou communautaire (« Je suis hétérosexuel et rien d'autre, français et rien de plus… ») repose sur le déni d'autres possibilités d'amour. Le sujet identitaire est celui qui proclame n'avoir rien perdu.

sans cesse remis en cause par l'impératif de parler la langue totalisante de la réconciliation.

Le fantasme d'une communauté réconciliée

Le désir de réconciliation n'anime pas seulement les discours qui prétendent abolir la contingence. Il se retrouve d'une manière générale dans les tentatives destinées à forclore la tristesse dont sont issus les Temps modernes. Non que la tristesse soit en elle-même l'élément moteur de la modernité ; cette dernière est porteuse d'autant de promesses que de désillusions. Mais ces promesses ont pu être faites parce qu'il y a dans la tristesse moderne un élément qui la met d'emblée en rapport avec la consolation : *la conscience d'une perte*. Comme on l'a vu à propos du progrès et de la représentation, l'affaiblissement des ordres anciens de la certitude a généré une série d'initiatives destinées à répliquer au manque. Plutôt que d'un « commencement » moderne, il faudrait parler d'un « recommencement » puisque c'est à la suite d'une série d'abandons forcés que des réponses ont été imaginées dans le domaine de la théorie comme dans celui de la pratique. Cette conscience de la perte (que nous nommons « finitude ») suscite pourtant un autre type de réaction que l'on retrouve à chaque fois qu'a lieu une blessure : celle du déni. Non moins que le recommencement, le « retour » constitue une figure récurrente de la modernité. Il ne faut pas entendre ce retour comme la simple reprise à l'identique des ordres anciens. C'est toujours dans les conditions de la modernité que les projets de réconciliation ont été entrepris, ce qui contribue autant à leur puissance qu'à leur faiblesse. On remarque par exemple, à propos de ce qu'il est convenu d'appeler le « retour du religieux » à l'époque contemporaine, un étrange mélange d'archaïsme et de technophilie. L'absolu de la foi et la passion communautaire se servent des artifices forgés par la modernité pour pallier les déficits de la nature. Dans les assemblées évangélistes qui utilisent tous les moyens techniques de la mobilisation de masse ou dans les appels à la guerre sainte relayés à l'infini sur les écrans, un sens ancestral s'énonce par des voies qui lui semblaient *a priori* hostiles puisqu'elles émanent de la rationalité la plus froide.

Il n'y a « réconciliation », c'est le point essentiel, que lorsque ces instruments se font oublier comme artifices. La réconciliation ne veut pas seulement dépasser la perte, mais la vaincre en démontrant que, tout compte fait, *rien n'a été perdu* au terme de la rupture moderne. Dans les manifestations religieuses qui viennent d'être évoquées, la technique est employée exactement à l'inverse de sa fonction initiale : comme un moyen de réenchantement du monde. Les instruments de communication qui devaient permettre d'élaborer un sens commun à la place d'une foi hégémonique sont interprétés comme des dons de Dieu mis à la disposition des fidèles pour propager la parole sacrée. La dénégation selon laquelle « rien n'a été perdu » signifie ici très concrètement que les obstacles qui rendaient plus difficile l'uniformisation du monde autour d'un dogme se retournent en avantages pour sa diffusion. Dans ce cas comme dans d'autres, l'intégration totale de l'expérience à la technique abolit les incertitudes du monde vécu. On ne perçoit plus l'instrument comme une médiation fragile et imparfaite, mais comme un élément à part entière du déploiement du sens. La technique qui séparait les hommes de la Vérité (ici, celle de la religion) devient un moment dans sa manifestation.

Plutôt que de multiplier les exemples qui illustrent cette alliance paradoxale entre l'archaïque et l'hyper-contemporain, précisons sa logique. Le désir de réconciliation naît d'une nostalgie qui porte sur les ordres anciens de la consolation. Cette nostalgie est active, dans la mesure où elle ne se borne pas à regretter ce qui a disparu, mais entend le reconstituer sans égard pour les raisons qui ont justifié sa perte. C'est le cas des tentatives pour refonder une communauté organique (réponse prémoderne à la tristesse de l'isolement) par-delà la division sociale. Comprise comme forme de société plutôt que comme régime institutionnel, la démocratie moderne entérine la dissolution des repères de la certitude : l'être-ensemble n'y reçoit plus de fondement naturel ou transcendant. Claude Lefort a montré comment la société démocratique se caractérise par le « lieu vide du pouvoir » parce qu'elle repose sur la séparation entre le savoir, la loi et l'autorité. Dans une société de ce genre, personne n'occupe de position institutionnelle depuis laquelle la différence entre le légitime et l'illégitime s'imposerait à tous avec évidence. Il y va bien ici d'une perte : la démocratie moderne rompt avec le modèle de l'incorporation, c'est-à-dire avec une manière de définir la communauté comme un corps parfaitement unifié par sa tête. À la place de ce corps, et en guise de consolation pour l'unité perdue, la démocratie met en scène le *dissensus* comme voie longue pour le règlement des conflits.

Le fantasme d'une réconciliation communautaire a-t-il pour autant disparu avec l'institutionnalisation démocratique de la division sociale ? Il n'en est rien. L'histoire a montré que l'incertitude démocratique provoque une nostalgie pour le « théologico-politique », un désir de figurer à nouveau l'unité du corps social[1]. La multiplication des conflits entre les intérêts de classes, la pluralité des opinions et des valeurs donnent l'image d'une « fragmentation sociale » que certains interprètent comme un « effondrement de la légitimité » auquel il faut répondre sans attendre[2]. Les régimes totalitaires ne sont pas la simple négation de la démocratie moderne, ils en constituent l'envers par leur désir de redonner un fondement symbolique inébranlable à la communauté politique. La

1. C. Lefort, « Permanence du théologico-politique ? », dans *Essais sur le politique*, Paris, Seuil, 1986.
2. *Ibid.*, p. 274.

réactivation des certitudes a lieu aux points de défaillance de la démocratie, lorsque la société cherche à refaire corps par-delà les divisions qui la traversent. Dans les régimes totalitaires, la réconciliation autour d'un principe unitaire (la race ou la classe) n'a pas marqué un simple retour à l'ordre ancien de la théologie politique, elle a inscrit cet ordre dans l'immanence de la nature ou de l'histoire pour mieux conjurer la perte. Le corps de la communauté y est défini sans recours à la transcendance, par des moyens prétendument scientifiques qui permettent de désigner avec un semblant de rigueur les anticorps raciaux ou sociaux à combattre.

Les historiens discutent encore du caractère « moderne » de l'idéologie nationale-socialiste qui mêle, apparemment sans cohérence, des dimensions révolutionnaires, romantiques et traditionalistes[1]. Une chose, en revanche, est certaine : les moyens que le régime a utilisés pour mettre en œuvre cette idéologie (propagande filmique et radiophonique, guerre industrielle, mobilisation bureaucratique, etc.) émanent d'une rationalité technique sans frein. Parce qu'il emprunte à l'ordre de la nature autant qu'à celui de la communauté, le national-socialisme est la tentative politique la plus marquante pour réconcilier l'archaïque et le moderne. Contre l'isolement individualiste et la division sociale dont il a rendu responsables les Lumières, le libéralisme politique et les Juifs, le Troisième Reich a voulu reconstituer une communauté raciale (*Volksgemeinschaft*), mais en usant de tous les moyens mis à sa disposition par la société industrielle. Enjambant la rupture moderne, ce régime pouvait se proclamer millénaire. Il fondait son inspiration sur le mythe, par principe intemporel, d'une cohésion sociale d'autant plus parfaite qu'elle se fonde sur l'ordre hiérarchique de la nature.

1. Voir, sur ce point, l'étude classique de George L. Mosse, *Les Racines intellectuelles du Troisième Reich*, Paris, Seuil, « Points », 2008.

Le totalitarisme n'est pas un accident de l'histoire, mais un point d'aboutissement dramatique de la voie moderne de la réconciliation. Le déni de la perte de l'ordre communautaire y est certes pratiqué avec une radicalité sans précédent : tout ce qui fait obstacle à l'unité sociale (le « surnuméraire », l'« homme en trop ») doit être implacablement éliminé. Cette mélancolie active et ce refus absolu de la consolation démocratique ne datent pourtant pas du XXe siècle, ils sont contemporains de la perte moderne. La forclusion de la finitude est une tentation inhérente à la prise de conscience historique de la finitude, ce qui indique d'ailleurs qu'elle demeure possible même à une époque qui, comme la nôtre, proclame en avoir fini avec les mythologies politiques.

On trouve une expression particulièrement fascinante de la proximité temporelle entre consolation et réconciliation dans l'image qui sert de frontispice à l'édition anglaise du *Léviathan* de Hobbes. Le chapitre précédent a montré l'importance de ce penseur dans la compréhension moderne de la séparation native entre les hommes. Pour répliquer à la perte d'un « être-ensemble » jusque-là inscrit dans la nature humaine (l'idée d'une sociabilité naturelle), Hobbes a forgé l'artifice de la représentation. En lieu et place de la communauté, il faut recourir à une procédure qui console les hommes des tourments de l'état de nature. On a pourtant voulu voir en Hobbes un penseur de la réconciliation, voire un précurseur des systèmes totalitaires. Le frontispice de son principal ouvrage n'est pas étranger à cette interprétation puisqu'il donne à voir le Léviathan comme un grand corps dans lequel sont agglomérés des individus qui ont perdu toute singularité. Alors même qu'il substitue la représentation à l'incarnation, Hobbes semble ne pas disposer d'une autre image de l'État que celle d'un monstre froid dont le corps immense assimile les hommes à des êtres dénués de toute indépendance.

Comment expliquer cet hiatus entre la définition de la société comme association entre des individus et son image comme grand Tout ? Pourquoi l'État moderne est-il indissociable du mythe de l'État ? Philippe Crignon a montré que, si Hobbes continue à parler de l'État comme d'un « corps », c'est dans un sens mécaniste et non organique[1]. Pour un matérialiste comme lui, seuls les corps matériels existent : l'unique moyen de conférer de la réalité à l'État est donc de le comparer à un corps. Mais il ne s'agit précisément que d'une comparaison puisque l'État est artificiel de part en part. C'est pourquoi le Léviathan, un monstre à la puissance apparemment illimitée, n'est pas l'État tel que le pense Hobbes, mais « sa transfiguration en idole mythique[2] ». Hobbes marque lui-même cette différence dans un passage qui récapitule le sens (et les limites) de la formation de l'État par une convention : « Telle est la génération de ce grand Léviathan, ou plutôt pour en parler avec plus de révérence, de ce dieu mortel auquel nous devons, sous le Dieu immortel, notre paix et notre protection[3]. » Malgré toute la « révérence » due au souverain, l'État est « mortel », ce qui le distingue du corps mythique, et encore théologique, du Léviathan. En dépit de son caractère absolu, la représentation politique n'unifie pas les individus dans un corps organique où tous seraient réconciliés.

Le frontispice monstrueux du livre de Hobbes peut alors être interprété de la manière suivante : *le Léviathan, c'est l'État moderne qui se fait oublier comme artifice*. Face à ce qui n'est qu'une consolation institutionnelle à la perte de l'ordre communautaire resurgit d'emblée le mythe de la réconciliation dans un corps fusionnel. Ce n'est pas un hasard si Carl Schmitt, qui était parfaitement conscient de la tendance libérale animant la théorie hobbesienne de la représentation, accorde une grande importance au frontispice du *Léviathan*[4].

1. P. Crignon, *De l'incarnation à la représentation*, *op. cit.*, p. 427-467.
2. *Ibid.*, p. 452.
3. T. Hobbes, *Léviathan*, chap. XVII, *op. cit.*, p. 288.
4. C. Schmitt, *Le Léviathan dans la doctrine de l'État de Hobbes. Sens et échec d'un symbole politique*, Paris, Seuil, 2002 (sur le frontispice, p. 81-91).

À ses yeux, l'image qui orne l'ouvrage est en avance sur sa doctrine car elle figure un corps communautaire sans faille où les volontés individuelles sont abolies dans la volonté du peuple, elle-même incarnée dans celle du « chef ». Là où Hobbes voit une parodie monstrueuse de l'État, Schmitt décèle, et espère, son avenir totalitaire dans une *Gemeinschaft* où la division sociale serait enfin abolie. L'hostilité de la plupart des juristes nazis à l'État s'explique par là. En se substituant au corps, le concept de personnalité juridique consacre la séparation entre l'institution et la société : il artificialise un lien que les partisans de la communauté organique voudraient naturel. Au niveau politique, la réconciliation joue le corps organique contre la personne, le membre de la communauté contre le citoyen, la Vérité contre le droit, le Léviathan contre l'État[1].

Le fantasme d'une communauté réconciliée a pris divers visages dans l'histoire, mais il s'est toujours élevé contre le motif moderne de la *séparation* originelle entre les hommes. Pour reprendre notre vocabulaire, le point de vue de la consolation part de cette séparation pour imaginer les moyens politiques d'y répondre. La représentation, avec tout ce qu'elle comporte d'insatisfaisant, demeure la voie privilégiée pour instituer une unité sociale respectueuse de la séparation des intérêts. De la même manière, l'idée de progrès permet de se figurer la solidarité historique du genre humain en dépit de l'hétérogénéité des destins. Dans les deux cas, la logique du supplément propre à la consolation est à l'œuvre : on ajoute une procédure, une espérance ou une idée à ce qui manque (l'unité perdue). Le point de vue de la réconciliation, en revanche, envisage la séparation entre les hommes comme un effet contingent de la dissolution moderne des repères de

1. Sur la critique de la personnalité de l'État par les juristes nazis, on se reportera aux travaux d'O. Jouanjan, par exemple « Justifier l'injustifiable », *Astérion*, revue en ligne, n° 4, 2006.

la certitude. Dans cette perspective, la lutte doit porter en priorité contre les agents de la séparation qui, dans le meilleur des cas, ne sont pas désignés nommément, mais assimilés à l'individualisme moderne et à ses effets dévastateurs sur l'être-ensemble. Il s'agit moins d'inventer quelque chose de nouveau (mauvaise logique de l'artifice) que de faire paraître un type de présence collective par-delà la séparation.

Dès lors qu'elle devient un projet politique, la réconciliation engage un combat avec la perte dont la modernité est la scène[1]. Après tant de désastres, l'évidence de la communauté « spirituelle » a perdu de son lustre. C'est sans doute pourquoi le désir de refaire corps s'exprime plus souvent aujourd'hui dans les croyances relatives à l'appartenance du genre humain à une nature aux puissances démultipliées. Les théories écologiques contemporaines les plus radicales prétendent remonter en deçà de la blessure moderne en accédant à un point de vue où la séparation (entre les hommes, les animaux, les vivants et la Terre) serait abolie. L'ancien ordre consolateur du cosmos reparaît dans le fantasme d'une vie universelle dont l'humanité ne serait qu'un participant parmi d'autres. Un participant dont, théorie de l'évolution oblige, nous savons qu'il est éphémère, ce qui encourage la tentation de passer le plus rapidement à l'étape suivante : celle du « transhumanisme ». Il existe, bien sûr, une écologie consciente de la rupture moderne et soucieuse d'apporter des réponses inédites et *finies* à la séparation entre l'homme et la nature. Le risque réside plutôt dans les tentatives pour

1. Cette dimension « activiste » est absente de la philosophie hégélienne. Penseur de la réconciliation, Hegel ne tombe pas dans la contradiction des politiques de la réconciliation qui veulent rejoindre la nature, la communauté ou le vrai par des moyens artificiels. C'est pourquoi Hegel est absolument étranger à la haine de la modernité qui caractérise en général les activistes de la réconciliation. Son concept d'esprit est suffisamment inclusif pour accueillir la perte moderne comme un moment nécessaire (ce qui ne veut pas dire indépassable). D'où, encore une fois, une insistance sur la liberté individuelle qui met son système à l'abri de l'accusation de « totalitarisme ».

concilier l'archaïque et le contemporain en multipliant les artifices dans le but paradoxal de rejoindre la nature dont la modernité nous aurait injustement séparés. On ne parle pas par hasard de « biotechnologies » pour désigner des instruments qui réconcilient l'élan vital et la puissance technique. Devant nous se présente le fantasme de l'homme augmenté : immortel dès cette vie, d'autant plus vivant qu'il n'est plus séparé ni de l'univers, ni des autres, ni de lui-même, existant par-delà la séparation de la nature et de l'artifice. Toujours déjà consolé puisqu'il n'a rien perdu.

Justice et métaphysique

Le moment est venu de tirer quelques enseignements sur les vertus critiques de l'idée de consolation. Souvent interprété comme un premier pas vers le renoncement, le besoin de consolation traduit en fait l'expression la plus fruste, souvent enfantine, de la conscience éthico-politique. Dans le langage de l'éthique de la psychanalyse, on dira que celui qui demande à être consolé ne veut pas « céder sur son désir ». D'une part, il ne s'abandonne pas au fantasme d'une réappropriation pleine et entière de ce qu'il a perdu : sinon, il demanderait la réconciliation. Mais, d'autre part, il ne cède pas sur l'exigence de voir une réponse apportée à son désir, même si celle-ci emprunte un autre chemin que celui de la satisfaction immédiate. La consolation est l'art du détour. Accepter d'être consolé, c'est accepter de suivre la voie longue que celui qui vient en aide présente comme la plus praticable.

Sur cette voie, l'affligé rencontre nécessairement un tiers. Le consolateur est autre que l'autre qui manque. Sa parole, son corps, ses gestes ne comblent pas l'absence, ils dessinent tout au plus un espace symbolique où elle peut apparaître. Lorsqu'il n'est pas une personne, l'objet consolant est dit

« transitionnel » : il représente un être rassurant qui n'est pas disponible[1]. Là encore, ce genre d'objet institue un espace entre les désirs infinis du sujet et un monde extérieur qui leur est indifférent. La consolation passe par la présence d'un *tiers* qui permet au malheureux d'établir une certaine *distance* avec son malheur. Par ces deux aspects, elle désigne un apprentissage de la justice.

On parle aujourd'hui de « justice transitionnelle » pour définir les procédures qui visent à faciliter la transition démocratique dans des sociétés marquées par la guerre civile, la répression ou l'apartheid. En Afrique du Sud, au Rwanda et dans de nombreux autres pays, la justice transitionnelle a impliqué la mise en place de commissions « Vérité et réconciliation » qui confrontent les expériences des victimes avec les actes des bourreaux sous le regard de juges ou de l'opinion publique elle-même. Quoi qu'il en soit des effets cathartiques escomptés, la formule « Vérité et réconciliation » est malheureuse. Il n'y a pas de réconciliation à l'horizon de telles procédures, si la réconciliation signifie la garantie de triompher de la perte par l'acquisition d'un savoir qui la rend insensible. Pour qu'il y ait réconciliation, il faudrait en outre qu'existe un précédent d'harmonie sociale vers lequel revenir. La justice transitionnelle met en scène un détour qui se rapproche plutôt de la consolation : l'affrontement des paroles et des expériences prend la place du désir de vengeance. Au cours de la confrontation, le tiers de justice a pour but de faire reconnaître aux coupables qu'il y a bel et bien eu perte et que celle-ci relève de leur responsabilité. Cet aveu ne porte pas non plus sur la « vérité » des faits (même si ceux-ci doivent être établis avec le plus d'objectivité possible), mais sur leur attribution à un système politique fondé sur l'injustice. Or, rien n'est plus difficile pour une communauté que de reconnaître

1. Sur l'objet transitionnel comme représentant de la mère pour l'enfant, voir D. Winnicott, *Les Objets transitionnels*, Paris, Payot, 2010.

publiquement les pertes qui la constituent. Cela implique de renoncer à l'unicité d'un récit national où vaincus et vainqueurs sont égalisés dans une même appartenance collective que tout, dans l'histoire vécue, dément. La réconciliation peut dans certains cas apporter la paix, mais la justice réclame, elle, que les victimes soient consolées par une parole tierce qui vaut reconnaissance des responsabilités. L'objectif de la justice transitionnelle n'est pas de reconstituer l'unité perdue, mais de rendre possible le passage à une société consciente des failles de sa fondation[1].

Cet exemple permet de mieux cerner en quoi le besoin de consolation constitue l'élément initial de la demande de justice. Ce besoin ne se réduit pas à l'exigence de voir une perte « réparée » par l'échange d'un mal contre un mal : cette logique, au demeurant légitime, est restreinte au droit pénal. Pour rechercher des coupables et imaginer des sanctions, il faut avoir déjà fait le compte de ce qui a été perdu. Le besoin de consolation émane d'un savoir plus imprécis qui n'est pas immédiatement convertible en calcul. Celui qui réclame d'être consolé présente sa souffrance comme le résultat d'une perte à laquelle il tient en dépit des injonctions au deuil et des appels à la réconciliation. En même temps, s'il accepte d'entrer dans le jeu de la consolation, il n'absolutise pas la perte par le refus de ce qui y supplée. Cette position est aussi précaire que celle du demandeur de justice qui se tient dans une zone intermédiaire entre le renoncement et la vengeance. La consolation dépasse la psychologie en direction de la justice : c'est plus vrai encore dans la modernité qui habilite le sujet de la consolation en *sujet de droit*. Faute d'une croyance dans un destin qui met un terme au débat, la justice devient au cours des Temps modernes l'objet d'une négociation permanente.

1. Sur le différend entre paix et justice à l'intérieur du paradigme de la justice transitionnelle, voir K. Andrieu, *La Justice transitionnelle. De l'Afrique du Sud au Rwanda*, Paris, Gallimard, « Folio », 2012.

Hegel a raison de rapprocher le besoin d'être consolé de l'exigence d'obtenir une « compensation ». Mais il conclut trop vite de ce désir à un perpétuel marchandage éthique. Il est vrai que, dans des sociétés modernes marquées par le mode de pensée économique, la demande d'une compensation s'échoue facilement dans la comptabilité. Ce n'est pourtant pas là l'essentiel. En faisant paraître les droits de la finitude, le besoin de consolation s'élève surtout contre une attitude meurtrière pour l'idée de justice : *l'indifférence métaphysique*. Celle-ci est assimilable à une absence de colère élevée au rang de sagesse. Elle n'est pas seulement une indifférence à la souffrance des autres, mais envers tout ce qui, y compris en soi-même, fait signe vers une perte et le besoin d'y apporter une consolation. Il faut prendre ici le terme « métaphysique » dans son sens le plus élémentaire : ce qui dépasse l'expérience, mais qui lui donne en même temps qualité d'expérience. L'indifférence métaphysique se désintéresse de toutes les figures de la transcendance, y compris celles qui humanisent l'immanence. Elle est particulièrement insensible à la justice comme horizon à partir duquel le réel devient habitable.

Adorno a tracé les traits de l'indifférence métaphysique contemporaine en la rapprochant du désir de vivre réconcilié : « Tant que le monde reste ce qu'il est, toutes les images de réconciliation, de paix et de repos ressemblent à celles de la mort[1]. » Dans une société marquée par l'injustice, le sentiment de sécurité est comparable à un « existential de la conscience bourgeoise[2] » : il caractérise ceux qui, étrangers à toute révolte métaphysique, vivent dans la certitude de n'avoir rien perdu. On s'étonnera peut-être de voir la métaphysique érigée en obstacle à la réconciliation alors même que, de Platon à Hegel, son projet le plus constant semble avoir été de la rendre effective. Mais Adorno comprend la métaphysique

1. T. W. Adorno, *Dialectique négative*, Paris, Payot, 2003, p. 461.
2. *Ibid.*, p. 479.

en matérialiste : comme tous les philosophes qui méditent sur la consolation, il cherche à mettre les intérêts spirituels des hommes en relation avec leurs expériences sensibles les plus frustes. De ce point de vue, il n'y a pas de naïveté à affirmer que les interrogations canoniques de la métaphysique (« Pourquoi y a-t-il quelque chose plutôt que rien ? ») trouvent leur origine dans des questions beaucoup plus élémentaires (« Pourquoi moi ? », « Pourquoi ce monde et pas plutôt un autre ? »). Le besoin de consolation articule une incertitude à une demande de sens : à ce double égard, il constitue une source anthropologique crédible au besoin de philosophie.

N'importe quelle philosophie n'est pourtant pas à même de répondre à ce besoin. Selon Adorno, seule une dialectique qui demeure « négative » est à la hauteur de la tâche parce qu'elle ne sacrifie pas la différence (l'expérience du scandale) à une identité où le sens serait totalisé sans perte. Le dogmatisme s'empare d'une pensée « dans laquelle non seulement la souffrance actuelle serait abolie, mais encore réprouvée la souffrance irrévocablement passée[1] ». Plus encore que la dialectique hégélienne, c'est la manière dont elle s'est réalisée socialement dans le monde contemporain qui est visée. Adorno s'étonne de l'incapacité où se trouvent tant d'individus à relier ce qu'ils voient ou ce qu'ils sentent à des exigences de nature éthique. L'indifférence métaphysique est l'art de ne se scandaliser de rien.

Des êtres « réconciliés » n'ont aucune raison de combattre en faveur d'un idéal dont ils ne perçoivent tout simplement pas l'absence. Dans ces conditions, la réconciliation devient l'autre de la métaphysique. Elle n'est plus tant un projet spéculatif que le résultat de la neutralisation des colères éthiques. D'après Adorno, cette neutralisation est le fait des puissances qui concourent à l'intégration totale de l'individu à l'immanence sociale. Parmi ces puissances, on retrouverait

1. *Ibid.*, p. 406.

sans mal les ordres anciens de la certitude (nature, communauté, langage), mais en tant qu'ils sont devenus réels dans le fonctionnement du capitalisme technique. Celui-ci, c'est la leçon de Walter Benjamin retenue par Adorno, se perpétue en rendant le dissemblable identique, c'est-à-dire reproductible. La nature est surexploitée, mais on postule le caractère remplaçable de ses ressources ; la communauté sacrifie beaucoup de ses membres, mais elle se renforce justement grâce à cette dynamique concurrentielle ; quant aux usages conventionnels du langage, un mot en vaut bien un autre puisque presque tous les discours ont pu être récupérés au profit de la perpétuation publicitaire du système. Le fonctionnement social concourt à la constitution d'un grand Tout où rien ne se perd, et où il n'y a donc pas lieu de s'arrêter sur la moindre perte.

Quoi que l'on pense de cette description alarmiste des sociétés contemporaines, elle présente le mérite immense d'établir qu'un monde réconcilié avec lui-même cesse tout simplement d'être habitable. « On ne peut rien éprouver comme étant vivant, qui ne promette aussi quelque chose qui transcende la vie[1]. » La consolation telle que ce livre en a tenté l'approche n'est rien d'autre que la promesse de cette transcendance. Si la métaphysique est son élément, c'est à condition d'entendre par ce terme autre chose qu'une discipline scolaire : un abandon du savoir absolu qui ne cède rien sur cette perte. Dans son aridité même, la toute première phrase de la *Critique de la raison pure* indique que Kant comprend la métaphysique dans ce sens : « La raison humaine a cette destinée particulière, dans un genre de ses connaissances [la métaphysique], d'être accablée par des questions qu'elle ne peut écarter [...][2]. » L'accablement vient de ce que les questions métaphysiques soulevées par l'homme sont à la fois irrésolubles et inséparables de sa

1. *Ibid.*, p. 454.
2. E. Kant, *Critique de la raison pure*, Préface de la première édition, Ak IV, 7.

raison. Ici, la perte des « réponses » sur Dieu, l'âme ou le monde (mais aussi sur la nature, la communauté et le langage) n'implique pas une analyse grammaticale où il suffirait de poser adéquatement les problèmes pour démontrer leur vacuité. Plutôt qu'une thérapie, la critique kantienne est une consolation que la raison s'adresse à elle-même. Quelque chose est conservé des pathologies d'une raison absolutiste : l'insatisfaction à l'égard des situations empiriques marquées par l'absence de droit.

Dans la voie critique qui mène de Kant à Adorno, la philosophie est une tentative de sauvetage de la métaphysique au nom de l'exigence de justice qu'elle fait paraître. Et cela en dépit, ou plutôt à cause, de ses échecs[1]. Envisagée comme consolation, la critique ne postule pas que ce qui a été perdu (un savoir métaphysique certain) a été possédé un jour. Mais elle affirme en revanche que les rêves métaphysiques traduisent une inquiétude à l'égard de la « réalité » sans laquelle la justice ne deviendrait jamais l'objet d'un désir.

Le lien entre métaphysique et consolation est attesté dans l'expérience : une parole consolante est souvent une parole dont on perçoit l'effet sans en comprendre la signification[2]. Depuis Platon, la métaphysique s'allie aux muses pour produire un langage où les apories et les mystères précèdent les démonstrations. Le fait de n'y rien comprendre est le *primum movens* pour accéder à un nouveau type de savoir. Par là s'explique aussi le lien avec la justice : pour songer à remettre en cause l'ordre établi, il faut ne plus y voir un ordre, mais l'agencement incompréhensible entre des forces brutales. Le désir métaphysique naît du scandale devant ce qui, ayant cessé d'être intelligible, perd aussi toute légitimité.

1. La dernière phrase de la *Dialectique négative* en fixe le programme : il s'agit de se rendre « solidaire de la métaphysique à l'instant de sa chute » (*op. cit.*, p. 492).

2. Blumenberg remarque que « l'incompris est le plus grand moyen de consolation de l'humanité » (*Le Souci traverse le fleuve*, Paris, L'Arche, 1997, p. 33).

Malgré les antécédents, c'est seulement dans la pensée critique moderne que l'inconnaissable prend, comme tel, une valeur éthique positive. Contre les réconciliations précoces avec ce qui « va de soi », la tristesse d'avoir perdu le savoir absolu devient exigence d'inventer autre chose. Dès l'instant où elle n'oppose plus une vérité certaine aux apparences, la métaphysique cesse de vouloir rendre le monde acceptable. Elle aurait plutôt tendance à repérer une injustice dans tout ce qui prétend coïncider avec soi. À cet égard, il n'y a nul besoin d'opposer quelque chose à la consolation pour montrer qu'elle n'est jamais définitive : « Une consolation ne console jamais vraiment dans la mesure où sa propre vérité lui est toujours jointe[1]. »

Envisagée à partir de la consolation, la métaphysique est l'urgence d'une transcendance perçue dans les instants les plus désespérés de la vie. Comme exemple d'« expérience métaphysique », Adorno ne cite pas l'intuition d'un savoir où toutes les choses seraient réconciliées, mais le dernier désir de Bergotte, l'écrivain d'*À la recherche du temps perdu*. Bergotte sait qu'il va mourir, mais il veut voir encore une fois un tableau de Vermeer dont toute son écriture aura été l'approche littéraire (« C'est ainsi que j'aurais dû écrire, disait-il. Mes derniers livres sont trop secs, il aurait fallu plusieurs couches de couleurs, rendre ma phrase en elle-même précieuse, comme ce petit pan de mur jaune[2] »). Le besoin d'une dernière consolation l'amène hors de la chambre d'où il ne sortait plus depuis des années. Il se rend dans un musée car, pour l'écrivain imaginaire comme pour l'auteur de la *Recherche*, l'art transcende la vie tout en lui conférant sa valeur. Bergotte rassemble ses dernières forces pour vérifier que la beauté à laquelle il a voué son travail existe. C'est

1. T. W. Adorno, *Métaphysique*, trad. C. David, Paris, Payot, 2006, p. 185.
2. M. Proust, *À la recherche du temps perdu*, *La Prisonnière*, Paris, Gallimard, « Bibliothèque de la Pléiade », 1988, tome 3, p. 692.

pourtant une merveille inédite qu'il découvre, celle du « petit pan de mur jaune » qui dépasse toutes ses tentatives. L'écrivain mourra irréconcilié parce qu'il n'est plus temps pour lui de faire entrer dans son œuvre la splendeur du « petit pan de mur jaune » qu'il vient à peine de remarquer. Pas plus qu'aucun autre Moderne, Bergotte ne meurt rassasié de jours : « Un nouveau coup l'abattit, il roula du canapé par terre, où accoururent tous les visiteurs et gardiens. Il était mort. »

Tout est-il perdu ? Ce n'est pas sûr. Proust poursuit à la manière dont commencent et s'achèvent les discours de la consolation : « Mort à jamais ? Qui peut le dire[1] ? »

1. *Ibid.*

Conclusion

Il n'y a pas de formule pour une consolation réussie. On console quelqu'un pour le convaincre qu'il peut vivre au-delà du point où cela semble impossible. Mais le consolateur ne maîtrise pas la « réussite » de cet après. La fin d'une consolation échappe à celui qui l'a initiée : elle dépend de ce que l'autre fera du pouvoir qui lui a été donné de vivre malgré la perte. Le succès se joue plutôt au début de l'acte, lorsque, avant de se mettre à discourir, le consolateur prend des précautions qui ne sont pas seulement oratoires. On connaît désormais la raison de ce scrupule : il appartient à la déontologie du consolateur moderne de douter du savoir qu'il mobilise pour apporter un réconfort. Invoquer un dieu, une nature ou une communauté ne suffit plus à inscrire n'importe quel événement dans un ordre qui le rende à la fois plus intelligible et plus supportable.

Il s'ensuit qu'une consolation véritable ne commence pas par consoler. Le chagrin excède ce que l'on peut en dire, non moins pour celui qui cherche à y répondre que pour celui qui le vit. C'est pourquoi, faute de mots, la consolation passe souvent par le toucher. Nous avons rencontré ce motif à quelques reprises : la déesse « Philosophie » qui essuie de son vêtement les larmes de Boèce, les mains qui se frôlent dans la sollicitude pour le mourant. Mais, en règle générale, la philosophie est plus à l'aise avec les consolations qui font discours parce qu'elles se situent sur le même plan qu'elle :

celui de l'échange des arguments. S'il est un préalable nécessaire, le toucher est rarement jugé suffisant. Il entame une consolation dont on considère qu'elle devrait se poursuivre dans des phrases qui rétabliront un lien rationnel avec l'affligé.

C'est pourtant sur l'expérience du toucher que notre parcours va se clore : elle récapitule en effet les incertitudes qui caractérisent aussi bien le besoin de consolation que l'acte de consoler. Ce qui devrait n'être qu'un début pour un « animal doué de langage » s'avère, dans bien des cas, être le tout de la consolation. Comment expliquer cet usage du corps dans les gestes qui viennent en aide ?

Au premier abord, il semble que le consolateur touche le corps de l'autre pour éviter que son mutisme ne soit interprété comme un signe d'indifférence. Il enlacerait faute de trouver quelque chose à dire. Ce serait vrai si toucher était, en l'occurrence, plus aisé que discourir. Or, chacun fait l'expérience que c'est justement face à la souffrance qu'il est difficile de savoir comment appréhender le corps d'autrui. Dans ce genre de situation, prendre dans ses bras, effleurer le visage ou, au contraire, garder une distance respectueuse exprime déjà une position à l'égard de ce que l'autre vit. Le toucher est depuis toujours traversé par des interdits qui se retrouvent dans la maladresse inquiète des gestes de la consolation. Le sacré est intouchable : dès lors, le risque existe que la proximité physique soit mal reçue même lorsqu'elle est offerte comme un réconfort. Comment atteindre l'autre sans l'indisposer ? Et que peuvent dire les mains qu'aucune parole ne peut exprimer ? Sans contact avec la douleur de l'autre, mais néanmoins touché par elle, le corps du consolateur hésite sur la position à tenir.

Jacques Derrida a parlé de la « loi du tact » à propos du devoir de toucher sans y mettre trop d'insistance[1]. Cette loi est la loi de la consolation à laquelle il est interdit de prétendre abolir l'absence d'un seul geste. La formule « écarter

1. J. Derrida, *Le Toucher, Jean-Luc Nancy*, Paris, Galilée, 2000, p. 81.

d'un revers de la main » exprime bien l'indifférence qui peut se loger dans des gestes conçus pour apaiser. Trop lointaine, la présence charnelle du consolateur ressemble à de l'indifférence. Envahissante, elle peut être perçue comme un déni de la perte qui a été subie. La loi du tact veut que celui qui enlace ne prétende pas occuper la place de celui qui souffre. La substitution supposerait une connaissance intuitive de ce que l'autre vit et une capacité de prendre intégralement la perte sur soi : elle n'est à la mesure d'aucune consolation humaine. Le toucher établit plutôt entre le consolateur et le malheureux une solidarité qui se situe par-delà le savoir et le pouvoir. Il impose sa loi à celui qui désire être là sans connaître vraiment ce dont il retourne ou ce qu'il faut faire. La délicatesse du toucher est un aveu d'impuissance qui s'exprime dans un geste.

Le lien entre le toucher et la consolation se vérifie dans ce qui constitue l'objectif commun à ces deux tentatives : faire corps avec l'autre malgré la séparation. La communauté, on l'a vu, ne relève plus du registre des évidences qu'il est possible de convoquer à chaque fois qu'un individu se trouve frappé par l'infortune. En conséquence, il n'existe pas de preuve tangible de ce que le corps de l'affligé demeure avec celui des autres quelle que soit l'intensité de sa souffrance. Dans les Temps modernes, la main aussi est désenchantée, c'est-à-dire délestée du pouvoir magique d'instaurer la présence. Mais que l'appartenance à un même corps ne soit plus donnée dans des gestes n'annule pas la fonction du toucher, elle la modifie. Faute d'être expérimenté de manière immédiate, le commun qui console est institué par les hommes.

Pour le comprendre, on peut se référer à ce qui constitue l'un des tout premiers documents de l'institution d'une communauté. Derrida a remarqué que les Évangiles fonctionnent comme une « haptique générale » : Jésus y est décrit alternativement comme le touchant et le touché[1]. Lorsque c'est

1. *Ibid.*, p. 117 *sq.*

lui qui prend l'initiative de toucher, c'est dans le but de guérir[1]. La puissance salvifique de sa main, augmentée par la magie de sa parole, ressuscite parfois de la mort, offrant bien plus qu'une consolation[2]. Lorsque ce n'est pas lui qui prend l'initiative d'un geste, Jésus est touché par les autres. D'abord parce qu'une émotion intérieure le rend sensible aux malheurs dont il est le témoin. Ensuite et surtout parce que le pouvoir de guérison attaché à son corps suscite un désir : « Toute la foule cherchait à le toucher parce qu'une force sortait de lui et les guérissait tous » (Luc, 6, 19). Le toucher est l'origine d'une foi communautaire qui transforme une « foule » sans unité en un peuple de fidèles. Le schéma de l'incorporation fonctionne ici à plein : par le corps de Jésus, c'est le corps des croyants qui est instauré. Un corps fait de membres qui ressortent indemnes (guéris, ressuscités, sauvés) d'avoir touché la grâce.

Dans son relevé des expériences qui impliquent directement le corps de Jésus, Derrida ne cite pas l'onction à Béthanie qui, à l'inverse des épisodes qui viennent d'être rappelés, met en scène une consolation plutôt qu'une rédemption. Il ne s'agit pas de n'importe quelle consolation, mais de celle d'un Dieu par une femme du peuple. Marie de Béthanie verse du parfum sur la tête de Jésus pour purifier un corps qu'elle sait exposé à la mort. Elle n'offre rien de plus qu'une consolation : « Ce qu'elle pouvait faire, elle l'a fait. En répandant ce parfum sur mon corps, elle a préparé mon ensevelissement » (Matthieu, 26, 12). On ne sait pas si Marie a dû toucher le corps de Jésus pour procéder à l'onction, mais c'est ce que suggère la réaction des disciples à cette scène. Ils ne comprennent

1. « Jésus tendit la main, le toucha et dit : Je le veux, sois purifié. Aussitôt il fut purifié de la lèpre » (Matthieu, 8, 3).

2. « En la voyant [une mère en deuil], le Seigneur s'émut et lui dit : Ne pleure pas. Il s'approcha, toucha le cercueil et les porteurs s'arrêtèrent. Il dit : Jeune homme, je te le dis, lève-toi. Le mort se mit assis et commença à parler. Et Jésus le donna à sa mère » (Luc, 7, 13-15).

pas que le Messie accepte de dévoiler en public sa propre fragilité. Habitués à ce que les hommes touchent le corps de Jésus pour être réconciliés, ils refusent d'admettre que le Sauveur s'en remette aux gestes d'une femme. Qu'est-ce qu'un Dieu qui a besoin d'être consolé ?

La réaction scandalisée des disciples démontre qu'ils sont déjà sur le point de céder à l'hérésie du docétisme selon laquelle le corps du Christ n'est que mystique. Constatant qu'il est fait aussi de chair, ils se mettent à douter de la capacité de Jésus à leur apporter une communauté absolument résiliente. C'est immédiatement après l'épisode de Béthanie que l'un des douze « se rendit chez les grands prêtres[1] ».

L'épisode de l'onction à Béthanie est un désaveu cinglant de la théologie politique. La tristesse des apôtres était politique, leur demande était celle d'une restauration. Ils voyaient dans Jésus un roi qui allait reprendre à Rome la Jérusalem perdue. Adressé au Sauveur, un geste de consolation ne peut satisfaire ceux qui attendent de la communauté une réponse définitive à leurs chagrins. Mais, en même temps qu'il perd sa capacité de sauver, le contact avec l'autre (fût-il un dieu) ouvre la voie à une société d'un nouveau genre. Le toucher de consolation institue un être-ensemble respectueux de la séparation des corps. Dans cette situation, l'étreinte vaut autant par ce qu'elle ne dit pas (« Nous ne faisons plus qu'un ») que par la solidarité qu'elle exprime malgré la dissimilitude des expériences. Le consolateur ne se poserait pas la question de savoir comment toucher si la réconciliation était l'horizon de son geste. La loi du tact est liée à une condition dont ce livre a essayé de montrer qu'elle est plus actuelle que jamais : celle de corps séparés les uns des autres et qui cherchent pourtant le moyen de répondre collectivement aux pertes qui les constituent.

1. Sur cette scène, voir H. Blumenberg, *La Passion selon saint Matthieu*, Paris, L'Arche, 1997, p. 180 *sq*.

Ces pertes prennent toutes sortes de noms : pour en rester au domaine politique, on citera le peuple, la nation comme corps, l'unité du genre humain sous un Créateur. À l'orée des Temps modernes, chacun de ces modèles communautaires se voit soumis à une critique qui exclut toute restauration. Il en va peut-être de même, à notre époque, des substituts modernes à ces premières pertes tels que nous les avons analysés sous les titres du progrès et de la représentation. Dans un cas comme dans l'autre, une perte qui exclut le retour n'implique pourtant pas le renoncement. Cela se vérifie dans les gestes infimes de la consolation : même dans le doute, le consolateur ressent l'obligation de toucher le corps de l'autre. Dans certaines situations, toucher est un impératif de type catégorique, ce qui signifie qu'il n'est pas nécessaire de savoir (ce que l'autre a perdu) pour agir. Le consolateur doit toucher celui qui souffre, mais il hésite sur la manière. Cette hésitation s'explique par le pressentiment qu'il y a quelque chose en l'autre d'intouchable si l'intouchable est la variante corporelle de ce qui ne peut être connu. Dans l'acte de consoler, il correspond à la perte subie par l'autre et qui, bien qu'indéfinissable, mérite d'être appréhendée avec respect.

Merleau-Ponty a magnifiquement saisi cette ambivalence du toucher dans un fragment où il décrit la proximité des corps dans le maintien de la séparation. Alors qu'il semble parfois considérer que l'expérience du toucher est celle d'une pleine coïncidence avec l'autre[1], Merleau-Ponty reconnaît ici l'existence d'un « intouchable » qui désigne « cela d'autrui que je ne toucherai jamais[2] ». Il y a une part de l'autre qui échappe

1. « Si "à partir" du corps propre je peux comprendre le corps et l'existence d'autrui, c'est que le "je peux" et le "l'autre existe" appartiennent d'ores et déjà au même monde [...] » (*Le Visible et l'Invisible*, cité et critiqué par Derrida, *Le Toucher*, *op. cit.*, p. 219). Ce modèle voudrait que le toucher démontre le pouvoir du consolateur. Dans l'hypothèse soutenue ici, il mêle plutôt impuissance (quant à la perte) et initiative (quant à la demande de justice qu'elle recèle).

2. M. Merleau-Ponty, *Le Visible et l'Invisible*, Paris, Gallimard, 1960, p. 307.

aux appréhensions les mieux intentionnées et les plus tendres. Mais l'intouchable sépare-t-il seulement le corps du consolateur de celui de l'affligé ? Dit autrement, autrui possède-t-il un savoir sur ce qui, en lui, m'échappe ? Merleau-Ponty en doute : « Mais ce que je ne toucherai jamais, il ne le touche pas non plus, pas de privilège du soi sur l'autre ici [...][1]. » Appliqué à la consolation, cela veut dire que le fait d'avoir perdu ne confère aucun « privilège » au malheureux. Celui qui serait sûr d'avoir « touché » (c'est-à-dire su et possédé) ce qui lui manque ne réclamerait rien d'autre que son retour. Cette certitude est absente pour le sujet qui demande une consolation : la coïncidence avec soi dans le savoir de la perte est une croyance mélancolique qui ne souffre aucun réconfort.

Une consolation a lieu lorsque l'hésitation du consolateur qui ne sait quoi ou qui toucher dans l'autre rencontre celle de l'inconsolé qui ignore ce qu'il a perdu. Dans la modernité, il n'existe pas de rituel parfaitement agencé qui produise la certitude d'être ensemble. Cela explique pourquoi les gestes de consolation sont si souvent maladroits. Le toucher épouse le caractère approximatif des institutions dénuées d'évidence : aucun geste ne suffit à faire corps avec autrui, aucune parole ne rétablit l'unité. La situation serait désespérée si l'affligé savait avec exactitude ce qui lui manque : dans ce cas, la maladresse des autres renforcerait seulement sa solitude. Mais comme l'ignorance est partagée, comme « je » ne touche pas ce qui est intouchable par l'« autre », un « nous » redevient possible, fait d'approximations, de gestes confus et de rapprochements inédits. En même temps qu'elles sont devenues profanes, nos consolations ont acquis le droit d'être inventives.

1. *Ibid.*

Chromosome

Index

Macron droit d'inventaire
→ l'AntiDialectique.
Principe de NON contradiction
La
Trans Claude Habib
Debats

Table

→ Astro-physique